U0107350

LIQUIDITY

AND

STOCK

MARKET

王绍辉 马遥 刘鉴 毛婧宁 池鸣 ——

著

# 流动性与股票市场

机械工业出版社
CHINA MACHINE PRESS

## 图书在版编目（CIP）数据

流动性与股票市场 / 王绍辉等著 . —北京：机械工业出版社，2023.9
ISBN 978-7-111-73745-2

I. ①流… II. ①王… III. ①股票市场 – 研究 IV. ① F830.91

中国国家版本馆 CIP 数据核字（2023）第 161886 号

机械工业出版社（北京市百万庄大街 22 号　邮政编码 100037）
策划编辑：华　蕾　　　　　　　责任编辑：华　蕾　　马新娟
责任校对：张昕妍　　张　薇　　责任印制：刘　媛
涿州市京南印刷厂印刷
2023 年 10 月第 1 版第 1 次印刷
170mm × 230mm · 25.5 印张 · 1 插页 · 339 千字
标准书号：ISBN 978-7-111-73745-2
定价：90.00 元

电话服务　　　　　　　　　　网络服务
客服电话：010-88361066　　机 工 官 网：www.cmpbook.com
　　　　　010-88379833　　机 工 官 博：weibo.com/cmp1952
　　　　　010-68326294　　金 书 网：www.golden-book.com
**封底无防伪标均为盗版**　　机工教育服务网：www.cmpedu.com

流动性，顾名思义，一看货币供应量是否合适，供应量太少，不能满足国民经济和各项社会事业的发展需要；供应量太多，也会水满为患，带来一系列不好的影响。二看金融机构尤其是商业银行资金周转快还是慢，应重点观察其头寸。三看资金在整个市场中的流动是否顺畅，产业部门和社会事业组织能否及时得到生产和发展所需的资金。四看国际资本是大量外逃还是涌入国内。总之，观察流动性，可从央行货币发放量、商业银行头寸、实体经济和人民生活部门贷款的难易程度以及国际资本流向这四个方面去分析。

2007年，温家宝总理在《政府工作报告》中指出："固定资产投资总规模依然偏大，银行资金流动性过剩问题突出，引发投资增长过快、信贷投放过多的因素仍然存在。外贸顺差较大，国际收支不平衡矛盾加剧。"这是流动性的概念第一次在《政府工作报告》中正式提出。2008年国际金融危机爆发后，美欧日等发达经济体都实施量化宽松货币政策，造成全球流动性泛滥，释放的大量流动性进入包括我国在内的新兴经济体。为应对国际金融危机的冲击，当年我国货币投放的规模有所增加。2013 年以后，我国利率市场化改革全面推进，出现开办银行可获高利润的情况，同时大量产业资本也向金融领域转移。一时间，银行等金融机构发展较快，但信贷渠道不畅或为等待更高利率而惜贷，造成大量资金沉淀在金融系统里，全国形成许多"金融堰塞湖"，最高时淤积资金的规模达几十万亿元，严重影响了资金使用效率以及整个国家的宏观经济效率。例如，2007 年，我国国内生产总值（GDP）为 27.01 万亿元，年末广义货币供应量（M2）为 40.34 万亿元，年末 M2 与 GDP 之比为 1.49；2021 年，我国 GDP 为 114.37 万亿元，年末 M2 为 238.29 万亿元，年末 M2 与 GDP 之比达到 2.08。我们不妨这样粗略地做个评价：2007 年每产出 1 元钱的 GDP 需要 1.49 元的货币供应量来支撑，而到 2021 年每产出 1 元钱的 GDP 则需要 2.08 元的货币供应量来支撑。这就是货币流动性变化、货币周转周期延长造成的后果。由此可见，经济和市场中的流动性规模大不大、资金流转快不快，对国民经济运行和各项社会事业的发展影响是很大的。

2008 年以来，我国从宏观上看资金流动性过剩，主要是货币供应量偏大，而货币市场的流动速度、货币的利用效率则总体偏低，中小微企业贷款难、贷款贵一直是困扰我们的一个大问题。同时，我们要看到，这些年来美元大放水，而我国人民币币值一直保持相对稳定的状态，这是很不容易的。另外，我们还要看到，在各种因素的影响下，我国市场流动性出现某种扭曲和风险，但在党中央的坚强领导下，我们成功避免了原本可能爆发的危机。这里有许多宝贵的经验值得总结。

从以上分析可见，货币市场的流动性是现代经济中关系全局的重大命题，要引起高度重视并加以深入研究。股票市场具有资金交易量大和大进大出、快进快出的特点，是观察研究流动性的一个好窗口。王绍辉和几位研究人员一起，长期跟踪研究宏观经济和资本市场运行，进行了大量的数据分析，形成了流动性问题的独立思考和不少有价值的研究成果。相信本书对读者会有所启发。

李德水

国家统计局原局长

十一届全国政协经济委员会副主任

## | 推荐序二 |

　　流动性（俗称变现能力），对于中国改革开放 40 多年来形成的市场经济体系尤为重要。流动性在变动起伏中因果互倚，影响力超越行业和市场，是全面性的。流动性错综复杂，既有宏观层面也有微观层面，和社会结构、文化、政府政策、市场运作均息息相关。中国传统春节前的结账、债不过年所造成的现金紧俏即为一例。尤其是突发性事件所造成的影响，更是激荡回旋、无处不至。如果市场功能与力量不能匹配，负效应层层叠加、任其发展，则后果不堪设想，甚至是灾难性的。可是，研究人员、投资者往往对流动性了解不足，对宏观与微观流动性梳理不清，这容易导致政策方向错乱，病急乱投医。1998 年的亚洲金融风暴与 2007 年的美国次贷危机、2008 年的国际金融危机，流动性与危机的基本面纠结缠绕、因果叠加，政府干预的适当性和措施的对错，至今仍有争议。

在人民币逐步国际化的进程中，海外的流动性与国内方方面面的流动性亦将逐步联系紧密，进而环环相扣、互为表里。此刻我国正处在构建海外人民币游戏规则之际，而本书恰恰及时提供了国内流动性的"山川地理图"，将为海外人民币流动性游戏规则的设计与国内的接口或对应做出贡献。

资本市场特别是股票市场在我国市场经济体系中的地位尤为重要，一头连着 5 000 多家上市公司、6 000 多家新三板挂牌企业，另一头连着上亿的各类投资者，还有大量的证券公司、会计师事务所等中介机构参与其中。资本市场既需要聚集流动性，辅助企业完成融资、实现定价、迅速成长，也需要防范流动性过度扩张、层层加杠杆，因而我们必须对流动性的来龙去脉有清晰的认知。我国经济规模巨大，创造财富的能力很强，百姓储蓄意愿依然强烈；在可预见的未来，中国将有潜力成为全球资本策源地，即资本汇聚于此，再扩散至全球创造价值和财富，但前提之一是需要构建一个体量巨大、流动性良好、将储蓄有效转化为投资的资本市场。庞大的、正在日益实现现代化的中国经济，也需要一个现代化的资本市场与之匹配。本书从流动性的视角，分析资本市场流动性的渠道与聚散、规模与水位、影响因素及其对市场的反作用等，先行一步，做了不少有益的探索。

对流动性的全面梳理和研究分析刻不容缓，可是这份研究工作除了要有坚实的学识功底，还要面对浩瀚的数据，研究层面也跨时空、跨行业，难度很大。作者将流动性梳理为宏观、市场、微观几个层面，兼有分析、理论及见解看法，使用海量数据，十年皓首呕心乃能成书，也为未来的研究提供了更上一层楼的高平台。本书资料翔实，逻辑严谨，层次分明，易读易懂，实属难能可贵！

敝人与作者之一绍辉先生相识逾十五年，能为之作序至感荣幸，盼再创佳作有期。

谈理平

国际济丰集团董事长、上海国际商会副会长

美国费城韦德纳大学国际关系荣誉博士

无论是开展宏观经济研究，还是从事金融市场分析，流动性都是必须关注、重点研究的因素。流动性源于凯恩斯 1936 年的著作《就业、利息和货币通论》中"流动性偏好"这一概念，特指人们持有货币的偏好。此后，"流动性"这一术语被用于宏观经济学的讨论，并不断延伸扩展，特别是随着金融市场的发展以及经济和金融的快速融合，这一概念被广泛用于各个层次的金融学理论探讨和投资者、业界人士的实践探索。

## 流动性是经济金融体系的生命力

货币当局释放的流动性，会进入实体经济和金融领域形成两个循环。但无论在哪个领域，流动性都发挥着重要的基础性作用。如果说金融是现代经济的核心，那么流动性就是现代金融市场体系的生命力。

对实体经济而言，市场经济的核心是价格，而作为交易媒介的货币资金则是交易形成、价格形成的关键推动者。同时，宏观经济繁荣、萧条的周期背后，也表现为从流动性过剩到流动性紧缩的过程。经济的繁荣往往是从资产价格上涨开始的，随着价格上涨，形成财富效应，带动消费和投资热潮，进一步促进了经济繁荣。但随着泡沫的破灭，金融动荡和危机开始出现，流动性迅速逆转为紧缩，原本正常情况下的金融资产丧失了流动性，变为非流动性资产，股市、债市、汇市和大宗商品价格迅速下跌，金融市场萎缩，投资者信心受挫，宏观经济也陷入低迷。

对金融市场而言，聚集流动性是市场进行资源配置的重要功能，也是价格发现机制得以实现的重要基础。流动性为投资者提供交易资产的机会，也为筹资者提供了筹资的必要前提。如果市场因为缺乏流动性而导致交易难以完成，市场也就失去了生命力。因此，市场保持必要的、充足的流动性，不仅能保证市场的正常运转，还有利于促进资源有效配置，提升投资者信心。但过多的流动性会诱使风险偏好上升，催生资产价格泡沫，泡沫破灭后出现的流动性恶化乃至枯竭，可能引发流动性风险。流动性风险还会与市场风险、信用风险等相互交织，可能导致系统性风险和金融危机，并通过传导扩散机制向多个领域、多个市场和不同国家蔓延，引发全球性或局部地区的金融危机。进入21世纪，无论是2008年美国引发的国际金融危机，还是2010年欧洲主权债务危机，抑或是2013年我国金融市场出现的"钱荒"、2015年发生的资本市场异常波动，触发机制在很大程度上都源于流动性问题。

## 流动性过剩已成为常态

在现代信用经济条件下，西方国家货币当局释放流动性失去了基本约束，流动性释放规模越来越大。2008年国际金融危机爆发后，西方发达国家相继推出量化宽松（QE）货币政策。以美国为例，从2009年3月到 2014 年年底，美联储经过大规模 QE，净购买 3.6 万亿美元资产，美联储资产规模也从 9 000 亿美元增加到 4.5 万亿美元，占 GDP 的比重从 5% 提升到 25%。此外，在释放的大量流动性中，约 3/4 流入新兴经济体，更是造成新兴经济体流动性的过剩和失衡。但对于如何稳妥回收流动性，短暂的尝试并没有取得明显成效。2017 年 10 月美联储开始缩表，但到 2019 年 9 月停止缩表时，美联储总资产仅减少 0.8 万亿美元，降至 3.7 万亿美元。西方主要经济体央行大规模释放流动性，致使全球流动性呈现一系列新的特征，如流动性扩张的规模更大，波动幅度扩大，流动性传导机制更加复杂，等等。2020 年全球突发新冠疫情，美欧日等主要经济体为稳定就业、刺激经济，采取规模更大的量化宽松货币政策，导致流动性进一步泛滥，财政赤字货币化，股价、房价和其他资产价格暴涨。这些流动性汇集到哪里，哪里就会出现流动性失衡，形成资产价格泡沫，一旦形势逆转就带来流动性快速收缩，造成巨大的经济金融波动。如何回收流动性，货币当局面临着与市场的艰难博弈，收效甚微。所以，流动性失衡，特别是结构性失衡，已成为一种常态。

2001 年加入世界贸易组织（WTO）后，我国经济发展迅速，并且在经济全球化、国际资本快速流动的大背景下，我国金融市场改革开放步伐加快，日益紧密地与全球金融市场联系在一起，也不可避免地受到全球流动性扩张和紧缩的冲击。特别是美元流动性在全球的扩张泛滥以及后续的紧缩（更多是预期上的），对包括我国在内的很多新兴经济体的资产价格造成冲击，股价、房价快速上涨，后续又快速下跌，不仅扰乱了正常的经济金融秩序，也导致了国家和居民财富的损失。

流动性在经济金融体系中的基础性作用犹如生命之水，但潮水上涨带来的繁荣与退潮后显露出来的风险，也会影响金融系统稳定，迫切需要对流动性理论进行系统研究，构建分析框架，掌握流动性运行特征、传导渠道，从流动性创造和信用扩张、资产定价、杠杆监管、风险管理等方面，深刻把握流动性的形成、扩散，准确测算流动性规模、杠杆率水平，才能采取有效措施促进流动性聚集、发挥市场功能，并避免流动性剧烈波动对金融稳定和经济发展的负面冲击。特别是在全球流动性过剩、结构性流动性失衡成为常态的大背景下，研究流动性问题，不仅有利于促进宏观经济稳定运行，还有利于金融系统稳定和市场功能发挥。

## 流动性研究的创新之处

**创新之一：系统梳理流动性概念，构建宏观流动性－市场流动性－融资流动性和资产流动性的简洁明晰的流动性分析框架。**

在不同的使用背景下，流动性的含义也有所不同。有时，流动性被定义为某种资产转化为现金而不受损失的能力；有时，人们又把流动性等同于货币资金，央行通过金融工具向市场和金融机构释放的资金被通俗地称为"央行释放了流动性"，或称为"放水"。这也符合我国传统上"水即是财"的说法。

那么，什么是流动性呢？总结成百上千的流动性含义，本质只有两点，即货币资金和变现能力。为了克服流动性概念过于繁杂、宽泛的问题，本书力求精简、便于理解，基于流动性资金和能力的两个本质特征，总结提出三个层次的流动性概念。第一个层次是宏观流动性，即央行通过各种渠道释放的货币资金，也称为货币流动性，反映的是全社会不同活化程度的货币的存量和流量。第二个层次是市场流动性，即央行释放的资金进入各类市场中形成市场层面的资金，可通俗地理解为市场资金面，反映的是市场资金的存量和流量。第三个层次是融资流动性和资产流动性，这是微观层面的流动性，即市场主体的融资能力和所持有资产的变现能力。宏观层面和市场层面的流动性指的是货币资金，而微观层面的融资流动性和资产流动性指的是变现能力，这几个层面的流动性是相互关联的。市场流动性是宏观流动性的组成部分，同时也受到宏观流动性充裕程度的影响；宏观流动性和市场流动性都会对融资流动性产生影响，市场流动性和融资流动性则是资产流动性的重要影响因素。本书在章节安排上，对每一类流动性都按照"如何表征、影响因素、重要性"三方面内容展开。

**创新之二：聚焦股市流动性，利用"水槽模型"，研究厘清宏观流动性形成股市流动性的渠道和方式，创造性构建股市资金水平、资金流入流出股市渠道和规模、股市内部资金循环三个层面的流动性分析框架。**

央行释放的流动性进入各类市场，构成各市场的流动性。其中，股市汇聚了众多投资者特别是一些大型金融机构，央行释放的大量流动性通过投资者由各种渠道进入股市并参与交易，在为市场提供充足流动性的同时，也使得股市具有了"牵一发而动全身"的作用。一方面，央行释放的流动性成为企业部门、住户部门和金融部门的资金来源，这些资金又通过银行理财资金、信托资金、保险资金、公募基金、杠杆资金和亿万自然人投资者等涌入股市，有效增强了市场功能；另一方面，各类投资者和市场主体也面临共同的风险敞口，一旦股市出现异动或暴露风险苗头，就容易出现资金的快速撤离，造成流动性枯竭、市场功能丧失，并扩散传导至其他领域。在 2015 年股市异常波动期间，曾出现"千股跌停、千股停牌"的极端情形，市场流动性基本丧失，投资者蒙受巨大损失，而且恐慌情绪迅速蔓延，甚至有引发其他领域风险联动的可能。政府及时出台有效举措，才逐步稳定了市场。

　　流动性是影响股价走势的重要因素，也是投资者极为关心的一个变量。交易的达成，既要有意愿，也要有能力。市场资金的充裕程度直接影响投资者达成交易的能力。在股市分析中，通常用基本面、政策面、资金面、情绪面这"四碗面"作为分析的路径和判断的视角，但无论是宏观经济运行还是上市公司业绩如何变化，无论是财政货币政策还是证券监管政策怎样调整，无论投资者情绪是热情还是谨慎，最终都会反映到投资者是否运用资金进行交易上来，资金面成为其他"三碗面"的最终表达。

　　正是由于股市具有"牵一发而动全身"的作用，本书聚焦股市，创造性地将"水槽模型"引入市场流动性分析，研究宏观流动性通过何种渠道、以何种规模进出股市，形成股市流动性：与"水槽模型"中水位的原理大致相同，股市的资金水平就是水位；流入是资金的供给，流出是资金的运用，资金流入流出反映股市资金的总体状况；资金在股市的体内循环则是投资者各类交易活动的镜像。利用这一流动性分析框架，本书创造性开展了股市资金水平、资金流入流出股市渠道和规模、股市内部资金循环三个层面的分析。本书作者运用长期积累的庞大市场数据，具体测算了股市流动性规模。

　　一是首次测算了我国股市的资金水平。股市中的现金余额主要是指投资者持有的以备交易的资金，包括自然人、一般机构和部分专业机构的证券交易结算资金，大多数专业机构资产配置中的现金部分，合格境外机构投资者（QFII）与人民币合格境外机构投资者（RQFII）等外资机构开立的证券交易专用存款账户中的现金余额。利用可得数据，研究测算了 2021 年年末用于 A 股交易的现金余额约为 3.4 万亿元，分别相当于同期 M2 和 A 股总市值的 1.4% 和 4%。

二是首次细致刻画了投资者、上市公司、中介机构和市场组织者这四类市场参与者的资金流入流出渠道，并分别计算了各渠道下的资金流动规模。通过对渠道的分析和测算，基本掌握了股市流动性的规模和动态变化，对股市资金面形成了更准确的认知。例如，2021 年，公募基金净流入股市规模约 1.6 万亿元，沪深股通的资金净流入 0.4 万亿元，上市公司通过现金分红与股份回购分别净流入市场 1.6 万亿元和 1 200 亿元，等等。

三是首次分析了资金在股市的体内循环。资金进入市场后，在市场内部各类投资者、参与者之间的流动，是各类交易活动的镜像，也是股市发挥价格发现功能的具体体现。每个交易日股市所直接展现的，就是资金在上市公司与投资者之间的流动、资金在投资者与中介机构之间的流动、资金在投资者之间的流动。通过测算股市内部的资金循环，可以发现资金循环流动规律，清晰掌握市场功能特征。

**创新之三：在构建股市流动性分析框架的基础上，进一步创造性研究各类投资者资金进出股市的行为特征，以及影响资金进出规模的因素。**

一是探索性分析了个人投资者这一庞大群体的资金流动特征。研究发现，个人投资者（特别是中小散户）是市场主要的资金供给方和流动性提供者，交投活跃，平均持股期限不足 1 个月，为市场提供了具有相当深度的订单流，保障了市场的流动性水平；中小散户的交易行为特征对市场走势有一定反向指示。

二是探索性分析了一般机构这一类市场特殊群体的资金交易行为。研究发现，一般机构在 A 股交易活跃度较低，资金流出股市的渠道主要为限售股解禁后减持、国有股东获得分红后将资金转出等。一般机构很少参与 A 股交易，减持及分红的资金大部分在 3～5 个交易日后转出 A

股，使得一般机构的减持行为备受市场关注，对此本书也进行了专题梳理和研究。

三是对公募基金、私募基金、资管产品、长期资金等机构投资者的资金流动进行了创新性研究，提炼总结了有价值的特征和规律。研究发现，公募基金注重相对收益和业绩排名的激励机制，促使其跟随风格切换、频繁调仓换股、经常扎堆抱团，净买卖基本与股指同步同向变动，对股指走势影响显著；私募基金注重绝对收益，投资限制较少，交易策略多样，总体表现为短线交易特征。券商资管、信托产品与公募基金类似，交易策略重在择股；期货资管短线交易特征显著，交易策略以择时为主。保险资金、社保基金和企业年金等长期资金交易活跃度低、持股期限长、偏好持有大盘蓝筹股，是践行价值投资的主力。

四是对境外资金这一类特殊投资者的资金流动进行了深入分析。研究发现，外资参与 A 股的规模、深度不断扩大，正成为 A 股的"风向标"。沪深股通资金是重要的股市流动性供给渠道，在被动配置阶段外资以净流入为主，此后资金流动与 A 股行情互为耦合、彼此影响；外资持股集中度较高，择股风格偏价值且较为稳定，持仓偏好相对固定、筹码集中，正成为一股具有较强市场"边际定价权"的新势力。

**创新之四：探索流动性量化方法，梳理测算了杠杆资金的类型和规模，形成更具实践指导意义的股市流动性分析路径。**

本书除探索构建股市流动性的分析框架外，对于股票资产的流动性水平即变现能力，从市场宽度、深度、即时性和弹性四个维度进行刻画，计算买卖价差和订单深度这两个衡量估值流动性的直接指标，并确定成交金额、换手率、成交笔数作为流动性代理变量，可用于日常的流动性分析。对于金融机构的融资流动性，本书介绍了流动比率、速动比率、核心存款比率等静态测度方法，以及缺口分析、现金流量法、期限结构分析等动态测度方法。

杠杆资金是进入股市的重要资金，既能为市场提供充足的流动性、活跃市场交易，又会产生扭曲价格、助涨助跌、推波助澜的负面作用。此外，我国资本市场杠杆资金来源庞杂，层层嵌套，多重加杠杆，并打破银行、证券、保险行业之间的界限，市场快速聚集流动性的同时也导致风险极易在各金融机构和市场间蔓延。鉴于杠杆资金的重要性，本书对杠杆资金进行了全面梳理，分析融资融券、股票质押式回购、分级基金、偏股型单账户结构化资管产品、股票收益互换、场外配资这六类主要杠杆资金的发展历程、交易特征、资金规模。随着各类监管政策的出台，大部分场外的杠杆资金被清理，杠杆资金的规模逐渐下降；场内的杠杆资金也受到规范，融资融券成为杠杆资金的主体。本书进一步挖掘提炼了杠杆资金在股市的交易特征，如短线交易、追逐热点、快进快出，偏好于交易主板与科创板、大盘股和中高市盈率股票，等等。同时，本书还创新性地分析了杠杆资金对股市的影响机理。研究发现，杠杆资金不仅是流动性的重要组成部分，其本身也会通过影响市场流动性规模从而影响股市涨跌，并通过情绪面影响市场其他投资者交易，进一步放大了市场影响。

## 清晰简洁的框架结构

本书分为三大部分，共九章，主要研究内容如下：

导言为流动性的内涵和层次分类，内容是：流动性的本质为具象的货币资金和抽象的变现能力，即流动性具有两个属性。按照从最开始央行释放流动性到流动性扩散至各类市场，再到各类市场主体持有流动性的逻辑顺序，将流动性划分为宏观层面的宏观流动性、中观层面的市场流动性以及微观层面的资产流动性和融资流动性。

**第一部分包括第一章至第三章。**

第一章为宏观流动性的表征，内容是：我国的货币发行即宏观流动性的产生和规模，是我国央行根据经济发展的需要进行调节把控的。央行不断创设新的货币政策工具，调控货币总闸门，提高前瞻性、灵活性、直达性。同时，央行加快向价格型货币政策调控转型，不断推进利率市场化改革，在基准利率体系建设方面已取得重要进展，并在多个市场构建指标性利率。

第二章为宏观流动性的影响因素，内容是：宏观流动性是一个内生变量，宏观流动性的多寡自然受到经济活跃程度和运行态势的影响，并总体呈现出"顺周期"的特点。货币当局是创造和提供宏观流动性的主体，对宏观流动性的量和价都有着十分重要的影响。同时，财政政策、金融监管政策、信贷政策以及各类政策的组合，推动形成宏观流动性的周期性变化。

第三章为宏观流动性与资产价格，内容是：宏观流动性会直接影响各类市场的交易、各类资产的价格，本章从理论、实证和历史角度分析了宏观流动性量和价的变化对股价走势的影响。同时，本章分析了宏观流动性对货币、债券、大宗商品和房地产等其他资产价格的影响，探讨了在周期不同阶段对各类资产配置的选择。

**第二部分包括第四章至第七章。**

第四章为市场流动性的表征，内容是：将"水槽模型"引入市场流动性分析，研究宏观流动性通过何种渠道、以何种规模进出股市，形成股市流动性。股市的资金水平就是水位；资金流入流出反映股市资金的总体状况；资金在股市的体内循环则是投资者各类交易活动的镜像。本章从股市资金水平、资金流入流出股市渠道和规模、股市内部资金循环三个层面构建流动性分析框架，并使用数据进行实证探索。

第五章为市场流动性的影响因素，内容是：在分析一些共性因素的同时，进一步研究各类投资者资金进出股市的行为特征以及影响资金进出规模的因素，包括个人投资者、一般机构、境外资金，以及公募基金、私募基金、资管产品、长期资金等机构投资者的资金流动，提炼总结了很多有价值的特征和规律。

第六章为市场流动性的重要性，内容是：研究市场流动性对资产价格走势的影响，并提出两融交易、中长期资金、沪深股通这三类资金对股指走势有一定领先性。研究市场流动性的重要意义是分析市场的投融资平衡，即市场有效配置资金问题。在融资端，研究首次公开发行（IPO）、定向增发、限售股解禁减持等通过资金面、情绪面对股价走势的影响；在投资端，在研究各类投资者交易结构、持股期限结构等的基础上，分析中长期资金入市投资的困扰与约束，提出政策建议。

第七章为杠杆资金，内容是：杠杆资金是进入股市的重要资金，本章分别研究我国市场六大类主要杠杆资金的发展历程、交易特征、资金规模，进一步分析杠杆资金对股市的影响机理；对杠杆资金的国际比较和压力测试研究，有助于对杠杆资金相对合理的规模、杠杆率水平形成更清晰的认知。

**第三部分包括第八章和第九章。**

第八章为资产流动性，内容是：从市场宽度、深度、即时性和弹性四个维度刻画股票资产流动性，计算买卖价差和订单深度这两个衡量估值流动性的直接指标，并确定成交金额、换手率、成交笔数作为流动性代理变量，用于日常的流动性分析。同时，从产品设计、市场微观结构、市场参与者行为、市场流动性四个层面，分析影响股票资产流动性的因素。通过实证分析，研究持股集中度、市场流动性等因素与个股股价、个股变现能力的关系。

第九章为融资流动性，内容是：融资流动性是微观市场主体特别是金融机构关注的重要方面，本章梳理分析监测融资流动性的主要方法，探析影响融资流动性的共性因素与个性因素，研究加强融资流动性风险管理的有效方法。

全书架构如图1所示。

本书对流动性进行了系统全面的阐述和分析，同时也提供了一个看待资本市场特别是股市运行的独特视角。本书的核心结论为：宏观流动性是经济运行态势和政策调节效果的综合反映，大类资产配置的选择应将所处的宏观流动性环境作为重要考量；市场流动性可通过各类市场主体的资金存量和流量进行观测，其所反映出的投资者间的博弈和投融资平衡情况决定了股票价格走势；股票资产流动性恶化会加大股价波动，融资流动性风险暴露可能会引发多重风险传导，因此要高度重视资产流动性的监测和融资流动性的管理。

本书的受众群体较为广泛，不同类型的读者可以"各取所需"。对于政府部门相关工作人员，本书关于政策面对宏观流动性影响的分析，以及推动中长期资金入市、杠杆资金监管等方面的政策建议，可作为相关政策制定的参考；关于流动性的度量、影响因素及对资产价格影响的分析脉络也有助于搭建完备的流动性监测预警体系。对于经济金融领域学

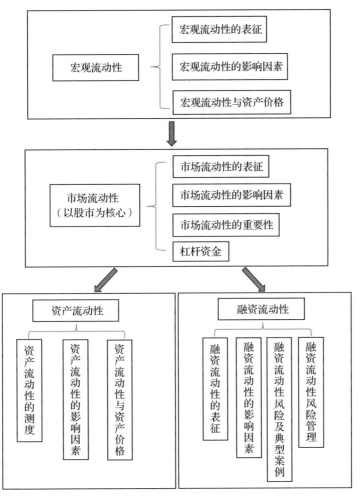

图 1　全书架构

术研究人员，本书对于流动性分类及相互作用的研究成果在学术上有一定的创新性，同时书中展示的大量业界的实操做法和案例也可以作为学术研究的素材。对于金融机构相关从业人员，无论是分析师、交易员、基金经理还是风控人员，本书的内容都可以帮助这部分读者跳出其所从事的专业领域，以一个更加完整的视角看待流动性与资产价格之间的关系，进而完善投研或风控体系。对于广大投资者，本书提供了一个市场资金来龙去脉和各类市场主体行为特征的完整视图，这一视图有助于感知市场运行态势，辅助投资者研判资产价格走势。

本书的内容，是作者在长期跟踪研究宏观经济、股市债市运行和投资者行为的过程中逐步积累起来的，也吸收借鉴了许多专家学者的研究成果，参考文献都有列出，如有挂一漏万之处，敬请海涵。我们努力想为读者呈现一本语言浅显活泼、内容通俗易懂的图书，以帮助读者对我国股市有一个更加系统清晰的认知，但由于水平有限，书中难免有疏漏或不妥之处，恳请读者提出宝贵意见。

特别声明，本书内容仅为作者学术研究成果，与所供职单位无关。

王绍辉

于北京

# | 目　录 |

# 第二部分　市场流动性

# 第三部分　微观层面流动性

# 流动性的内涵和层次分类

## 第一节　流动性的内涵

### 一、流动性的概念

"流动性"源于凯恩斯（Keynes）于 1936 年发表的《就业、利息和货币通论》中"流动性偏好"这一概念。凯恩斯提出货币需求理论，而货币需求理论的核心就是流动性偏好理论。流动性偏好是指人们愿意以货币形态保存其收入或财富的心理动机，人们持有货币可以满足交易动机、预防动机、投机动机。流动性偏好理论使凯恩斯的货币需求理论不同于传统理论将货币纯粹作为交易媒介的观点，首次将货币作为一种资产来分析考量，并从流动性偏好出发，提出了流动性陷阱等概念，进而分析提出有效需求不足理论。凯恩斯的流动性理论成为现代流动性理论的基础。由于现金不用转换为其他资产就可直接用于支付和购买，因而是流动性最强的资产。因此，从凯恩斯提出的流动性偏好理论可以看出，凯恩斯所说的"流动性"最直接的表现形式就是货币资金。

在凯恩斯提出流动性偏好理论后，到 20 世纪八九十年代，流动性理论成为宏观经济学的一个重要研究对象。凯恩斯学派建立了 IS-LM 模型，此模型中包括了流动性因素；蒙代尔、克鲁格曼等经济学家又在此基础上结合开放条件的特征研究流动性问题，比如将国际收支作为传导货币危机（亦称流动性危机）的渠道进行了研究。

随着现代金融体系的发展以及研究的深入，流动性的概念正变得更加复杂、宽泛、抽象，从最初的等价于货币资金，逐渐演变为某种资产快速的不受损失的变现能力，或资产转换为支付清偿手段的难易程度。表 0-1 所列为部分代表性学者和机构对流动性的定义及解释。

表 0-1　部分代表性学者和机构对流动性的定义及解释

| 学者 / 机构 | 定义 | 解释 |
|---|---|---|
| 凯恩斯 (1936) | 在短期更容易变现而不受损失 | 一是直接将流动性等价于货币资产；二是将流动性定义为金融资产用于交易、变现的灵活性 |
| 纽曼 (1936) | 快速的不受损失的变现能力 | 资产拥有的在某个给定时点毫无损失地转换成现金的性质；提出流动性与营利性的矛盾，流动性越好的资产营利性越差；区分了资产的流动性和主体的流动性 |
| Black(1971) Lippman、McCall(1986) Bernstein(1987) Schwartz(1988) | 流动的市场是：买卖报价总是存在，同时价差相当小，交易可以被立即执行而对价格产生较小影响，以可以预期的或合理的价格迅速出售 | 如果任何数量的证券能够立刻被买卖，或者小额证券能够在证券市场上以接近于当前价格的价格被买卖，或者更大数额的证券能够在一段时间内以接近于当前价格的平均价格被买卖，则称该市场是具有流动性的，兼顾价格和交易完成的时间 |
| Amihud、Mendelson (1990) Maclachlan(1993) Glen(1994) | 在一定时间内完成交易所需要的成本，或寻找一个理想的价格所需要的时间 | 兼顾交易成本和交易时间来衡量流动性 |

（续）

| 学者/机构 | 定义 | 解释 |
|---|---|---|
| BIS(1999) | 市场参与者能够迅速进行大量金融交易，并且不会导致资产价格发生显著波动 | 兼顾交易时间和对价格的影响 |
| IMF(2000) | 金融资产在多大程度上能够在短时间内以全部或接近市场的价格出售 | 兼顾交易成本和交易时间来衡量流动性 |

除上述定义外，《新帕尔格雷夫货币金融大辞典》从三个方面对流动性进行了解释：一是从"到期日"（Maturity）来界定流动性，即金融工具转化为现金这一交易媒介而不受损失的能力；二是从"便捷性"（Easiness）来说明流动性，确认货币作为金融中介所起到的关键作用，并将流动性定义为货币余额与产出流量的比率，即 M/Y；三是从"金融实力"（Financial Strength）来理解流动性，即从整个经济的资产负债表出发来定义流动性。

总之，流动性已演变为一个十分抽象的概念，内涵具有多样性，界定的标准不唯一，界定的范围也扩展到交易时间、交易价格、交易数量等内容。

## 二、流动性的本质

尽管流动性的内涵已变得愈加宽泛、抽象，但综合起来，主要有两个含义。

**一个是具象的含义。**流动性即为货币资金，中央银行通过金融工具向金融机构释放的资金被通俗地称为央行释放了流动性，或称"放水"。因此，央行对货币资金的投放也被称为对货币"总闸门"的调节。这些基础货币资金经过派生和流动，进入经济社会的各个领域，形成了全社会的流动性。

**另一个是抽象的含义**。流动性被定义为某种资产转化为现金而不受损失的能力，流动性即为变现能力。资产可以是流动性最好的货币资金，也可以是有价证券、投资收益甚至借入资金等。抽象意义上的流动性，既包括现金（具象意义上的流动性），也包括可以变现的其他资产。企业使用现金或通过资产处置满足支付的需要，则称该企业具有流动性；银行在需要资金的时候，若能以合理的成本得到资金，则认为该银行具有流动性。

流动性的这两个含义，共通之处在于货币的等价性。尽管流动性在不同语境和场合下有不同的内涵，但归根结底都与货币有关。具象的流动性等同于货币资金，而抽象的流动性则是资产转换为货币资金的能力，并考虑了转换的成本和时间。

两个含义的差异也是明显的。具象的流动性范围更窄，而抽象的流动性包含多种多样的资产，甚至包括利用融资渠道清偿到期债务的能力；具象的流动性通常不涉及所有者，比如央行释放了流动性，关注的是流动性的规模和价格，而不是所有者，层次上更加宏观一些；而抽象的流动性通常有明晰的所有者，因为所持有资产的产权必须是明晰的，然后才能谈到资产的变现能力，层次上更加微观一些。

## 三、流动性过剩成为 21 世纪经济金融的显著特点

进入新世纪，随着经济全球化、经济金融化的发展，国际的贸易和投资飞速发展，全球流动性出现了新的变化，即以短期金融资产为核心的流动性大规模膨胀，进而导致依靠创造和炒作虚拟资产的经济活动大量增加。它表现为：货币市场中货币供应量多于实际商品、服务交易乃至资产交易所产生的货币需求；银行间准备金市场供给大于需求，商业银行持有过多的超过意愿的超额准备金；金融市场显现"资产荒"，高收益资产缺乏，大量资金找不到合适的投资品，出现了资产配置混乱、期

限过度错配和高杠杆的局面；股市、债市、房地产市场、金融衍生品市场、外汇市场等已经不再是相互独立运行的市场，各市场之间因经常性、大规模的资金流动已经连成一个整体。

流动性过剩主要源于三个方面：一是在现代信用制度下，主要发达经济体为稳定经济发展和应对危机，持续采取量化宽松货币政策，超大规模发行货币，导致货币供给大大超过货币需求，流动性过剩成为常态。二是全球经济失衡，美国经常项目逆差，而新兴经济体由于积极参与全球分工，经常项目长期处于顺差状态，进一步巩固了美元的全球金融循环。通过贸易渠道，新兴经济体的贸易顺差导致其被动承受美元输入和膨胀输入，同时又将持有的美元购买美国国债和其他债券，美元重新回到美国政府及其金融机构手中，美国金融市场继续利用这些美元采购全球商品并进行投资，全球流动性过剩进一步加剧。三是发达国家积极推动经济金融自由化，跨国金融公司基于逐利的目的，国际游资跨国家、跨市场广泛进行套利、套汇的双重行为，对新兴经济体输出金融资本，进一步加剧了国际金融流动性的波动和全球流动性的过剩。

在流动性过剩这一新常态下，我国金融系统和资本市场普遍处于"顺周期"的环境中，银行信贷高速增长，潜在的信用违约风险逐渐积累，银行理财资金经过各类通道大量涌入资本市场；为应对资产荒、追求高收益，各类杠杆资金加速流动，杠杆率显著上升，极易形成风险快速积聚。如何有效识别流动性失衡和冲击，及时开展"逆周期"调节，提高市场稳定性，保障市场功能有效发挥，成为重要的课题。

## 第二节　流动性的层次分类

流动性的本质是具象的货币资金和抽象的资产变现能力。按照从最开始央行释放流动性到流动性扩散至各类市场，再到各类市场主体持有流动性的逻辑顺序，可将流动性划分为宏观层面的宏观流动性、中观层面的市场流动性以及微观层面的资产流动性和融资流动性（见图0-1）。这三个层次的流动性有不同的特征和结构，影响的对象、范围和程度也不尽相同。通过这样的层次解构和维度划分，有利于克服流动性概念的过度抽象和过分延展问题，对研究宏观经济政策、理解流动性、进行投资决策都十分必要。

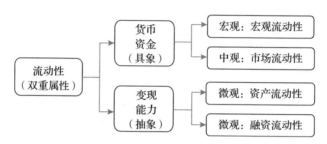

图0-1 流动性的本质和层次分类

## 一、宏观流动性

宏观流动性是指货币当局提供货币供给、促进经济和市场有效运行，反映全社会不同活化程度的货币的存量和流量。宏观流动性也称货币流动性，体现为具象的货币资金。央行是创造和提供宏观流动性的主体，流动性充足与否体现货币政策的基调。

宏观流动性是经济社会正常运转的基础。宏观流动性过多时，即央行货币供给过剩时，大量资金进入实体经济可能引发物价上涨，进入金融体系或房地产市场可能引发资产价格的高涨以及过热的投资情绪，影响经济金融稳定；而当货币流动性不足时，市场交易难以进行，金融机构资金紧张，经济增长和金融稳定同样受到严重冲击。

虽然各国央行关注的重点不同、目标略有差异，有的注重经济稳定运行和就业充分，有的注重物价稳定，或两者兼而有之，但最基本的职能都是发行货币、管理货币流通，这体现了一国的货币主权。央行基于经济发展需要制定货币政策，管理货币发行，调节流动性，因此也把央行发挥这一职能称为管住或把好货币"总闸门"、流动性"总闸门"。货币供应量也就成为宏观流动性的代表性指标，是国家货币政策的重要中介指标之一。

## 二、市场流动性

市场流动性是指央行释放的流动性通过各种渠道进入市场的规模，反映的是各类市场中资金的存量和流量，本质上是宏观流动性的组成部分。因此，市场流动性也被通俗地称为市场资金面，体现为具象的货币资金。

很多研究将市场流动性定义为在既定的市场结构下资产能够迅速变现而不会引起资产价格发生显著波动的能力，但对于一个市场来说，流动性的好坏是金融市场是否有效的重要体现，资源配置、价格发现等功能的发挥都离不开流动性，有足够的资金流入市场并运转流动，资产的变现才不会引发价格大幅波动，市场功能才能发挥。流动性是市场的生命力所在，引入更多资金进入市场也成为各类市场监管者的重要职责。例如，2019 年中国证监会将"推动更多中长期资金入市"作为资本市场"深改 12 条"的重要一条。因此，综合考虑市场的基本功能和流动性的本质，本书将市场流动性定义为具象的货币资金，是宏观流动性的组成部分。宏观流动性释放出来后，资金会在追求最大投资收益和规避风险的驱动下在不同市场之间快速流动，在一定时期流入哪个市场多，哪个市场的流动性就充足，功能发挥就完善，从而出现了很多有趣的市场现象（见专栏 0-1）。

专栏 0-1

## 流动性变动引发的股债跷跷板效应

股票市场和债券市场作为资本市场的两个重要组成部分，面临着共同的宏观经济金融环境，存在多方面的天然联系。虽然两个市场本身运行规律不同，但相互之间的联动因素很多，联动呈现出多层次、多渠道的特征。其中，资金在两个市场之间快速流动引发的"跷跷板效应"十分显著，也成为投资者进行资产配置的重要参考。

股债跷跷板效应是指当股票市场或者债券市场中的一个市场价格下跌时，另一个市场价格上涨的现象。当股市不确定性上升或出现负面信息时，资金会从股市撤离、投向债市，从而加剧股市下跌，并带动债券价格上涨。这种变化也被称为安全资产转移效应。从 20 世纪末到 21 世纪初，全球经济金融环境的稳定性下降，爆发了拉美货币危机、亚洲金融危机、美国次贷危机和全球金融危机，通常股市受到较大冲击，资金就会流向国债等安全资产。国内外的许多实证研究都证明了这种股债跷跷板效应的存在。比如，Gulko 和 Partners（2002）发现，美国股票和国债的回报率在多数情况下是正相关的，但当股市大跌时国债倾向于表现良好，股债两市的回报率变为负相关。我国市场中，特别是股市处于熊市时，存在明显的股市向债市的安全资产转移效应。

当债券市场不确定性上升时，债券特别是 10 年期国债实际收益率上升，会抬升市场利率，而利率上升带动股票折现率上升，导致股市估值承压，所以一般来说投资者不会将资金从债市撤离而投入股市。这种债市不确定性上升可能带来的股债资金撤离、两个市场同时承压的情况，也被称为风险传染效应，而不再表现为跷跷板效应。

可见，资金会随着市场情况变化和投资者预期而不断流动，市场流动性的变化直接造成市场运行的各种形态和效应。但在特殊情况下，比如 2008 年全球金融危机期间，美国股债市场因为流动性突然枯竭而同时大跌；危机后美联储实施大规模量化宽松货币政策，释放了巨大流动性，导致股债同时上涨。股债跷跷板效应仅在一定条件下才会出现。股债两个市场的联动，也会在后续章节中详细分析。

由于股市具有"牵一发而动全身"的特殊性，在金融市场中具有特殊重要的地位，而股市流动性又是现代金融系统中最敏感、最具代表性的关键因素，本书在分析测度市场流动性时，将聚焦股市流动性。在股市分析中，通常用基本面、政策面、资金面、情绪面这"四碗面"作为分析的路径和判断的视角，这里的资金面即为股市流动性。

## 三、资产流动性和融资流动性

资产流动性是资产以较低的交易成本快速变现的能力；融资流动性指金融机构、实体企业、政府部门、个人等微观主体履行偿付义务的能力，反映缺乏资金的机构通过各种融资途径（内部或外部）获取资金的难易程度。由于资产流动性是微观交易结构的范畴，而融资流动性的对象是微观主体，因此这两类流动性体现的都是微观层面抽象意义的流动性，反映的都是变现能力。

资产流动性和融资流动性有很多相同之处，都表示及时清偿债务的能力，有时也把两个概念等同起来。比如，一家上市公司通告自己有充足的流动性，可理解为其持有大量现金、可快速变现的资产或能够带来稳定现金流回报的资产，流动比率较高，企业偿债能力较强，因而在一定程度上更受投资者青睐，这也就意味着其融资能力强，具有很高的融资流动性。但融资流动性的范畴更大一些，市场主体既可以利用自身持有的资产融资（体现为资产流动性），也可以通过外部债务融资。

## 四、各层次流动性之间的相互关联

各层次的流动性并非独立存在，而是彼此之间相互影响、相互作用，共同推动经济社会、金融系统不断变化，呈现各种特征（见图 0-2）。

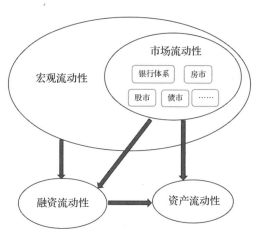

图 0-2　不同层次流动性的相互影响

首先，宏观流动性先于市场流动性。央行作为货币总闸门的管理者，释放流动性的规模、节奏的快慢，都将影响各类市场的流动性水平。货币学派的代表人物弗里德曼强调，通货膨胀在根本上源于货币供给量。可见，宏观流动性会影响整个经济体的物价水平，对各类市场、各类资产价格的影响更是不言而喻。比如，2008 年全球金融危机后，美联储通过三轮 QE 释放的大量流动性在全球四溢，不仅稳定了美国银行体系，推动了股市、债市以及大宗商品的价格上涨，甚至影响了全球的流动性水平；而到 2017 年美联储开始缩表回收流动性时，对全球流动性特别是新兴经济体带来了紧缩效应，不仅美国股市下跌、美债收益率走高，还引发部分国家汇率贬值和金融市场动荡。

其次，市场流动性是宏观流动性的有机组成部分。宏观流动性的充裕程度以及大类资产的性价比决定了市场流动性的水平。"大河有水小河满"，宏观流动性的充裕程度决定了全社会的流动性水平，因而也成为各类市场流动性的基础。但由于资本的逐利性，投资者会根据大类资产的性价比来进行资金配置，确定资金具体会流入哪个市场多一些、流入哪个市场少一些甚至是流出，从而形成流动性水平在不同市场之间的差异，引发市场的变化波动，比如专栏 0-1 提到的股债跷跷板效应。

再次，宏观流动性和市场流动性都会对融资流动性产生影响。当宏观流动性较为匮乏时，融资流动性一般也会比较紧绷；市场流动性不足也会制约微观个体从资本市场获得融资的能力。同时，某一个金融机构出现融资流动性危机后，资金快速撤出，风险在不同层次流动性间传导，扩散效应显著放大了负面影响，尤其是融资流动性和市场流动性之间的联动效应构成流动性循环，对金融系统稳定性产生影响。

最后，市场流动性和融资流动性会对资产流动性产生一定影响。市场流动性充裕意味着交投活跃，交易容易达成，资产流动性也高；市场流动性趋紧意味着投资者交易意愿低迷，资产流动性也随之下降。微观个体特别是市场中资金量较大的主体，若突发融资流动性承压，往往会不计成本地抛售资产满足偿付需要，或被其他投资者抛售，从而导致资产流动性恶化（见专栏 0-2）。

---

**专栏 0-2**

## A 上市公司融资流动性丧失而导致资产流动性受到冲击

　　发生于 2018 年的 A 上市公司流动性事件，是一个典型的微观主体融资流动性丧失引发资产流动性恶化的例子。

创立于 1992 年的 A 上市公司是中国园林行业第一家上市公司，其营业收入大部分来自园林建设、水系治理和生态修复等工程类项目。但在 2018 年之前的几年里，A 公司一连串中标 PPP[一]项目以及并购动作，使其债务负担加重，现金流持续紧绷。到 2018 年，随着国内 PPP 项目相关政策的收紧，导致 A 公司处于资金链断裂的边缘。A 公司不得不通过发债借新还旧、缓解资金压力，但 5 月 21 日原计划发行的 10 亿元公司债券，实际发行规模仅为 0.5 亿元，被市场称为"史上最凉发债"。

A 公司发债计划意外失败，融资能力彻底丧失，投资者为规避风险，大量抛售 A 公司股票，导致其股价断崖式下跌，股票这一资产的流动性也基本丧失。此后，A 公司深陷流动性困境，通过股权变动，北京市某区政府国资委成为 A 公司实际控制人。

---

[一] PPP 是英文"Public-Private-Partnerships"的简写，指公共部门通过与私人部门建立伙伴关系提供公共产品或服务的一种方式。

# 第一部分

# 宏观流动性

# 第一章

# 宏观流动性的表征

## 第一节 宏观流动性的量

### 一、宏观流动性的范畴

宏观流动性也称货币流动性，是指提供充分的货币供给使得经济和市场能够有效运行，反映全社会不同活化程度的货币的存量和流量。央行投放的基础货币，即央行发行的政府信用支撑的货币资金，经过信用创造和派生后形成全社会流动性，即由市场信用支撑的金融资产。

货币资金由于在流通中转手的次数不同，形成的购买力不同，对商品流动和经济运行的影响也不同，具有不同的细分层次和特征。对不同类型和特征的货币进行划分，为货币当局进行货币供应量的调控提供了依据。我国货币层次的划分如下。

M0= 流通中的现金

狭义货币 M1=M0+ 企业活期存款 + 机构团体存款 + 农村存款 + 个人持有的信用类存款

广义货币 M2=M1+ 城乡居民储蓄存款 + 企业存款中具有定期性质的存款 + 外币存款 + 信托类存款 + 证券客户保证金 + 住房公积金中心存款 + 非存款类金融机构在存款类金融机构的存款

M3=M2+ 金融债券 + 商业票据 + 大额可转让存单等

习惯将 M0 称为流通中的现金，即居民手中的现钞和企业单位的备用金，不包括商业银行的库存现金。这部分货币可随时用作交易媒介，具有最强的购买力。M1 是狭义货币，流动性最强。M2 是广义货币，M2 与 M1 之间的差额是准货币，指流动性稍差但经过一段时间也能转化为现金或支票存款。M3 目前尚不测算。

这样细分的层次，便于对宏观流动性有更加具象的认识。但需要注意的是，广义货币并不能完全反映全社会的流动性规模，经济生活中还有一些具有流动性、未纳入国家定义的广义货币范围之内的金融资产（或负债），如金融债券、非银行金融机构的票据等，而 M3 更接近于全社会流动性总量。在广义货币基础上设置流动性总量监测，已经在一些国家货币金融统计中实践探索。国际货币基金组织（IMF）的《货币与金融统计手册》也对流动性总量构成要素做了初步的规定。

上述这几个细分层次的宏观流动性划分，是从货币当局和金融机构负债方统计的，是金融机构的负债，是金融体系对实体经济提供的流动性和购买力，反映社会的总需求。也可以从金融机构资产方统计宏观流动性，最初常用的指标是人民币贷款，用于反映商业银行对实体经济的资金支持；2010 年中国人民银行首创社会融资规模指标，该指标可从全社会资金供给的角度反映一定时期内实体经济从金融体系获得的资金总额，成为衡量金融支持实体经济状况以及资金松紧程度的重要指标。社会融资规模与货币供应量 M2 是一枚硬币的两个面，但社会融资规模结构特征比 M2 更加丰富，可细分到各个行业。从资产负债角度看，社会融资规模和 M2 能够相互补充、相互印证，成为我国金融宏观调控的"新搭档"。

---

**专栏 1-1**

## 社会融资规模简介

社会融资规模是指实体经济（包括非金融企业和个人）从金融体系获得的资金规模。这里的金融体系是整体金融的概念，从机构看，包括银行、证券、保险等金融机构；从市场看，包括信贷市场、债券市场、股票市场、保险市场以及中间业务市场等。

从存量的角度看，社会融资规模存量是指一定时期末实体经济从金融体系获得的资金余额；从流量的角度看，社会融资规模增量是指一定时期内实体经济从金融体系获得的资金总额。存量与增量数据的不同特点反映了两种不同的视角。社会融资规模存量指标有助于刻画金融体系对实体经济的支撑力度，与主要经济变量间的关系更为明显。增量指标体现了社会融资规模的边际变化，对二级市场的股票、债券投资有重要影响，也反映了短期政策因素的影响，是市场关注的重点。

社会融资规模主要由三个部分构成：**一是**金融机构通过资金运用对实体经济提供的全部资金支持，主要包括人民币贷款、外币贷款、信托贷款、委托贷款、金融机构持有的企业债券及非金融企业股票、保险公司的赔偿和投资性房地产等。**二是**实体经济利用规范的金融工具、在正规金融市场、通过金融机构信用或服务所获得的直接融资，主要包括未贴现的银行承兑汇票、非金融企业境内股票融资及企业债券、政府债券的净发行等。**三是**其他融资，主要包括存款类金融机构资产支持证券和贷款核销等。具体如下：

### 1. 人民币贷款

人民币贷款指金融机构向非金融企业、个人、机关团体、境外单位以贷款、票据贴现、垫款等多方式提供的人民币贷款，是实体经济部门传统的主要融资工具，主要由短期贷款、长期贷款和票据融资构成。

### 2. 外币贷款

外币贷款指金融机构向非金融企业、个人、机关团体、境外单位以贷款、票据贴现、垫款、押汇、福费廷等多方式提供的外币贷款。

### 3. 信托贷款

信托贷款指信托投资公司在国家规定的范围内，运用信托投资计划吸收的资金，对信托投资计划规定的单位和项目发放的贷款。信托贷款不列入信托投资公司自身的资产负债表。

### 4. 委托贷款

委托贷款指由企事业单位及个人等委托人提供资金，由金融机构（即贷款人或受托人）根据委托人确定的贷款对象、用途、金额、期限、利率等代为发放、监督使用并协助收回的贷款。

### 5. 保险公司赔偿

保险公司赔偿指保险公司在保险合同有效期内履行赔偿义务而提供的各项资金。

### 6. 投资性房地产

投资性房地产指金融机构为赚取租金或资本增值，或者两者兼有而持有的房地产，包括出资的土地所有权、持有的土地使用权、已出租的建筑物等。

### 7. 未贴现的银行承兑汇票

未贴现的银行承兑汇票指企业签发的银行承兑汇票未到金融机构进行贴现融资的部分，即金融机构表内表外并表后的银行承兑汇票。它在统计上体现为企业签发的全部银行承兑汇票扣减已在银行表内贴现的部分，其目的是保证社会融资规模中不重复计算。

### 8. 非金融企业境内股票融资

非金融企业境内股票融资指非金融企业通过境内正规金融市场进行的股票融资，是当前非金融企业重要的直接融资方式。

### 9. 企业债券

企业债券指由非金融企业发行的各类债券，包括企业债、超短期融资券、短期融资券、中期票据、中小企业集合票据、非公开定向融资工具、资产支持票据、公司债、可转债、可分离可转债、中小企业私募债和交易所企业资产支持证券等券种。

### 10. 政府债券

政府债券包括国债、地方政府一般债券和地方政府专项债券。

### 11. 其他融资

其他融资指实体经济从小额贷款公司、贷款公司等获得的资金，以及存款类金融机构资产支持证券和贷款核销等。

## 二、货币资金的投放

一国政府为适应经济发展的需要，以法律或法令形式对货币的发行与流通所做的一系列规定被称为货币制度。货币制度经过几个世纪的演变，已进入现代信用制度，即以不兑换黄金的纸币或银行券为本位币的货币制度。纸币一般由各国中央银行发行，国家法律赋予其无限法偿能力。20世纪30年代，金本位制⊖完全崩溃以后，世界各国普遍实行了这种货币制度，主要特点是：纸币发行权由国家垄断；中央银行发行的纸币是法定货币；纸币不能兑换黄金；纸币通过银行信贷等渠道投入流通，通过存款货币进行转账结算，非现金流通成为货币流通的主体。我国的货币发行即流动性的产生和规模，是由中国人民银行根据经济发展的需要进行调节把控的。

### 1. 双顺差背景下的货币被动发行（2001—2013年）

我国自2001年加入世界贸易组织后，充分利用自身经济的要素禀赋，特别是价格低廉的庞大劳动力优势，与国际资本、先进技术和国际市场相结合，不断参与国际分工，形成了新的国际分工模式，逐步成为世界工厂。在经济快速增长的同时，我国迎来了国际收支双顺差，大量资金涌入，中国人民银行为维持汇率稳定、积累外汇储备，不得不大量发行脱离经济内部需求的基础货币，由此形成我国货币的被动发行。传导链条是：国际收支盈余—外汇储备快速增长—外汇占款上升—基础货币扩张—流动性释放。图1-1显示，2001—2013年，我国国际收支双顺

---

⊖ 在金本位制下，货币供应被束缚在黄金上，黄金的产量代替了货币供应量，这不符合经济和信用快速发展的需要。例如，英国于1821年正式采用金本位制，每1英镑含7.322 38克纯金，但包括英国在内，世界上缺少足够的黄金发现和开采活动，没有足够多的黄金和英镑购买商品，而工业革命后英国工业生产能力快速上升，过多的商品追逐有限的货币，造成英国陷入持续通货紧缩，此后30年内英国消费品价格降幅超过20%，制造业利润受到挤压并波及大量商贸企业，这也成为英国股市从1826年泡沫破灭后持续下跌40%、陷入20多年大熊市的原因之一。

差导致 M2 快速增长。

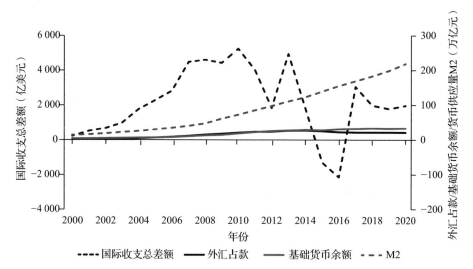

图 1-1 我国国际收支总差额、外汇占款、基础货币余额与 M2

数据来源：万得。

由于实体经济发展消纳不了过多的流动性，再加上我国金融市场广度深度不够、金融工具不足等诸多因素导致金融市场无法容纳过量货币供给，最终大量资金进入房市、股市，资产价格出现非理性上涨，积聚了越来越大的通胀压力和金融风险。因此，在这一时期，抵消被动投放的大量流动性就成为我国央行货币政策的重要任务之一。中央银行通过发行央行票据、提高存款准备金率来进行对冲，但对冲流动性是需要付出成本的。央行除了支付法定和超额存款准备金的利息外，对冲外汇占款所发行的央票的利率一般高于以外汇形式持有的债券的利率，央行不得不在央票的利率和流动性两方面提供相对于超额准备金存款更为优惠的条件，央票的发行成本、政策成本并不低。

## 2. 央行主动的货币投放（2014 年至今）

2014 年后我国出现了经常贸易顺差和资本项目逆差并存的局面，国际收支双顺差的格局发生转变，强制结售汇制度也于 2012 年被改革，这些变化导致外汇占款的规模下降，央行已没有必要为对冲外汇占款而被动投放基础货币，逐渐掌握了货币调控的主动权（也意味着失去了原有的货币投放渠道）。

为探索新的货币投放渠道，并有效发挥货币政策工具的精准滴灌作用，提高前瞻性、灵活性、直达性，央行不断创立短期流动性调节工具、常备借贷便利、中期借贷便利、抵押补充贷款等工具进行货币投放（见表 1-1、图 1-2）。这些政策工具针对不同类型的银行机构，短中长各类期限相互配合，有助于提高货币政策效率，价格调控和数量调控共同发力，共同增加政策灵活性和弹性。

表 1-1　新型货币政策工具

| 新型工具 | 创设时间 | 期限 | 功能 | 对象 |
|---|---|---|---|---|
| 短期流动性调节工具（SLO） | 2013 年 | 7 天以内 | 调节比 7 天更短的货币供应和利率 | 一般为公开市场业务一级交易商中具有系统重要性、资产状况良好、政策传导能力强的部分金融机构 |
| 常备借贷便利（SLF） | 2013 年 | 1～3 个月 | 进行短期利率引导，作为"利率走廊"上限；满足金融机构的大额流动性需求 | 主要是政策性银行和全国性商业银行 |
| 中期借贷便利（MLF）（定向中期借贷便利 TMLF） | 2014 年 | 3 个月、6个月和 1 年 | 提供中期基础货币并引导中期利率；刺激向"三农"和小微企业等特定行业和产业发放贷款 | 各类政策性银行和商业银行（TMLF 为定向投放，引导银行增加对小微企业、民营企业贷款） |
| 抵押补充贷款（PSL） | 2014 年 | 3～5 年 | 提供长期基础货币并引导中期政策利率；提供支持国家重点项目长期稳定且成本适当的资金 | 各类政策性银行和商业银行 |

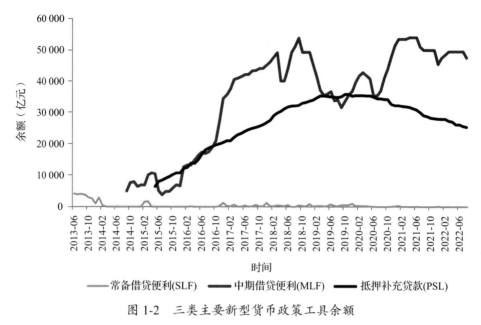

图 1-2  三类主要新型货币政策工具余额

数据来源：万得。

## 三、货币总闸门

我国央行在更多掌握货币发行的主导权后，按照经济发展的需求，通过多种方式进行资金投放，引导市场预期，提高调控的前瞻性和精准性。其中，央行在季度货币政策执行报告中，对货币总闸门使用各种不同的表述方式，成为引导市场预期的重要途径（见图 1-3）。例如，2017—2020 年，央行根据宏观经济运行状态和调控需要，分别使用了"调节好""管住"和"把好"货币总闸门这样的表述，意即不同程度地收紧流动性，期间 M2 和社会融资规模存量的增速均呈现震荡回落态势；而当央行删去"总闸门"表述时，信用环境更为宽松，其间 M2 和社会融资规模增速明显回升。可见，央行调控宏观流动性的能力越来越强，艺术性越来越高。

需要注意的是，中央银行对货币总闸门的控制能力，在货币供应的增加和减少方面分布是不均匀的。中央银行增加货币供给的能力远远大于其减少货币供给的能力，也就是说，如果中央银行要增加货币供应量，一般有能力、有方式达到目的；但要减少货币供应量，未必有能力实现预期目标。这种对总闸门控制力上的差异，不完全是中央银行本身的问题，客观的现实经济对增加货币供给的阻力较小，甚至是被市场驱动而投放货币，对减少货币供给的障碍很大，且这些障碍不是中央银行能完全克服的。所以，中央银行对货币总闸门的控制，实际上是市场与货币当局之间博弈的结果。由此也可以看出，货币供给并不是一个外生变量，不能完全由中央银行根据主观意愿控制。货币供给是内生的，即在一个经济体内部货币供应总量由多种因素和多个主体共同决定，中央银行只能决定货币供给的一部分。

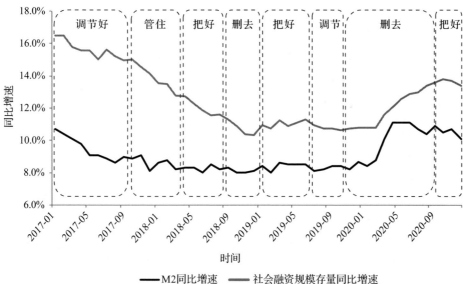

图 1-3　央行对货币总闸门的把控

数据来源：万得。

# 第二节　宏观流动性的价

## 一、利率与汇率

量和价是市场经济行为最基本的表现。长期以来，货币供应量都是货币政策调控的重要中介目标，宏观流动性的规模也是被着重关注的。但随着数量型货币政策调控的有效性明显减弱，从 20 世纪 80 年代开始，世界各国中央银行逐渐转向以利率为中介目标的货币政策操作框架。2014 年后我国央行对货币调控的自主权日益增强，开启了从数量型向价格型调控的转变，在关注数量型（M2、社会融资等）中介指标的同时，货币资金价格成为调控重点。

货币资金的价格，本质是资金使用权的价格，在现象形态上表现为利率，即货币资金使用权转移时，借入方要向贷出方支付一定的利息。

经济生活中存在着各种各样的利率，这些利率由内在因素联系结成一个有机整体，形成了利率体系。一般而言，利率体系主要由中央银行利率、商业银行利率、市场利率组成。在市场分析和研究中，按照货币流动性的特征和资金使用期限的长短，一般将利率划分为货币市场利率、债券市场利率和贷款市场利率，而基准利率是各种利率形成的基础。

### 1. 基准利率

基准利率作为各类金融产品利率定价的重要参考，是重要的金融市场要素，也是货币政策传导的核心环节以及利率市场化机制形成的核心。

由于各国央行调控市场利率的方式不同，基准利率的种类也比较多。比如，以同业拆借利率为基准利率的有英国的伦敦同业拆放利率、美国的联邦基准利率；以回购利率为基准利率的国家有德国、法国。我国长期将存贷款基准利率作为基准进行调节，随着利率市场化改革，中国人民银行对国家政策性银行和其他商业银行的再贷款和再贴现利率成为基准利率，并延伸形成各类市场的基准利率。经过多年来持续培育，目前我国的基准利率体系建设已取得重要进展，货币市场、债券市场、信贷市场等基本上都已培育各自的指标性利率。存款类金融机构间的债券回购利率（DR）、国债收益率、贷款市场报价利率（LPR）等在相应金融市场中都发挥了重要的基准作用。

### 2. 货币市场利率

货币市场是指期限在 1 年期以内的债务工具发行和交易的市场，又称短期金融市场，是最基本的金融市场组成部分。货币市场利率对社会资金供求关系有着很好的灵敏性和高效性，是反映市场资金状况、衡量金融产品收益率的重要指标。

货币市场利率包括同业拆借利率、商业票据利率、国债回购利率、国债现货利率、外汇比价等，但在市场分析研究中，除了上海银行间同业拆放利率 Shibor 外，具有重大实践指导意义的是银行间质押式回购利率 R 和存款类金融机构间债券回购利率 DR。

银行间质押式回购利率 R 是所有参加银行间市场交易主体以质押物为质押形成的回购利率，参与机构包括商业银行和非银行金融机构，交易量大、不易被操纵且反应灵敏，是货币市场关键资金利率指标，体现整个银行间市场资金面松紧状况，常用利率为 R007。2014 年以后，我国同业业务和资管业务蓬勃发展，银行间市场的参与主体不断增加，逐渐形成了"央行—大型银行—中小银行—非银行金融机构"的流动性传导层级，特别是非银行金融机构的交易增加，使得 R 利率容易受交易对手和质押物的影响而波动加大。

为降低上述因素对利率定价的扰动，更真实精确地反映银行体系流动性松紧变化，中国人民银行自 2014 年 12 月编制存款类金融机构间债券回购利率 DR。DR 是存款类金融机构间以利率债为质押形成的回购利率，常用利率为 DR007。2016 年第三季度《中国货币政策执行报告》指出，DR007 对培育市场基准利率有着积极作用，它可降低交易对手信用风险和抵押品质量对利率定价的扰动，能够更好地反映银行体系流动性松紧状况。这个新的目标利率，或将成为未来市场观察流动性松紧程度的重要窗口。这也是央行首次在货币政策报告中提到 DR007 利率。自2020 年开始，生成 DR 的交易基础日均超过 1.8 万亿元，在银行间回购市场中的占比约五成。DR 已成为反映银行体系流动性的"晴雨表"，能够更好地用于对流动性的观测和分析。

可以将 R007 理解为包含各类金融机构的全口径指标，而 DR007 只覆盖存款类金融机构，通常 R007 会高于 DR007，两者之差可以在一定程度上反映非银行金融机构的融资溢价水平。由于金融体系分级流动性传导链条的存在，当货币市场流动性收紧时，对不同环节的市场参与者的影响是不均等的，首先收紧的是处于链条下游的非银行金融机构，显示为 R007 与 DR007 快速背离。因此，当 R007 与 DR007 离差快速扩大时，不仅表明货币市场流动性紧张，同时表明不同机构流动性差异变大。通过对 R007 与 DR007 离差的分析，可观察货币市场流动性松紧与结构差异。

### 3. 债券市场利率

债券市场是发行和买卖债券的场所，一个统一、成熟的债券市场可以为全社会的投资者和筹资者提供低风险的投融资工具；债券市场利率是社会经济中金融产品和工具收益水平的基准，也是传导中央银行货币政策的重要载体。债券市场上的利率有很多种，比如票面利率、发行利率，直接收益率、到期收益率、赎回收益率，以及国债利率、金融债利率和企业债利率，等等。

将某一时点上（或某一天）不同期限债券的到期收益率水平连成一条曲线，这条曲线被称为债券的收益率曲线。比如，以国债到期年限为 $X$ 轴，相应到期的国债收益率为 $Y$ 轴，可绘制国债收益率曲线。研究债券收益率曲线具有重要意义：对投资者而言，债券收益率曲线可以用作预测债券的发行投标利率、在二级市场上选择债券投资券种和预测债券价格的分析工具；对发行人而言，债券收益率曲线可为其发行债券、进行资产负债管理提供参考。

债券收益率曲线的形状可以反映当时长短期利率水平之间的关系，是市场对当前经济状况的判断及对未来经济走势预期的结果。特别是国债收益率曲线表现出各种不同的形态，在一定程度上预示宏观经济发展周期的变化趋势，还可以成为央行进行货币政策措施选择的重要依据。正常情况下，债券收益率曲线会向上倾斜，因为在正常的市场中人们偏好中短期流动性的资金，中短期金融工具价格较高，短端收益率水平会低于长端。但收益率曲线也可能出现扁平甚至倒挂的情况，即长债与短债的利差缩窄或变为负数，或表现为短端收益率快速升高甚至高于长端，或表现为长端收益率快速下降甚至低于短端。若短端收益率快速抬升，则反映当前流动性较为紧张，或通胀上行压力较大；若长端收益率下降，则反映投资者预期长期经济前景疲弱、经济放缓、通胀走低，长债提供的收益率将下滑。

自 1999 年发布第一条人民币国债收益率曲线以来，我国国债收益率曲线的编制发布工作日趋稳定成熟。中央结算公司、外汇交易中心等金融机构以及彭博等国际信息商均编制国债收益率曲线，财政部、中国人民银行、银保监会均在官方网站发布中央结算公司编制的收益率曲线（美国有影响力的国债收益率曲线则主要是美国财政部和彭博编制的曲线）。

目前，国债收益率曲线被市场机构广泛用于风险管理、公允价值计量和交易定价参考，在债券市场上发挥重要作用。比如，将国债收益率作为发行及重定价参考利率的永续债、浮息债等规模近 3.7 万亿元；地方政府债券、超长期限国债在招标发行时采用中债国债收益率曲线作为发行定价的基准，累计应用于超 30 万亿元债券发行。

**专栏 1-2**

## 美国国债收益率曲线倒挂

典型的美国国债收益率曲线是由到期时间从 1 个月到 30 年的点组成的。通过长期研究国债收益率曲线与经济周期关系发现，美国国债收益率曲线的不同形态反映了宏观经济周期的运行情况。

在大部分情况下，美国国债收益率曲线会向上倾斜，但如果出现短期利率高于长期利率（倒挂）这种特殊情况时，可能预示美国经济即将进入衰退和萧条阶段。因为在 1970—2021 年的 50 多年间，一共发生过 6 次 3 个月～ 10 年美国国债收益率曲线倒挂的情况，美国经济随后均陷入衰退。反之，当美国国债收益率曲线表现出长期利率与短期利率之间的利差由负值逐渐趋向于 0，或者长期利率与短期利率之间的利差日益扩大时，预示美国经济将进入复苏和繁荣阶段。

进入 21 世纪后，收益率曲线出现倒挂的情况愈加频繁。在 2008 年全球金融危机中，出现了长期利率水平低于中短期的情况，并持续存在，也被称为"格林斯潘长期利率之谜"。2018 年以来也多次出现美国国债 2 ～ 5 年、3 个月～ 10 年、2 ～ 10 年等收益率曲线倒挂的情况。随着美国国债收益率曲线倒挂范围持续扩大、程度不断加深，市场对美国经济前景的担忧也在加重。

出现倒挂的原因是：①短期利率反映的是金融市场的情况，而长期利率反映的是实际经济状况，如果投资者对未来经济增长前景预期谨慎，则将导致长期利率下降；②当投资者预期长期经济疲软时，会形成央行将维持低利率政策的预期，从而预期未来短期利率下降，而未来的短期利率也就是现在的长期利率。

需要注意的是，倒挂虽然对经济衰退有一定的预示作用，但由于从出现倒挂到实际发生经济衰退之间的时间间隔并不固定，有时间隔很长时间，曾出现过 18 个月、23 个月的间隔，因此单纯依据倒挂进行择时投资，效果可能并不理想。倒挂是一个判断的大方向，并不是可以遵循的较为准确的历史规律。

## 4. 贷款市场利率

贷款利率是商业银行等金融机构发放贷款时向借款人收取利息的利率。与债券市场利率一样，贷款利率主要反映中长期资金的价格。贷款利率的种类有很多，比如短期利率、长期利率、法定利率、市场利率、固定利率、浮动利率等。

2013 年中国人民银行全面放开金融机构贷款利率管制，进一步推进利率市场化改革，完善金融市场基准利率体系，指导信贷市场产品定价，并于 2013 年 10 月创设贷款市场报价利率（LPR）。商业银行发放贷款时，利率将按照 LPR 来表示，以"LPR+×× 个基点"或"LPR-××个基点"的形式来确定。2019 年中国人民银行进一步改革完善 LPR 的形成机制，由约 20 家报价银行根据公开市场操作利率（主要指中期借贷便利）加基点形成的方式报价，再由全国银行间同业拆借中心计算得出。

我国还存在法定基准利率，即存贷款基准利率，是央行给商业银行制定的指导性利率。人们在日常生活中所听到的加息、降息，都是对这个基准利率的调整增减，而实际贷款利率一般会高于法定基准利率。贷款基准利率是中国人民银行不定期调整并公布的，用于指导市场利率；而 LPR 是由报价银行根据本行最优质客户执行的贷款利率报出，并由同业拆借中心计算发布，具有更高的市场化程度，更能反映流动性状况和市场供求变化。

除持续推进贷款利率的市场化改革外，2022 年 4 月中国人民银行指导建立存款利率市场化的调整机制，即利率自律机制成员可根据自身情况，参考以 10 年期国债收益率为代表的债券市场利率和以 1 年期 LPR 为代表的贷款市场利率，自主合理地确定其存款利率水平。这个机制的主要目的是推进存款利率进一步市场化，提升存款利率市场化的定价能力，维护存款市场良好竞争秩序，稳定银行负债成本，推动降低实际贷款利率，更好地支持实体经济发展。

当前，中国人民银行正继续深化利率市场化改革，持续释放 LPR 改革效能，发挥存款利率市场化调整机制作用，充分发挥利率自律机制作用，维护市场良好竞争秩序，推动继续降低实际贷款利率。

## 5. 外汇市场汇率

外汇市场是指在国际从事外汇买卖、调剂外汇供求的交易场所；汇率是用一种货币表示的另一种货币的价格，或者说两种货币之间的兑换比率或比价。汇率的种类有很多，如基本汇率、套算汇率，买入汇率、卖出汇率，即期汇率、远期汇率，名义汇率、实际汇率，等等。汇率不仅取决于外汇市场中的外汇供需变化，还取决于一国的经济实力、科技实力、军事实力甚至外交手段，是国家间综合实力的对比。

自 1994 年开始，人民币汇率形成机制不断向着越来越市场化的方向改革，人民币汇率市场化水平不断提高。2003 年党的十六届三中全会明确提出"完善人民币汇率形成机制，保持人民币汇率在合理、均衡水平上的基本稳定"。2005 年 7 月 21 日，新一轮人民币汇率形成机制改革启动，人民币汇率水平适当调整。在主动性、可控性、渐进性原则的指导下，我国开始实行以市场供求为基础、参考一篮子货币进行调节、有管理的浮动汇率制度。人民币汇率不再盯住单一美元，而是参考一篮子货币，以市场供求关系为重要依据，形成有管理的浮动汇率。2015 年 8 月 11 日，中国人民银行进一步完善人民币汇率市场化形成机制：一方面在中间价形成机制上充分体现市场供求对汇率形成的决定性作用，提高中间价的市场化程度；另一方面则对人民币汇率适当调整，使汇率向合理均衡水平回归。

近年来，这一汇率制度经受住多轮冲击的考验，人民币汇率保持基本稳定。在中美经贸摩擦、新冠疫情暴发并在全球蔓延、世界经济衰退、国际金融市场动荡等多轮重大冲击考验中，人民币汇率均能迅速调整，并在较短时间内恢复均衡，有效发挥了对冲冲击的作用。2020—2021 年，人民币对美元汇率年化波动率为 4.5% 左右，与其他国际主要货币基本相当，汇率作为宏观经济和国际收支自动稳定器的作用进一步增强。我国是一个新兴经济体，有管理的浮动汇率制度是当前合适的汇率制度安排。继续坚持不进行外汇市场常态化干预，让市场供求决定汇率水平，中央银行外汇干预主要针对汇率无序波动和"羊群效应"，保持人民币汇率在合理均衡水平上的基本稳定。同时，我国的贸易和投资结构日趋多元化，对主要贸易和投资伙伴的汇率水平变动都将影响我国的国际收支和内外部均衡。继续坚持市场化方向，坚持市场在人民币汇率形成中起决定性作用，优化金融资源配置，继续参考一篮子货币，能有效增强汇率对宏观经济的调节作用和指示意义。

投资者对汇率的预期也是引起国际资金流动的重要因素。比如，2005 年 7 月 21 日汇改后，人民币对美元表现为单边升值的态势，到 2008 年全球金融危机前累计升值超过 20%。不少国际热钱一方面看好我国经济强劲增长，另一方面套取人民币汇率升值等短期收益，通过货物贸易、服务贸易、投资利润汇回、侨汇、外商直接投资、地下钱庄等渠道加速流入我国。这导致国际收支不平衡，外汇储备急剧增长，央行不得不发行大量基础货币用于结汇，加剧了流动性过剩。1978 年我国外汇储备只有 16.7 亿美元，到 2003 年年末用了 25 年才达到 4 033 亿美元。而 2004—2005 年两年就翻了一番多，达到 8 189 亿美元。2006 年增加 2 473 亿美元，2007 年又猛增 4 619 亿美元，总额达到 1.53 万亿美元，占到全球外汇储备的四分之一。过快的货币投放，导致经济社会流动性大量过剩，物价和资产价格快速增长，到 2008 年全球金融危机前我国宏观经济正面临防通胀、防过热的困局。

## 二、利率走廊

利率走廊（Interest Rate Corridors）是指中央银行通过向金融机构提供存贷款便利工具，并将其作为利率调控的上下区间，从而将短期货币市场利率稳定在政策目标利率附近。利率走廊有三个基本要素，分别是上限、下限和政策目标利率。

随着我国货币政策调控向价格型转型，构建利率走廊调控机制具有重要意义。一是有助于降低货币市场利率的波动性，稳定市场预期。中央银行将市场利率限定在利率走廊上下限区间内，避免商业银行预期利率飙升而出现囤积流动性倾向，发挥利率走廊"自动稳定器"功能，从而达到稳定利率作用。如果利率走廊具有充分的市场信誉度，本身就可以消除商业银行对流动性的囤积。二是有助于降低货币政策的操作成本，提高货币政策透明度。利率走廊模式简单透明，央行对走廊的边界进行调整即可，不需要频繁地进行公开市场操作。

2014 年第二季度《中国货币政策执行报告》指出，常备借贷便利利率发挥了货币市场利率上限的作用，有利于稳定市场预期，保持货币市场利率的基本平稳。2015 年第一季度《中国货币政策执行报告》首次正式提出"利率走廊"，指出"探索常备借贷便利利率发挥货币市场利率走廊上限的功能"，并于 11 月下调常备借贷便利（SLF）利率，正式将 SLF 利率作为利率走廊上限。

目前，我国利率走廊机制上限是 7 天 SLF 利率，利率走廊下限是超额存款准备金利率。货币市场基准利率大多参考 DR007，也是央行调控的政策目标。2020 年 4 月至 2022 年年初，7 天 SLF 利率为 3.20%，超额存款准备金利率为 0.35%，我国利率走廊区间高达 285bp（见图 1-4）。

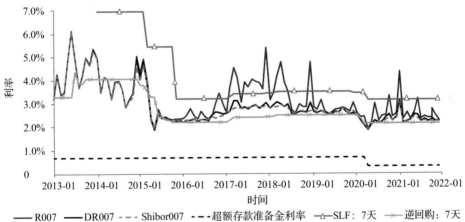

图 1-4　我国利率走廊与货币市场 7 天期利率趋势

数据来源：万得。

货币资金的量和价是紧密联系在一起的。利率走廊的构建并不意味着资金利率不波动，资金价格还会受到资金供给量的影响。资金面如果过度充裕，会导致资金利率逼近利率走廊下限，刺激加杠杆的行为。例如，2015 年相当长的时间内资金面宽松，而资金面宽松本身就是加杠杆的温床，刚性兑付导致金融套利盛行，机构普遍存在做大冲动。同业存单导致加杠杆更加便利，因为通过同业存单，形成了一条由资金富余的银行间市场参与者（大型商业银行）到同业存单发行银行（中小商业银行），再到银行理财委外投资，再到基金专户、券商资管等机构规模不断膨胀，最终传导至股票、债券等标的的路径。在此过程中，流动性规模不断扩大和传导，各类资金的价格发生了重大变化，几乎所有利差均被强大的资金流动性抹平，如债券期限利差、信用利差均明显压缩。在本节的最后，我们用图 1-5 对宏观流动性的量与价做一个框架性的示意和小结。

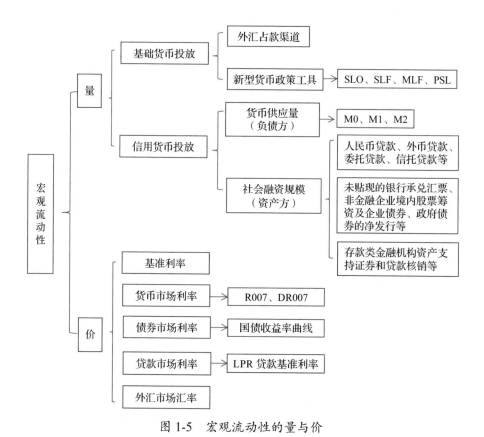

图 1-5　宏观流动性的量与价

# 第三节　宏观资金环流

## 一、资金环流

### 1. 货币资金的实体经济循环

如果把央行释放的货币资金看作经济系统的血液，那么货币循环流动可视为经济体系的血液循环系统。由于货币的循环流动和经济的实际活动并存，货币资金循环描述的是直接关系到实际经济活动的所有货币交易，这些流动存在于各经济部门之间。在经济体系中，企业作为生产者，需要先支出一定数量的货币，这些支出形成家庭的收入。在获得货币收入后，家庭会将其中一部分用于消费，另一部分作为储蓄流向资本市场或金融机构。金融机构将流入的储蓄导向企业，为其提供下一轮投资所需的资金，从而有效地将储蓄转化为投资。实体经济货币循环是与实体经济的储蓄、投资、生产、交易过程联系在一起的。现代经济体系是一个有机的整体，各个部门之间相互联系和彼此作用，而将这些部门串联起来的，正是货币资金不停地居间流动。

由于收入水平可以在较大程度上反映待交易的商品与劳务规模，因此实体经济货币循环中的货币规模首先取决于收入，收入越高，实体经济中的货币需求越大；商品价格越高，则需要更多的货币来满足商品生产与交易，实体经济中货币需求也越大；银行存款利率提高，会吸引更多货币以储蓄形式存在而退出商品交易过程，同时利率提高使得企业投资的机会成本提高，从而减少借贷和投资支出规模。所以，实体经济货币循环中总的货币需求与收入、商品价格正相关，与利率负相关。

### 2. 货币资金的金融循环

传统的货币经济学理论是从货币供给流入实体经济的角度来分析其影响的，但是货币资金的流动实际上包含实体经济循环和金融循环两个过程。凯恩斯提出货币存在产业与金融两种不同的循环，金融部门能够从工业部门"偷取资源"，即货币资金从工业部门游离出来，不作为工业生产中投资、交易的媒介，而是只留在金融体系内循环，从而导致工业部门资金的短缺与实际产出的下降。可见，并不是所有的货币资金都进入实体经济循环，居民的储蓄并不完全转化为实体企业的投资，实体企业融资来的资本也并不全部用于经济活动。

特别是在现代信用经济制度中，金融市场上的许多证券交易与将居民的储蓄转移到企业的投资几乎没有关系，大量金融交易形成的货币流量也没有与实物交易直接对应，而仅仅在金融领域内自我流转。当金融资产提供的收益率高于实际投资项目时，增发的货币可能直接进入金融领域，囤积在金融体系的资金会越来越多；同时，实体经济的资金会出现净流出，被吸引进入金融市场，这一过程也被通俗地称为"脱实向虚"。

综上所述，货币资金的环流展现出实体经济循环和金融循环两个部分。实体经济循环反映伴随着收入分配及消费、储蓄、投资过程而发生的资金运动，金融循环反映为调剂资金余缺，使用各类金融工具进行金融交易而发生的资金运动。货币供应不仅流向产品市场，还流向金融市场，货币供给、实体经济、虚拟经济（以金融市场为代表）之间形成了一个相互制约、相互关联的整体。

---

专栏 1-3

## 资金流动消失之谜

20世纪80年代以来，许多西方国家出现"现代市场经济之谜"：货币供应量增加，实体经济却没有增长，且通胀得到了有效控制，甚至出现持续性的小幅通货紧缩，但与此同时资产价格不断膨胀，即出现低通胀与资产价格迅速上升并存的经济现象。

在我国，中国人民银行长期处于被动投放货币的状态中，大量基础货币释放出来，并经过派生后形成了庞大的货币供应量。如果用 M2/GDP 这一比率进行比较的话，1991 年我国 M2/GDP 仅为 88.9%，但在 2006 年首次超过 100%，此后一路飙升，到 2009 年已接近 200%。而 2009 年我国实体经济正受到全球金融危机的冲击，资产价格却出现了大幅上扬，上海证券综合指数（简称"上证指数"或"上证综指"）从年初的 1820 点上涨到 3478 点，涨幅达到 91%。2009 年以来，部分农产品价格大幅上涨，先后出现"蒜你狠""豆你玩""姜你军"等现象。但在货币超发的过程中，我国实体经济时常出现融资难、融资贵，甚至偶发"钱荒"。那么，钱都到哪里去了？

对于货币消失之谜，经济学家麦金农曾认为，中国银行系统存在大量呆坏账，金融体系的"黑洞"让货币消失了。然而，货币超发与通货膨胀的巨大反差，远远超出了西方经济学理论的解释范畴。一方面，随着我国经济的快速增长，各种资源变为生产要素而被吸入高速运转的经济机器中。例如，土地招拍挂制度的实施，把存量规模庞大且尚未充分定价的资源纳入市场经济总量中；劳动力、住房、矿产等以前没有进入市场的资源，也逐步进入市场，这些资源需要交易、定价，成为吸收超发货币的重要领域。另一方面，金融资产种类增多，市场规模日益壮大，金融工具需要交易，金融资产需要定价，从而创造出能够大量吸纳流动性的金融循环。例如，2005 年 9 月我国股权分置改革全面铺开，2006 年年初 A 股市场存量资金大约维持在 2 000 亿元的水平，而 2006 年年底存量资金已达到 6 778.8 亿元，到 2007 年年底资金规模快速扩容至 1.8 万亿元。根据央行数据，2007 年的 M2 增量约为 5.8 万亿元，这意味着当年增长的货币有大约 20% 流入 A 股市场。A 股也在 2006—2007 年迎来一波快速上涨行情，以至于 2007 年 10 月 16 日，上证指数创下了有史以来的最高点——6124 点。同时，房产也日益具有了金融属性，成为投资和炒作的重要资产，大量资金涌入房地产市场而被吸纳。

大量超发的货币被实体经济循环和金融体系循环吸纳，特别是当资金在金融领域空转的收益高于实体企业的经营收益时，越来越多的资金进入金融体系循环，实体经济普遍感到融资困难、流动性不足，甚至部分时段面临着金融机构的惜贷、抽贷、断贷。

## 二、资金环流模型

美国康奈尔大学的柯普兰教授创设了货币循环账户，用于描述资金在各部门之间的循环流动，并观察实体经济与金融体系的依存关系。在对货币循环账户不断完善的基础上，逐步形成了国民经济核算体系的资金流量（Flow of Fund）核算账户。资金流量核算分为非金融交易和金融交易两部分：非金融交易反映的是各部门之间以商品服务为主的生产活动和与之相对应的收入相关联的货币流动，包括与收入的分配和再分配相关联的货币流动；金融交易描述各部门之间资金的流量、流向、余缺状况，反映金融交易的规模、结构以及金融债权债务往来。

在封闭经济环境下，经济体系由企业部门、居民部门、政府部门和金融部门组成，由此构建资金环流的四部门模型 [ 也可将"为住户服务的非营利机构（NPISH）"单独列出，成为五部门模型 ]。

图 1-6 的上半部分为实体经济的资金环流，下半部分为金融环流。其中，C 为消费，S 为储蓄，I 为投资，Y 为产出，IF 为游离于实体经济之外而进入金融领域的资金，OF 为由金融体系进入实体经济循环的资金，T 为政府税收，G 为政府购买，TR 为政府转移支付（政府部门的税收和政府购买、转移支付主要针对企业部门）。一般来说，居民是资金的净融

出方，企业和政府部门是资金的净融入方。

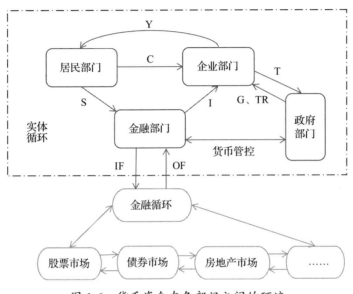

图 1-6　货币资金在各部门之间的环流

　　从图 1-6 可以看出，货币在实体与金融之间、在各个部门之间循环流动。现代经济形成了两个既有联系又相对独立的循环系统，即用于实体经济的产业循环和用于金融交易的金融循环，前者决定一般价格水平或物价水平，后者决定资产价格水平。如果新增货币供应量直接流入金融体系循环，而没有进入实体经济，总体物价水平不会出现大幅上涨，但金融资产价格会上升。滞留在金融系统的货币越多，对资产的需求越大，在资产供给相对变化不大的情况下，资产价格就会上涨。资产价格的膨胀意味着需要更多的货币来实现资产交易，导致从实体经济转移到金融领域的资金会越多，两者作用是相互促进的。

## 三、美元国际流动性体系

　　在经济全球化和国际资本流动更加便捷的大背景下，我国的经济金融资金环流处于一个更大的国际资金环流中，而这个国际资金环流就是以美元为主体的国际货币体系。

国际货币体系几经变革，经历了从黄金到与黄金挂钩的主权国家法币，再到很大程度依靠国家债务支撑的主权信用货币。美国在 1945—1971 年确立美元为国际货币之初，依靠占到全球 GDP 一半的经济实力、强大的军事实力、持续的经常项目顺差和占全球 80% 左右的黄金储备，建立了美元–黄金货币体系。美国通过马歇尔计划等向欧洲输出美元，建立中东石油的美元交易机制，并逐步向亚洲转移产业和金融投资，更加巩固了美元国际结算货币和储备货币的地位。到 20 世纪 70 年代，美国的实体经济和黄金储备虽已不能支撑美元的国际货币地位，但美元已成为大宗商品等交易的计价、结算和支付货币，各国不得不继续积累美元储备<sup>⊖</sup>，并将手中的美元储备投资到美国各种债券等金融资产上，美国内企业、消费者和金融机构再借入美元用于全球购买和投资，形成其他国家的顺差和美元储备，从而建立起美元–债务国际货币体系。美元在全球的这种循环流动，也被称为"美元帝国循环"。

先是德国、日本等将对美国的经常项目盈余，以美元形式投资和回流美国，加入"美元帝国循环"中；然后是中国和东南亚等经常项目盈余国相继加入，并交替成为美国债务的最大支持者，支撑着"美元帝国循环"。这一资金循环体系，本质上是作为全球最大债务国的美国，利用美元在全球创造对其有利的金融信用，分享其他国家实体经济发展带来的好处，收取铸币税，并控制全球资本流动（见图 1-7）。

美国依托美元的国际货币主导地位以及庞大深厚的金融市场，维持着"美元帝国循环"，并继续推动资本全球流动。美国可以通过货币政策、

---

⊖ 国际货币基金组织数据显示，2020 年年末全球外汇储备升至创纪录的 12.7 万亿美元，其中，美元资产约占 60%，而 2001 年美元在全球外汇储备中的占比最高，达到近 73%。

由其主导的国际金融组织以及美国的跨国金融机构，控制和影响国际金融资产价格、大宗商品价格；美联储用美元发行、基准利率变动引导市场利率，从而为美联储和美国跨国金融机构打开了全球金融市场的大门，调控国际资本流向，并在全球实体经济上"剪羊毛"。但国际货币的职能由一个国家的主权货币承担，不仅会出现美国长期双赤字并导致美元地位的不可持续，还会引发全球流动性过剩、通货膨胀和资产价格泡沫以及全球财富的不平衡。美国一旦自身出现经济金融问题，或出于自身利益需要进行货币政策调整，就会影响全球资金流动，从而对其他国家经济运行和金融稳定产生重要影响。人们常用"美国打喷嚏，世界就感冒"来描述其对世界其他经济体的影响。

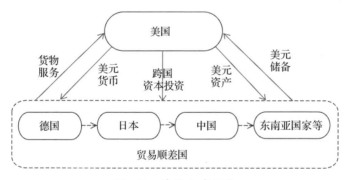

图 1-7　美元全球环流

## 四、2008 年全球金融危机后的全球资金流动特征

2008 年爆发的全球金融危机，对世界政治经济产生了深远影响。危机爆发后，受困于经济的结构性问题和内生增长动力不足，全球经济长期处于"低增长、低通胀、低利率"的态势；危机后的监管改革和技术变革正推动着全球金融体系、国际资金环流呈现新的变化和特征。

**一是全球债务水平节节攀升，企业部门信用风险积累**。宽松的金融条件极大地刺激了债务积累。根据国际清算银行（BIS）统计，截至 2019

年年末，全球非金融部门债务余额占 GDP 的比重达到 244.4%，较 2008
年年末上升了 42.3 个百分点；其中企业部门债务余额占 GDP 的 95.5%，
较 2008 年年末上升了 17.4 个百分点。伴随着资产质量的下降和承销标
准的降低，企业更多地暴露在经济下滑或利率意外上升的风险中。与之
相应的是风险信用市场的快速发展，全球杠杆贷款<sup>⊖</sup>、高收益债以及私募
债权<sup>⊜</sup>的规模由 2008 年年末的 3 万亿美元、1 万亿美元和 0.3 万亿美元
分别增至 2019 年年末的 5.5 万亿美元、2.5 万亿美元和 1 万亿美元。

**二是投资者为追求高收益而采取激进的投资策略，部分资产泡沫化
迹象明显。**经济基本面的疲弱和低利率水平导致优质项目和高回报资产
变得稀缺。在充裕流动性的支撑下，投资者的风险偏好明显提升。投资
基金广泛采取"拉长久期""信用下沉"等投资策略，财务杠杆和衍生品
合成杠杆的运用也较为普遍。资产价格的长期低波动促使采用目标波动
率策略的机构大量使用短期融资和高杠杆。在上述因素的驱动下，股票
和信用债的估值水平逐步抬升，截至 2019 年年末，美国、英国等发达
市场以及巴西、印度等新兴市场的市盈率均处于近十年的 60% 分位点以
上，高收益债的信用利差处于 1995 年以来的 10% 分位点以下。

**三是银行的稳健性明显增强，但为市场提供流动性的能力和意愿有
所下降。**后危机时代的改革使商业银行拥有了更充足的资本和流动性以
及更低的杠杆率，场外衍生品更多地采用中央对手方结算，降低了银行
面临的交易对手违约风险，这些都增强了银行吸收损失的能力。与此同
时，严格的流动性和准备金要求以及风险偏好的改变降低了自营交易和
做市业务对银行的吸引力，这使得固定收益市场等高度依赖银行做市提
供流动性的市场的流动性有所下降。BIS 的一项研究显示，2013—2015

---

⊖　全球杠杆贷款指信用评级为投机级的贷款，或向高负债借款人提供的贷款，多用于杠杆
　　收购，主要为银团贷款。
⊜　私募债权指不经过银行，直接由借贷双方协商的融资，借款方通常是实体企业。

年，美国一级做市商持有的美国国债净头寸减少了80%；同期，2年期美国国债的订单深度下降了65%。盛行的程序化交易虽然在一定程度上替代银行扮演着"流动性提供者"的角色，但在极端市场环境下这类交易往往会退出市场或转为消耗流动性。

**四是非银行金融机构快速发展，金融体系变得更为依赖流动性**。近年来，在居民财富不断积累、货币环境宽松以及金融监管改革导致间接融资成本上升等因素的驱动下，非银行金融机构规模大幅扩张，其资产份额在全球金融资产中的比重由2008年的42%升至2018年的48%，在为实体经济融资以及管理家庭和企业储蓄方面发挥着更大作用。其中，投资基金的发展势头尤为迅猛，其资产规模已由2008年的约21万亿美元增至2018年的53万亿美元。这意味着将信用风险保留在银行资产负债表上的模式正逐步转变为由投资者承担并在金融市场中进行分摊和管理的模式。相对于银行而言，非银行金融机构资金来源稳定性较低，无法直接从央行获取流动性，资金链条也更长、更为复杂。因此，以直接融资为主的融资体系对金融系统顺畅的流动性传导要求很高，资金链条上的任何一环出现问题都可能会引发一系列连锁反应。图1-8展示了近年来逐步形成的美元流动性体系，从中可以看到非银行金融机构在当前美元流动性体系中的重要地位。

**五是国际美元融资格局发生显著变化，跨境资本大幅流入新兴市场**。国际金融危机以来，美元计价的国际债券和跨境贷款余额比例逐步回升至50%左右的历史峰值，凸显出美元在国际融资体系中的核心地位。在此期间，美元融资市场有两方面突出的变化：其一，亚太地区的保险公司和养老金以及欧洲的投资基金大量借入美元并买入美国信用债，推动外国部门持有美国信用债的比例由2009年年末的18%升至2019年年末的26%。其二，新兴市场的政府、非金融企业和银行发行了大量的美元债，促使新兴市场在国际美元融资中的占比明显上升。与之相应的是，

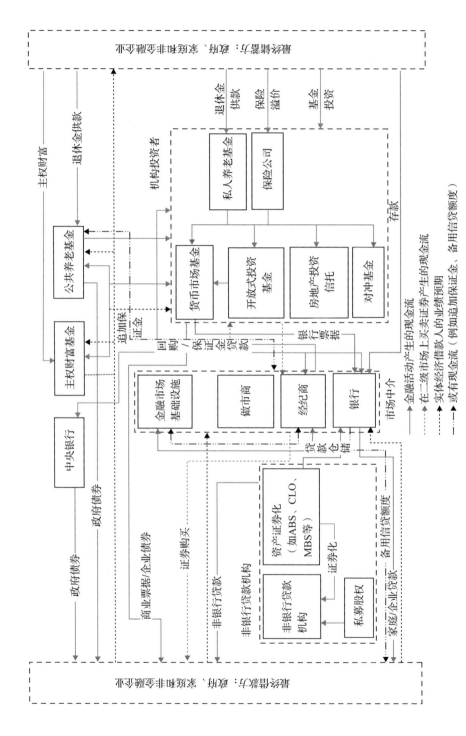

图 1-8 美元流动性体系示意

国际金融危机后热钱大量涌入新兴市场。截至2018年年末，国外投资组合持有新兴市场债券和股票头寸占新兴市场GDP比例的中位数分别为17%和9%，较2008年年末分别上升了12个和5个百分点。

---

专栏 1-4

## 2020 年新冠疫情对美元流动性的冲击

2020年年初新冠疫情暴发，引发自大萧条以来最严重、基础最广泛的全球经济衰退，对全球金融体系造成了前所未有的外部冲击，金融中介机构提供流动性的能力和意愿降低，正常情况下美元流动的多个渠道趋于瘫痪，从而加剧了流动性传导压力（见图1-9）。主要体现在如下几个方面：

**流动性压力通过商业票据市场投资者的相互作用传播。**随着风险厌恶和流动性需求的增加，投资者越来越不愿意将资金投入短期无担保市场和期限稍长的商业票据中。非政府货币市场基金的大量赎回正在消耗基金持有的流动性资产，加剧短期融资市场的紧张局势。在欧盟，持有大部分商业票据和其他短期债务的一些基金通过出售流动性较低、风险较高的资产，并缩短其无担保债务的到期日，来调整其投资组合。部分基金还试图通过要求发行银行回购商业票据来筹集资金。

**交易商面临出售大量资产的困境，加剧了短期融资市场的波动。**由于持有大量其他证券，导致资产负债表受限，交易商的中介能力受到限制。银行提供对冲服务的意愿降低，企业信贷提取增加，而传统上提供美元融资的优质货币市场基金则面临赎回，被迫出售资产。一些金融中介机构的资产负债表缺乏灵活性，美元供应的减少导致资金成本急剧增加。因此，商业票据和存单市场的活动显著减少，首次发行大幅减少，发行人难以展期融资。

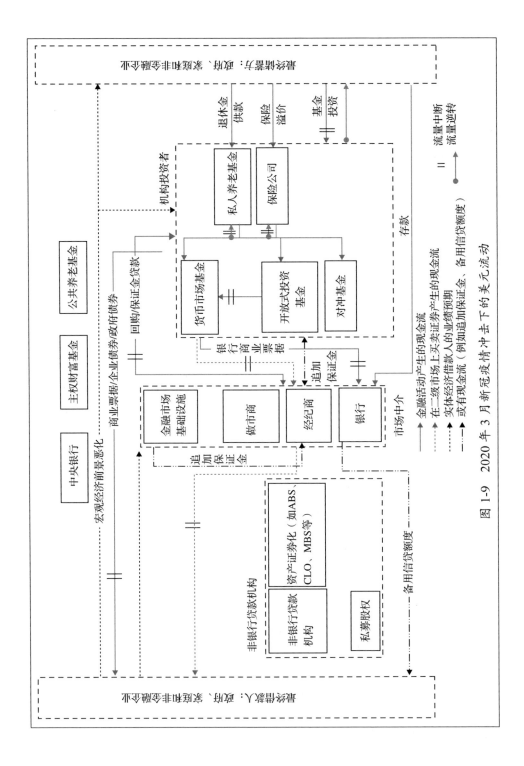

图 1-9 2020 年 3 月新冠疫情冲击下的美元流动

　　**金融机构的融资成本增加，导致融资条件收紧**。通过商业票据、存单和无担保银行间贷款的利率计价，可以发现短期融资成本激增。银行融资条件收紧，不仅是因为银行从货币市场基金中获得的资金减少，还因为无法再通过货币基金获得短期融资的企业借款人降低了与银行的信贷额度，从而挤出了其他形式的银行贷款。

　　**美元融资条件收紧影响了全球以美元借贷的实体**。非政府货币基金是非美国银行和非金融公司发行的美元商业票据的重要持有人。随着这些资金的外流，美元融资市场的压力加剧——尤其是总部位于美国境外的银行。新兴市场的借款人发行的美元计价债券的投资组合大量流出。与此同时，由于收入下降和财政扩张，对包括美元在内的资金的需求增加。这些因素导致新兴市场借款人的美债收益率上升，增加了那些没有自然对冲的借款人的还款成本。国内利率上升和汇率贬值导致融资条件收紧。

# 第二章

# 宏观流动性的影响因素

## 第一节　经济运行对宏观流动性的影响

如前所述，宏观流动性是不同活化程度货币的集合。作为经济活动的交易媒介，宏观流动性的多寡自然会受到经济活跃程度和运行态势的影响。与此同时，宏观流动性也会对经济运行产生反作用，二者互相影响、互为因果。可见，宏观流动性是一个内生变量。从近二十年我国宏观流动性和经济增速的关系看，多数情况下二者走势趋于一致，宏观流动性总体呈现出"顺周期"的特点（见图 2-1）。本节从货币需求与货币供给两个视角入手，分析经济运行对宏观流动性的影响。

### 一、需求视角的宏观流动性决定

货币需求的决定因素通常分为三类：一类为规模变量，如收入和财富；一类为机会成本变量，如利息、物价变动率；余下的为其他变量，如制度因素等。货币需求的相关理论基本就是围绕着货币需求的决定因素，从宏观和微观两个层面展开的。此外，还应关注金融资产交易的需求对流动性规模的影响。

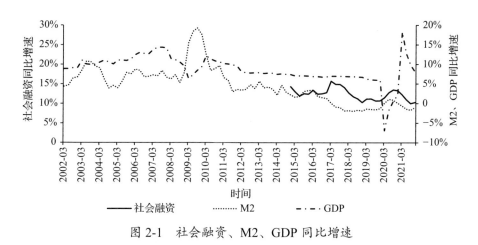

图 2-1　社会融资、M2、GDP 同比增速

数据来源：万得。

### 1. 货币需求分析的宏观角度

货币需求的宏观分析是货币当局为实现一定时期的经济发展目标，确定合理的货币供给增长率，从总体上考察货币需求的方法。这类方法聚焦货币的流通和支付手段职能，主要考察规模变量对货币需求的影响。这里分析两个比较有代表性的货币需求宏观模型，有助于在实践分析时考量宏观流动性规模。

### （1）费雪方程式

费雪方程式是 20 世纪初由美国耶鲁大学教授欧文·费雪提出的交易方程式。假定 $M$ 为一定时期内流通货币的平均数量（存量概念），$V$ 为货币流通速度，$P$ 为各类商品价格的加权平均数，$T$ 为各类商品的交易数量，则有

$$MV = PT \text{ 或 } M = \frac{1}{V}PT$$

可以用国民经济总收入 $Y$ 代替 $T$，并将 $V$ 视为与收入水平对应的货币流通速度，于是费雪方程式就演化为 $M = \frac{1}{V}PY$。这样就可以建立起货币需求量与经济增长之间的关系。

### （2）一个经验公式

我国学者和宏观经济政策制定者于 20 世纪 80 年代提出了一个广为流传、具有较强指导意义的公式，即

$$\dot{M} = \dot{Y} + \dot{P}$$

货币数量增长率 $\dot{M}$ 等于经济增长率 $\dot{Y}$ 加上预期物价上涨率 $\dot{P}$。该经验公式简洁明了、便于计算，可作为宏观流动性分析的一个粗略参考。特别是在国家制定宏观经济政策时，通常先确定一个年度经济增长速度作为指导性指标，再结合通胀目标，由此经验公式推算确定年度货币供应量。进入新世纪以来，我国以 M2 衡量的货币增长速度经常超过经济增长速度与通货膨胀率之和，这意味着货币供给已超过实体经济发展所需要的货币规模，有一部分货币进入金融领域循环，形成宏观流动性在实体经济和金融领域的双循环。

尽管有专家指出不应把物价涨幅作为货币需求的决定因素，也有专家批评此经验公式在宏观资金的双循环下已越来越不适用，但该公式清晰地展现了经济增速对于宏观流动性的决定性意义。

## 2. 货币需求分析的微观角度

货币需求的微观分析从微观主体的持币动机、持币行为考察货币需求变动的规律性。将机会成本变量引入货币需求模型是从微观层面考察货币需求问题的典型表现，其目的在于说明利率和价格变动这类因素对

货币持有主体可能造成的潜在收益或损失，以及这种潜在损益对微观主体货币需求的影响，从而兼顾货币的交易媒介和贮藏手段职能。

### （1）凯恩斯的货币需求模型

凯恩斯最早提出流动性的概念，他认为人们的货币需求行为是由交易动机、预防动机和投机动机这三种动机决定的。交易是货币的一个十分重要的功能，并且用于交易动机的货币需求量与收入水平存在着稳定的关系。预防动机是指为应付可能遇到的意外支出而持有货币的动机，用于预防动机的货币需求量也与收入水平成正比。投机动机体现的是货币的贮藏手段职能，也即为了储存价值或财富。

设 $M$ 为货币需求量[⊖]，$M_1$ 为由交易动机和预防动机决定的货币需求量，$M_2$ 为由投机动机决定的货币需求量，$Y$ 为收入水平，$r$ 为利率，则凯恩斯的货币需求模型可以表示为

$$M=M_1(Y)+M_2(r)$$

即货币需求量与收入成正比，与利率成反比。

此后，凯恩斯的后继者不断对此模型加以改进，比如强调在现实的资产配置选择中对风险的关注：持有债券虽然收益相对较高，但也要冒一定的风险；持有货币虽然无收益，但风险也较小，而且等于保有流动性。资产组合的决策就是要统筹考虑收益和风险。

### （2）弗里德曼的货币需求模型

货币学派的代表性人物弗里德曼提出了一个有代表性的公式，即

$$\frac{M_d}{P} = f\left( y, w ; r_m, r_b, r_e, \frac{1}{P} \times \frac{\mathrm{d}P}{\mathrm{d}t} ; u \right)$$

---

⊖ 凯恩斯研究的货币需求量特指现金和支票。

式中，$M_d/P$ 为实际货币需求（这里的货币需求为 M2 或较之更大口径的宏观流动性）；$y$ 为实际持久性收入；$w$ 为非人力财富占个人总财富的比率（或者说是来自财产的收入占总收入的比率）；$r_m$ 为货币预期收益率；$r_b$ 为债券利率；$r_e$ 为非固定收益证券（如股票）的收益率；$(1/P) \times (\mathrm{d}P/\mathrm{d}t)$ 为预期物价变动率；$u$ 反映主观偏好、客观技术与制度等因素的综合影响。

弗里德曼认为，持久性收入 $y$ 为预期未来收入的折现值，与货币需求正相关；非人力财富占总财富的比率 $w$ 与货币需求负相关$^{\ominus}$。$r_m$、$r_b$、$r_e$ 和 $(1/P) \times (\mathrm{d}P/\mathrm{d}t)$ 均为机会成本变量，即能从这几个变量的相互关系中衡量出持有货币的潜在收益和损失。以上这些影响因素究竟哪个更重要，需要用实证研究的方法来确定。弗里德曼在 1959 年进行了实证分析，发现持久性收入是货币需求最重要的决定因素，包括利率在内的其他因素对货币需求的影响都可以忽略。货币需求对利率不敏感，这是弗里德曼货币需求理论与凯恩斯货币需求理论之间的主要差异。

### 3. 购买金融资产也是一种货币需求

自 2001 年 6 月起，中国人民银行将证券公司客户保证金纳入了 M2 的统计口径中。证券公司客户保证金是投资者存入其在证券公司账户上的保证金，用来购买交易所市场中的有价证券。这意味着，在我国至少有一部分用于金融资产交易的货币已经纳入宏观流动性的统计之中。

虽然凯恩斯和弗里德曼的货币需求模型都考察了金融资产收益率对微观主体持有货币的影响，但他们考虑的都是在一定的收入之下，持有实物资产、货币和货币之外的金融资产的分配比例，至于是否需要有一

---

　　$\ominus$ 弗里德曼把财富分为人力财富和非人力财富两类，人力财富很不容易转化为货币，如失业时的人力财富就无法取得收入。因此，人力财富在总财富中的比重越高，出于预防动机的货币需求就越大。

部分货币专门用来服务于金融资产交易的问题，都没有明确加以考虑。

服务于金融资产交易的货币，也即货币资金进入金融循环，是现代经济生活中的客观存在，而且金融市场规模越大、金融工具越复杂，对这一部分货币的需求就越大，这一部分货币也就扮演着越来越重要的角色。但目前用于金融资产交易的货币需求还处于研究探索之中，本书第二部分将对这一货币需求进行探索性、创新性分析。

## 二、供给视角的宏观流动性决定

在剖析货币流通状态和货币政策决策中，货币供给分析是与货币需求分析相对立的另一个侧面，它本质上是研究国家对货币供给如何控制和控制到何种程度，才能使货币供给符合经济发展的客观需要的问题。

在现代货币的创造机制中，基础货币可以引出数倍于自身的可为流通服务的信用货币：

$$M_s = m \times B$$

$$m = \frac{C+D}{C+R} = \frac{\frac{C}{D}+1}{\frac{C}{D}+\frac{R}{D}}$$

式中，$M_s$ 为货币供给量；$B$ 为基础货币；$m$ 为货币乘数；$R$ 为银行保有的存款准备金（准备存款与现金库存）；$C$ 为流通于银行体系之外的现金；$D$ 为经过派生的存款总额；$C/D$ 称为通货－存款比。通过这个等式可以分析各类经济主体的行为对货币供给的影响。

货币当局对货币供给的调控由对基础货币的调控和对货币乘数的调控两个环节组成。货币当局对基础货币有较强的直接调控能力（如调节存款准备金率），但对货币乘数的调控能力较弱，只能通过引导其他经济主体的行为间接进行调控。

居民的持币行为会对通货－存款比产生影响，进而影响货币乘数和货币供应量。以下几方面可能会引发居民持币行为的变化：一是收入或财富的变化。一个人的收入或财富大幅增长时，他持有现金的增长速度通常会相对降低。这说明，通货－存款比与财富和收入的变化呈反向变动关系。二是金融资产预期报酬率的变化。现金是非生息资产，存款则有利息收益。假若只存在现金和存款两种金融资产，显然通货－存款比与利率是负相关的。其他金融资产收益率的变动会迂回影响通货－存款比。例如，当股票或债券的收益率提高了，如果人们的现金持有量不变，但存款会因为相对收益下降而减少，那么通货－存款比就会上升。此外，在金融危机等极端情况下，若银行出现破产倒闭的风险，居民就会大量提取存款，通货－存款比会因此上升。

企业在运用手中的货币资本进行投资或资产配置时，基本上与居民遵循共同的规则，因此也会通过改变通货－存款比影响货币供给。但总体来看，居民部门是资金的供给方，而企业部门则是资金的需求方，因此，企业对货币供给的影响主要还是通过贷款需求表现出来，也就是说，企业的借贷行为会有力地作用于货币乘数中的 $R/D$，同时也间接影响基础货币的形成。企业信贷需求的影响因素主要可归为两方面：一是经营的扩大或收缩。经营扩大要求补充货币资本，如果企业自身有较强的"造血能力"，则不需要补充贷款；反之，则需要追加贷款。追加贷款就会使货币供给增加。至于企业是否要扩大经营，主要取决于经济形势发展和对未来收益的预期等。如果缺乏经营积极性成为一段时期内企业的普遍特点，那么再低的利率也无法刺激企业的信贷需求，货币供给也就缺乏扩大的基础。二是经营效益的高低。一般来说，不管是由于企业自身经营管理不善，还是整个经济比例、结构失调，都会造成资金周转率降低。信贷资金占用时间延长，在相同的产出水平下会增加对贷款的需求，进而增加货币供应量。经营效益不好，甚至出现亏损，企业不得不缩减经营乃至破产清算，这会勾销一部分贷款，从而收缩一部分货币供给。

银行影响货币供给的行为主要有两种：一是调节超额准备金。银行的准备金是基础货币。为安全或应付意外之需，银行实际持有的存款准备金通常高于法定准备金，超过法定准备金的部分称为超额准备金。也就是说，准备金（$R$）＝法定准备金（$RR$）＋超额准备金（$ER$）。通常情况下，银行在央行的存款准备金利率很低甚至为零，因此银行总是力求把超额准备金压低到最小限度。但如果在某一时期内，银行预期未来的不确定性增大，便会增加超额准备金的保有量。近年来，我国银行的超额准备金率大致在 $1\% \sim 2\%$ 波动。二是银行向央行借款。银行向央行借款会增加准备金存款，即基础货币的数量，从而能够支持更多的存款货币创造。一般来说，银行向央行借款的数量与市场利率正相关，与央行向银行贷款的贴现率负相关。

在宏观流动性的影响因素分析中，需要特别重视宏观决策当局的意志和行为。这一方面是由于政府本身通过财政行为深度参与经济活动，从而影响货币供求；另一方面，政府出台的相关政策会通过调节经济运行和改变经济主体行为影响货币供求。这就是说，政府的主观选择已进入货币需求与供给的模型之中。事实上，当前各国政府对经济运行的调控能力和技巧已显著增强，经济增长的周期性波动越发平滑，政策早已成为决定经济运行及宏观流动性的内生变量。因此，本章余下内容将集中讨论经济金融政策对宏观流动性的影响机制。

---

专栏 2-1

## 泰勒规则

20 世纪 80 年代起，随着货币主义理论经济学的发展，货币政策成为美国政府对经济进行调控的主要工具。20世纪90年代起，美联储决定将调整名义利率作为宏观调控的主要手段，代替了对货币供应量直接调控的政策手段。在此背景下，约翰·泰勒于1993年在一篇论文中提出了**泰勒规则（Taylor Rule）**。

泰勒规则认为，央行应根据产出和通胀的实际情况实施利率政策。联邦基金利率应当等于通货膨胀率加上一个"均衡"的实际联邦基金利率（即长期内和充分就业相一致的利率），再加上两个缺口的加权平均：①通货膨胀缺口，即当前的通货膨胀率减去目标通货膨胀率；②产出缺口，即实际GDP与潜在GDP估计值的百分率偏差。

$$联邦基金利率 = 通货膨胀率 + 均衡实际联邦基金利率 + 0.5 \times 通货膨胀缺口 + 0.5 \times 产出缺口$$

泰勒规则认为，如果通胀高于通胀目标，央行应当上调利率，缓解通胀压力，反之同理；如果产出低于潜在产出水平或失业率高于自然失业率，央行应下调利率，刺激经济、增加产出、降低失业率。1990—2010年，泰勒规则下的理论利率与联邦基金利率走势较为一致，但在2010年以后，泰勒规则的理论利率开始明显高于联邦基金利率。

美联储前主席伯南克在卸任后发表文章，表明美联储利率规则遵循的是**"伯南克规则"**。与泰勒规则相比，伯南克规则更加注重产出缺口，将产出缺口的系数调整为1。1999—2008年，伯南克规则的理论利率与联邦基金利率差距最小。

2012年，美联储修订了泰勒规则，形成**"埃文斯规则"**。埃文斯规则认为，在经济深度衰退后的复苏阶段，应当维持一段长时间的超低利率。埃文斯规则选取失业率替代GDP作为经济增长指标，并将通货膨胀率调整为未来的预期数据。2014年起，联邦基金利率开始低于埃文斯理论利率。

2014 年，耶伦在泰勒规则中加入劳动参与率指标，形成"**耶伦规则**"。经济活动指标对耶伦规则的理论利率影响更大。

# 第二节　货币政策对宏观流动性的影响

货币当局是创造和提供宏观流动性的主体，货币当局通过实施货币政策调控宏观流动性，对宏观流动性的量和价都有着十分重要的影响。此外，流动性的充足与否也体现货币当局制定货币政策的基调。

货币政策是中央银行为实现其特定目标而采用的各种控制和调节货币、信用及利率等变量的方针和措施的总称。一个完整的货币政策体系包括货币政策的目标、工具和操作程序三大部分。由于货币政策目标是通过货币政策工具实现的，本节将主要围绕货币政策工具分析货币政策对宏观流动性的影响。

按照货币政策目标的不同，货币政策工具可分为数量型和价格型。数量型货币政策工具侧重于直接调控货币供应量，价格型货币政策工具则借助调控利率价格来影响市场预期与微观经济主体的行为。在 2013 年以前，我国货币政策工具主要是法定存款准备金率、再贷款等数量型工具；近年来，随着我国利率、汇率市场化深入推进以及金融市场不断发展，中国人民银行创设了大量新的货币政策工具，货币政策工具逐渐从数量型向价格型转变。中国人民银行公布了 8 种主要货币政策工具，分别为：公开市场业务（OMO）、存款准备金、中央银行贷款（再贷款与再贴现）、利率政策（金融机构存贷款基准利率）、常备借贷便利（SLF）、中期借贷便利（MLF）、抵押补充贷款（PSL）和定向中期借贷便利（TMLF）。其中，公开市场业务、存款准备金、中央银行贷款为数量型货币政策工具，利率政策为价格型货币政策工具；SLF、MLF、PSL和TMLF是央行近年来推出的新型货币政策工具，同时具备数量型与价格型调控工具的双重特征。此外，央行还有一些其他工具，如住房消费信贷等消费信用控制、窗口指导等。

## 一、数量型调控工具

数量型调控工具具有传导环节少、主动性强、可控性高、操作灵活等优点，对宏观经济的影响较大。目前我国采用的数量型调控工具主要有以下几类。

### 1. 公开市场业务

公开市场业务即公开市场操作，是指中央银行在证券市场上买进或卖出有价证券，调整货币供应量。公开市场操作选用的最理想的工具是短期政府债券。在资金短缺时，央行买入债券，投入基础货币，扩大货币供应量；反之，则卖出债券，回笼货币，减少货币供应量。在多数发达国家，公开市场操作是中央银行吞吐基础货币、调节市场流动性的主要货币政策工具。我国人民币公开市场操作自1998年5月26日恢复交易，交易品种主要包括回购交易、现券交易和发行中央银行票据等，交易规模逐步扩大，公开市场操作目前已成为中国人民银行货币政策日常操作的主要工具之一，对于调节流动性水平、促进货币供应量合理增长具有积极作用。此外，近年来中国人民银行还创设了一些新型公开市场操作工具，如2019年2月为提升银行永续债的流动性，支持银行发行永续债补充资本，中国人民银行开展央行票据互换（CBS）操作。

## 2. 存款准备金

存款准备金是指金融机构为保证客户提取存款和资金清算需要而准备的资金，金融机构按规定向中央银行缴纳的存款准备金占其存款总额的比例就是存款准备金率。存款准备金包括法定存款准备金和超额存款准备金。法定存款准备金是中央银行管理商业银行的流动性工具，中央银行通过调整存款准备金率，影响金融机构的信贷资金供应能力，从而间接调控货币供应量。图 2-2 绘制了 1985—2021 年我国法定存款准备金率变动的情况。

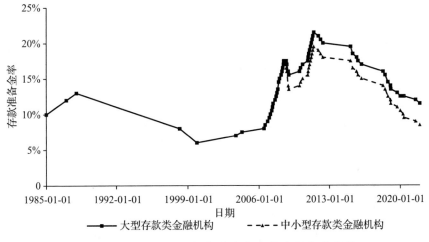

图 2-2  1985—2021 年我国法定存款准备金率调整

数据来源：万得。

2019 年以来，我国构建"三档两优存款准备金"新框架，即对于不同的银行实行不同的准备金率。"三档"是指根据银行规模划分三档存款准备金率，其中六大商业银行实行第一档存款准备金率；股份制商业银行、城市商业银行、外资银行和部分规模较大的农村商业银行作为"中型银行"，实行第二档存款准备金率；农村信用社、农村合作社、村镇银行、服务县域的农村商业银行作为"小型银行"，实行第三档存款准备金率。"两优"是指普惠金融定向降准政策和比例考核政策，即对大中型银行根据其普惠金融领域贷款进行定向降准考核，服务县域的小型银行达到新增存款一定比例用于当地货款考核标准的，可享受 1 个百分点存款准备金率优惠。这对深化金融供给侧结构性改革，增强中央银行货币调控能力，引导金融机构加大对实体经济的支持力度，缓解小微、民营企业融资难、融资贵问题，起到重要作用。

### 3. 中央银行贷款

**中央银行贷款**是指中央银行对金融机构的贷款，是中央银行调控基础货币的渠道之一，分为再贷款与再贴现两类。

**再贷款**一般指银行对企业发放贷款，再以此为抵押向中央银行申请贷款。中央银行通过适时调整再贷款的总量及利率，吞吐基础货币，促进实现货币信贷总量调控目标，合理引导资金流向和信贷投向。再贷款一直是我国央行的重要货币政策工具，具体包括流动性再贷款、信贷支持政策再贷款、金融稳定再贷款、专项政策性再贷款四类。

**再贴现**是指中央银行买进金融机构持有的未到期已贴现商业汇票的行为。中央银行通过改变再贴现率，影响商业银行通过贴现申请贷款的意愿，进而影响其准备金和基础货币。当中央银行提高再贴现率时，就提高了商业银行向中央银行再贴现借款的成本，商业银行会减少再贴现数量，从而减少基础货币；反之，当中央银行降低再贴现率时，商业银行会增加再贴现，从而增加基础货币。再贴现并不是我国的主要货币政策工具，其发生额和年末余额相对其他工具来说规模较小。

### 4. 兼具数量型和价格型的调控工具

2013 年以来，中国人民银行陆续推出常备借贷便利（SLF）、中期借贷便利（MLF）、抵押补充贷款（PSL）和定向中期借贷便利（TMLF）等多种新型货币政策工具，这几类创新型工具同时具有数量型与价格型调控工具的特征。一方面，它们作为央行提供再贷款的工具，成为近年来央行货币投放、流动性供给的主要渠道；另一方面，它们起到了利率引导的作用。

其中，SLF、MLF 已成为央行基础货币投放主力工具，使用频繁，一旦市场发生大幅波动，央行就会选择增加新的额度以稳定市场。例如，2016 年年末应对债市去杠杆、2020 年年末"永煤事件"导致的信用冲击，央行均超预期投放大额 MLF，缓解市场流动性紧缩和紧张情绪。PSL 是为支持国民经济重点领域、薄弱环节和社会事业发展而对金融机构提供的期限较长的大额融资，为开发性金融支持棚改提供长期稳定、成本适当的资金来源。TMLF 为定向投放，是央行为支持实体经济，引导银行增加对小微企业和民营企业贷款而专门设立的。

## 二、价格型调控工具

目前，我国经济正由高速增长阶段转向高质量发展阶段，随着利率市场化改革的加快推进，金融创新和金融脱媒迅猛发展，金融市场结构和金融产品日趋复杂，传统以数量型工具为主的货币调控有效性日益下降，已不适应经济高质量发展的要求。自 2018 年起，我国不再公布 M2 和社会融资规模数量目标，这既是货币政策调控框架转型迈出的重要一步，也更符合经济高质量发展的要求。近年来，中国人民银行多次指出，当前影响货币供给的因素更加复杂，要更多关注利率价格指标，逐步推动向货币价格调控方式的转型。

如上一章所述，经过 30 多年的持续推进，我国的利率市场化改革取得显著成效，已形成比较完整的市场化利率体系，收益率曲线也趋于成熟，为发挥好利率对宏观经济运行的重要调节功能创造了有利条件。特别是近年来，中国人民银行建立健全市场化利率形成和传导机制，形成通过市场利率和央行引导影响 LPR，再影响贷款利率和存款利率的传导机制，货币政策传导效率明显提高。图 2-3 简要描绘了我国的利率调控框架，货币当局引导政策利率变动，通过市场基准利率变化，影响各类市场利率，对宏观经济运行发挥调节作用。

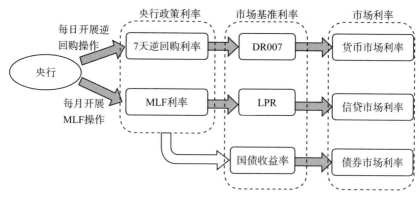

图 2-3　我国利率体系和调控框架

---

**专栏 2-2**

## 为什么我国不实行量化宽松货币政策

　　2008 年全球金融危机爆发后，西方主要经济体央行普遍实行量化宽松货币政策。央行在实行零利率或近似零利率政策后，通过购买国债、抵押贷款支持证券等中长期债券，扩大其资产负债表的规模，增加基础货币供给，向市场注入大量流动性，以鼓励市场主体增加开支和借贷。量化宽松货币政策的起点，往往是利率的大幅下降即利率工具失效时，央行才不得不考虑通过量化宽松货币政策持续向银行系统注入流动性，向市场投放大量货币来刺激经济。

　　可见，资产购买工具不属于常规货币政策工具，而是央行在市场出现问题时的被迫选择。央行长期实施资产购买操作会产生危害市场功能、财政赤字货币化、损害央行声誉、模糊央行解决市场失灵和货币政策立场之间的界限、引发道德风险等诸多问题。

中国人民银行行长易纲在《中国的利率体系与利率市场化改革》一文中指出，应尽可能避免实施资产购买操作，如果必须实施，应当坚持三个原则：一是央行干预的目的应当是帮助市场恢复正常运转，而非替代市场；二是央行的干预措施应尽可能走在市场前面，从而快速稳定市场情绪，避免市场失灵进一步恶化；三是应尽可能减少资产购买规模，缩短市场失灵持续时间，力求资产购买实施力度与市场失灵的程度保持一致。

现阶段，我国经济潜在增速仍在 5% 以上，有条件实施正常货币政策，收益率曲线也可保持正常的、向上倾斜的形态，不需要实施资产购买操作。

## 三、数量型与价格型调控工具对宏观流动性影响的差异

货币政策工具对宏观流动性的量和价的影响不同。虽然传统以数量型工具为主的货币调控有效性日益下降，货币数量信号频率较低，但由于其具有主动性强、操作灵活等优点，对宏观流动性的调节、对金融市场的影响较大。

相较于数量型调控工具，当前我国价格型调控工具的直接有效性还不是很强。一是我国金融体系仍存在市场分割、产品尚不丰富等问题，影响市场利率的有效形成及货币政策的顺畅传导。比如，近年来央行通过逆回购、SLF 和 MLF 等工具引导商业银行质押式回购利率的水平，但 2016 年年底以来，DR001、DR007 与 R001、R007 价格背离趋势明

显，这反映不同类型金融机构市场分割进一步加剧。二是金融市场创新和市场发展仍存在很多不合理管制，金融市场深度相对有限，这制约了金融机构产品定价和风险管理能力，影响了利率政策传导效率。比如，在放开存贷款利率浮动限制后，我国仍公布存贷款基准利率并将其作为过渡性措施，这将影响市场利率向存贷款利率的传导效率，降低货币价格调控的有效性。三是"影子央行"延长利率传导链条、降低传导效率。2014 年之后，我国货币创造的过程正变得更为复杂，大型商业银行先是以较低的价格从中央银行获取流动性并形成庞大的理财资金，再通过购买同业存单的方式以较高价格向规模较小的商业银行"发行"基础货币，扮演着类似于中央银行的职能；还有一些公募基金、企业年金、保险产品、信托产品将大型银行委外资金、产品募集资金等转借给中小商业银行或进入股市债市。简言之，传统的"中央银行→商业银行"的货币创造体系转向"中央银行 + 影子央行→商业银行 + 影子银行→股市债市等金融市场"的更复杂的货币创造，最终导致进入实体经济的资金价格较高，还有部分资金仍然淤积在金融体系内部。

通过上述分析可以看出，货币型价格调控工具的有效性与金融市场关系更加紧密，必须深化金融市场发展，畅通货币政策利率传导机制。同时，货币政策也需根据金融市场的变化及时进行调整，并扩大中央银行的利率决策空间和提高政策操作自主性。按照市场功能统一的规则，适当放开不合理的金融业务管制，鼓励以提高交易技术和风险管理能力为主要目的的金融创新，提高金融机构产品定价能力和风险管理水平。特别是 2017 年以来，我国加强金融监管力度，采取穿透式原则，加强监管合力，补齐监管空白。随着各项监管措施逐步到位，大量表外业务回归表内，金融市场风险高位缓释，利率传导机制正在畅通。

专栏 2-3

# 物价波动的经济影响

稳定物价是指保持物价总水平相对稳定，使其不在短期内发生大幅波动。维持物价稳定事关千家万户切身利益，事关经济社会发展大局，是央行执行货币政策的首要目标。目前，很多国家央行都把盯住通货膨胀目标作为货币政策的锚，用于引导社会公众预期。多数发达国家把2%作为通货膨胀目标，发展中国家通常选择3%～4%的目标。

物价波动会给个人的日常生活和国家的宏观经济运行带来影响，主要有以下几方面：

**财富再分配**。借款人在偿还借款时，通常按照借款的名义本金额计算还本付息。因此，通货膨胀会产生有利于债务人而不利于债权人的财富再分配，导致货币的价值储藏职能弱化，居民储蓄率降低；通货紧缩则会产生有利于债权人而不利于债务人的财富再分配，从而增强货币的价值储藏职能。

**收入再分配**。一般情况下，名义工资的调整滞后于物价水平的波动。通货膨胀会使工人实际收入下降，进而影响人们的生活水平；而通货紧缩则会使工人实际收入上升，并提高人们的实际生活水平。

**资源配置效率**。物价水平的频繁波动会降低资源配置效率。通货膨胀时，各类商品或服务的价格并不会按照相同比例上涨，这会导致相对价格发生变化，如果物价水平频繁波动扭曲了相对价格体系，那么也会扭曲社会资源的配置，特别是对居民储蓄率会有明显影响。

**金融稳定**。物价水平的剧烈波动还会对金融体系产生冲击。在通货膨胀时期，借款者净值增加，发生道德风险的可能性降低；在通货紧缩时期，借款者净值缩水，发生道德风险的可能性增加，同时，价格水平下跌，产品和服务价格下降，会导致企业盈利能力下滑，没有足够的现金流来偿还在通货膨胀时期的借款。

这里进一步以房地产价格的变化为例分析上述效应所带来的影响。中国人民银行发布的《2019年中国城镇居民家庭资产负债情况调查》显示，我国城镇居民住房资产占家庭总资产的比重为59.1%，较美国居民家庭高28.5个百分点。住房成为我国居民家庭的最大类资产，其价格的波动给居民生活带来的影响不容忽视。2001—2020年，我国商品房平均销售价格由2 170元/m²上涨至9 860元/m²。假设小马在2001年欲购入一套100m²的住宅（总价21.7万元），他拿出自己的存款10万元，并向小王借入11.7万元，此时的11.7万元可购入54m²的住宅；但若小马在2020年才将这笔借款还给小王，此时的11.7万元仅能用于购入12m²的住宅。这就产生了有利于债务人小马而不利于债权人小王的**财富再分配**。若考虑收入水平的变化，2001年，我国城镇非私营单位就业人员平均工资为1.1万元/年，当年一套100m²的住宅价值21.7万元相当于20年工资；2020年，我国城镇非私营单位就业人员平均工资为9.7万元/年，一套100m²的住宅价值98.6万元相当于10年工资。由于工资上涨水平高于房价，因此相对于房价来说的实际工资上升，这就导致了**收入再分配**。在通货膨胀时期，各类资产价格上涨，房地产的价格也随之水涨船高。从**资源配置**角度考虑，若2001年小马计划于三年后全款购入100m²的住宅，假设当年存款利率为2%，那么每年需存入7.1万元；但到2004年时，房价上涨导致房屋价格上涨至27.1万元，此时小马存入的钱便不足以购入该套住宅。这就是物价上涨对居民储蓄选择的影响。房价波动对**金融稳定**的影响可以用一个现实案例来说明。自2004年起，美国证券交易委员会放松投资银行（简称投行）资本充足率监管，随后数年美国投行杠杆率大幅上升，房地产价格快速上涨，以房贷为底层资产的抵押债券市场高度繁荣。2007 年，房价开始停滞，违约率上升，资产抛售加速房价下跌，房地产泡沫破灭，波及通过高杠杆持有抵押证券的美国投行和金融机构。2008 年 9 月，雷曼兄弟的破产正式拉开了金融危机的序幕。

## 第三节　其他经济政策对宏观流动性的影响

除货币政策外，还有一些经济政策也会对宏观流动性产生影响。本节将分析其中影响力较为明显的三类政策——财政政策、金融监管政策和信贷政策，及其与宏观流动性的关系和影响。

### 一、财政政策与宏观流动性

财政政策是指为促进就业、实现稳定增长而对政府财政的收入和支出水平所进行的选择。无论是扩张性还是紧缩性财政政策，都形成财政收入和支出，并通过刺激总需求对宏观流动性产生影响。

### 1. 财政收支与财政性存款

国家财政收支主要包括公共财政收支、政府性基金收支和国有资本经营收支三部分。2021 年，公共财政收入、支出分别为 20.2 万亿元和 24.6 万亿元，政府性基金收入、支出分别为 9.8 万亿元和 11.4 万亿元，国有资本经营收入、支出分别为 3 877 亿元和 2 648 亿元。公共财政收入中，约 86% 是税收收入；财政赤字主要通过政府债券融资来抵补。

财政性存款是财政部门代表政府掌管、存放在金融机构的财政资金。

财政性存款的主体是国库存款，是财政部门存放在国库的财政资金，简称国库金。我国实行央行经理国库制，中国人民银行资产负债表中的负债方项目"政府存款"，便是政府和公共机构资金直接存放在中央银行的部分。此外，财政性存款还包括其他属于各级财政部门的财政资金，主要是未列入国库存款的各级财政在金融机构的预算资金，以及由财政部门指定存入金融机构的专用基金。自2006年起，中国人民银行和财政部共同实施政府存款的现金管理，将一部分财政性存款存入商业银行定期存款（又称国库定存）以获取较高的利息，这部分资金在商业银行的资产负债表上归为一般存款管理。从2021年的数据看，财政性存款的规模在5万亿～6万亿元，其中直接存放在央行的政府存款为4万亿～5万亿元，存放在商业银行的财政性存款（包括国库定存、划缴财政存款、财政专用基金）约为1万亿元。

财政性存款是财政收支的差额，其规模变动由各收支项目的变化所决定。从几个主要的收入项目看，政府性基金收入年内季节性不强，年末往往会有所增加；储蓄国债在每年的3—11月的10—19日发行，发行期结束后的第二个工作日，承销银行将资金划转至中国人民银行中央国库账户，每期金额300亿～500亿元不等；地方债一般会集中在二、三季度发行，从月内分布来看，规律并不明显。税收作为公共财政收入的主体，存在较为明显的季节性。不同税种申报缴纳时间不同，大部分是按月缴纳，但企业所得税以及部分增值税可以按季缴纳，因此一般季末月过后的月份，如1月、4月、7月、10月缴税规模较高；5月是上一年度的企业所得税清算汇缴月，规模也相对较高。企业申报缴税具有时间限制，增值税、所得税等主要税种一般在当月1—15日完成，企业一般会在截止日所在工作周集中缴税，也就是每月的15—22日。

财政支出亦有明显的季节性，通常季末较多，时间范围在季末月份的25—31日，尤其是受预算考核、政府委托代建工程项目多数按半年或年度结算、购买性支出多在年末统一拨款等因素影响，年中、年末财政支出的频率和力度更大。由此可见，财政收支的周期性通常表现为月中上缴、季末支出，相应的财政性存款在月中大幅增加，季末明显减少。

## 2. 财政性存款对宏观流动性的影响

按照中国人民银行印发的《金融工具统计分类及编码标准（试行）》，国库存款和划缴财政存款是中央银行的资金来源，全额划缴中国人民银行，不计入 M2；而财政专用基金存款和国库定期存款属于商业银行的一般存款，需要缴纳存款准备金，且计入 M2。简单而言，当政府通过缴税、发行债券等方式使财政收入增加时，货币资金便从私人部门进入了政府部门，而由于政府部门拥有的货币资金不在 M2 的统计范畴内，因此财政收入增加带来的政府存款增加会对 M2 产生收缩效应。反之，当财政支出加大，政府存款减少时，货币资金从政府部门回流私人部门，对 M2 会产生扩张效应。

缴税、财政支出与政府债券融资对流动性影响的机理各有不同。现在多采用电子化缴税系统（简称 TIPS）缴税，分为两步。第一步是企业在 TIPS 上申报缴税，将企业存款划转至银行内部账户，对应流动性的收缩；第二步是银行将内部账户中的税款上缴给财政在央行的国库账户，对应流动性的收缩。第一步是"零在途"，实时划转；第二步依据央行规定，一般在当天完成，不超过第二天，因此私人部门缴税这一行为并不存在长时间的走款时滞。财政支出有直接支付与授权支付两种模式，直接支付主要用于大额支付，是主流模式。在直接支付模式下，财政资金通过代理银行直接划拨至收款人或预算单位，代理银行会直接享受到财政支出下发的"流动性红利"，然后其他银行与非银机构通过同业负债工具向代理银行拆借回购才能间接获得财政支出的流动性。政府债券融资对流动性的影响较为直接，银行若在一级市场上认购，则直接对应银行超储减少,国库存款增加;若非银认购,则同样有此过程,银行同时减记非银存款。

虽然政府存款仅占中国人民银行总负债规模的 10% 左右,但它对货币供应的影响是不容忽视的。对中国人民银行资产负债表取一阶差分后,得到 Δ 储备货币 = Δ 外汇占款 +Δ 对其他存款型公司债权 −Δ 政府存款 +Δ 其他杂项。在周期性财政收支下,外汇占款变动和对其他存款型公司债权的变动都是很小的,而且在外汇占款增速放缓的背景下,其变动影响可以不加以考虑,所以政府存款的变动和储备货币的变化是高度负相关的。季度初的 1 月、4 月、7 月、10 月财政存款上缴,对应基础货币减少;季度末的 3 月、6 月、9 月、12 月财政存款投放,对应基础货币增加(见图 2-4)。利用 2007—2021 年的数据测算,政府存款和储备货币变动量的相关系数达 −0.65。

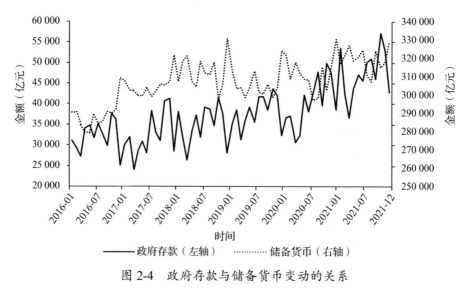

**图 2-4　政府存款与储备货币变动的关系**

数据来源:万得。

前文提到,M2=M0+ 城乡居民储蓄存款 + 企业存款 + 机关团体部队

存款＋其他存款。结合金融机构信贷收支表看，其中的住户存款对应 M2
定义中的城乡居民储蓄存款，机关团体存款对应 M2 定义中的机关团体部
队存款，非金融企业存款、非银行金融机构存款以及财政性存款中的财
政专用基金存款和国库定期存款则大致对应 M2 定义中的企业存款和其他
存款（见表 2-1），所以金融机构信贷收支表中的以上几部分构成了 M2-
M0。据此可以重新构建金融机构信贷收支表，其资金来源 ＝M2-M0 ＋
（财政性存款 – 财政专用基金存款 – 国库定期存款）＋ 金融债券 ＋ 对国际
金融机构负债 ＋ 其他；资金运用 ＝ 各项贷款 ＋ 有价证券及投资 ＋ 黄金占
款 ＋ 外汇占款 ＋ 在国际金融机构资产。考虑到金融债券、黄金占款，以
及对国际金融机构资产和负债相抵后，总体占比较少，以及财政性存款
中的财政专用基金存款和国库定期存款相较于国库存款占比较小，故可
以得到公式：$\Delta M2 \approx \Delta$贷款 ＋ $\Delta$有价证券及投资 ＋ $\Delta$外汇占款 – $\Delta$政府存
款。可见，政府存款与货币供应量反向变动。同时由于货币创造过程的
存在，国库库存变动对 M2 产生的影响会持续一段时间。利用 2007—
2021 年的数据测算，财政性存款和 M2 变动量的相关系数为 –0.43，展
示出一定的负相关性。

表 2-1　M2 组成和金融机构信贷收支表组成对照

| M2 | 来源方项目 | 运用方项目 |
|---|---|---|
| 1. M0 | 一、各项存款 | 一、各项贷款 |
| | （一）境内存款 | （一）境内贷款 |
| 2. 城乡居民储蓄存款 | 1. 住户存款 | 1. 住户贷款 |
| | （1）活期存款 | （1）短期贷款 |
| | （2）定期及其他存款 | （2）中长期贷款 |
| 3. 企业存款 | 2. 非金融企业存款 | 2. 非金融企业及机关团体贷款 |
| （1）活期存款 | （1）活期存款 | （1）短期贷款 |
| （2）定期存款和自筹基建存款 | （2）定期及其他存款 | （2）中长期贷款 |
| | 3. 政府存款 | （3）票据融资 |
| | （1）财政性存款 | （4）融资租赁 |
| 4. 机关团体部队存款 | （2）机关团体存款 | （5）各项垫款 |

（续）

| M2 | 来源方项目 | 运用方项目 |
|---|---|---|
| 5.其他存款（农村存款、信用卡类存款、信托类存款、证券公司客户保证金、住房公积金中心存款、非存款类金融机构在存款类金融机构的存款） | 4.非银行金融机构存款 | 3.非银行金融机构贷款 |
| 6.外币存款 | （二）境外存款 | （二）境外贷款 |
| | 二、金融债券 | 二、债券投资 |
| | 三、对国际金融机构负债 | 三、股权及其他投资 |
| | 四、其他 | 四、在国际金融机构资产 |

资料来源：中国人民银行。

　　财政存款变动对流动性的扰动从资金利率的变化上也能得到佐证。以上海证券交易所 7 天国债逆回购利率（GC007）作为货币市场流动性衡量的标准，可以发现，在缴税日期截止后的一周内，GC007 往往会明显上升，临近月末又逐步回落（见图 2-5）。

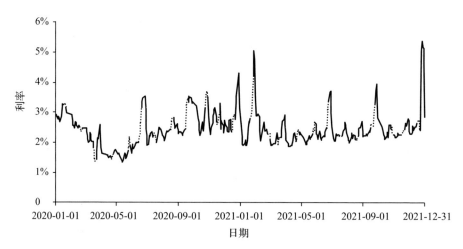

图 2-5　财政存款对货币市场利率的影响

虚线部分为每月缴税期截止日后 5 个交易日。

数据来源：万得。

综上所述，因为财政存款的投放与回笼具有明显的错峰和季节效应，往往造成在季初流动性大幅收紧，到季末、年末流动性又大幅宽松，加大了流动性的波动和货币政策执行的难度。财政收支的节奏和力度不是央行能决定的，央行的公开市场操作只能根据实际情况相机抉择，央行要通过加强与财政部门的协调，尽量平抑财政活动带来的流动性波动。

## 二、金融监管政策与宏观流动性

金融监管是政府通过特定机构对金融交易行为主体做的某种限制或规定。对银行、非银机构、证券发行等的监管，会直接影响信用派生能力以及宏观流动性的结构。金融监管力度有一定周期性，一般来说，金融监管趋严时，金融创新受到抑制，信用派生能力减弱，对宏观流动性的影响偏负面；而随着金融监管放宽，金融创新加速，信用派生能力增强，对宏观流动性的影响偏正面。例如，20世纪90年代末美国参众两院通过《金融服务现代化法案》，允许金融业混业经营，随后美国金融业创新层出不穷，但也埋下了流动性泛滥、金融资产价格泡沫等隐患，最终引发2007年美国次贷危机和2008年全球金融危机。危机后，美国出台《多德－弗兰克华尔街改革与消费者保护法案》（简称《多德－弗兰克法案》），金融监管全面收紧，美国的金融业活力明显下降。近年来，我国金融监管总体趋严，但也是"有保有压""开正门、堵偏门"，整顿影子银行，化解金融风险，维护银行体系稳定的信贷供给能力，提升直接融资比重，对保持流动性合理充裕发挥了重要作用。

### 1. 银行系统监管

为维护国际金融稳定，由十国集团央行行长建立的巴塞尔银行监管委员会于1988年通过了《巴塞尔协议》，旨在通过制定银行的资本与资产间的比例关系，加强银行体系的健康发展。巴塞尔银行监管委员会此后对该协议不断丰富完善，分别于 2004 年和 2010 年发布的《巴塞尔协议 Ⅱ》和《巴塞尔协议 Ⅲ》，目前已成为各国银行监管通用的规则。

我国的金融体系以银行业为主，对银行的监管要求不可避免地会对银行的信贷投放能力产生影响。为推动我国银行业实施国际新监管标准，银监会于 2011 年发布《银监会关于中国银行业实施新监管标准的指导意见》，提出实施新监管标准的目标、原则和核心要求。一是强化资本充足率监管，主要包括改进资本充足率计算方法，提高资本充足率监管要求，建立杠杆率监管标准等。二是改进流动性风险监管。建立多维度的流动性风险监管标准和监测指标体系，引导银行业金融机构加强流动性风险管理<sup>⊖</sup>。三是强化贷款损失准备监管。建立贷款拨备率和拨备覆盖率监管标准，并对贷款损失准备监管要求进行动态化和差异化调整。上述监管举措的实施，把资产管理与风险管理紧密结合，控制银行体系的杠杆率积累，有效降低银行体系过度放贷的扩张冲动，提高抗风险能力，同时也控制了信用货币的创造能力和流动性的过度扩张。

---

专栏 2-4

## 2017 年上半年我国银行系统监管对流动性的影响

2017 年，银监会组织开展"三三四十"系列专项治理行动。"三三四十"具体指三违反、三套利、四不当、银行业存在的十个方面问题。比如，3 月 29 日银监会发布《关于开展银行业"监管套利、空转套利、关联套利"专项治理的通知》，剑指银行业同业业务、投资业务、理财业务等跨市场、跨行业交叉性金融业务中存在的杠杆高、嵌套多、链条长、套利多等问题；4 月 6 日下发《关于开展银行业"不当创新、不当交易、不当激励、不当收费"专项治理工作的通知》，瞄准银

---

⊖ 此处的流动性为金融机构的融资流动性，详见第九章的分析。

行同业业务、理财业务、信托业务。这一系列监管举措的出台，有助于规范银行体系业务，治理各种银行业乱象，重拳整治各类违法违规行为，严守不发生系统性金融风险的底线。

银行资金位于整个资金链条的前端，并通过委外<sup>○</sup>的方式进入股市、债市（后端）。上述一系列对银行体系的监管举措将直接导致委外资金赎回，引发资本市场的抽血效应。

**银行委外规模约 20 万亿元，其中理财委外规模约 7 万亿元。** 据银监会披露，2016 年年末银行理财产品余额为 29 万亿元；据普益标准统计，2015 年 1 月至 2016 年 2 月参与委外的银行理财产品占市场总体的24.6%，推算 2016 年年末银行理财委外规模大约 7 万亿元。对于非理财部分，根据《财政部关于印发修订〈企业会计准则第 33 号——合并财务报表〉的通知》（财会〔2014〕10 号），将银行财报附注中"未纳入财务报表范围的结构化主体的权益"中涉及基金、资产管理计划和信托计划的部分进行加总，作为非理财资金委外投资的规模，通过查询国有五大行和全国股份制银行年报，粗略计算两者非理财委外规模约 10 万亿元，再根据两者理财产品在全市场的占比推算出银行业非理财委外规模为 13 万亿元。由此推算银行委外规模约 20 万亿元，但由于通过该渠道无法测算出主动管理的占比，因此可能存在高估。

**银行委外资金配置股票规模为 2 万亿～2.4 万亿元。** 中国证券登记结算有限责任公司（简称中国结算）数据显示，银行理财产品配置权益类资产占比约 8%，如果考虑到委外投资主动管理的性质，假定不再配

---

○ 对于委外资金官方并无明确定义，市场对其相对一致的界定为，委外是委托方（主要是商业银行）将资金委托给外部机构（管理方）主动管理的投资业务，委托方获得固定收益率，管理方获得管理费率和超额业绩分成。银行委外资金主要通过券商资管、基金专户、基金子公司、私募基金、信托和保险资管进行投资管理。

置现金和银行存款，则权益类资产占比约为10%。假定非理财委外配置资产比例与理财资金类似，则银行委外资金进入股市规模约2万亿元。从资管产品角度计算，通过查询每类资管业务配股比例，结合上述推算的每类业务受托的银行委外规模，在银行资金分别占机构资金80%和90%的假设下，委外资金进入股市规模分别为2.2万亿元和2.4万亿元。

**银行委外业务赎回对股市的直接影响不大。**银行资金配置股票规模相对较小，且由于银行资金稳健配置的需求，主要对接理财产品优先级，安全性较好。经过2015年股市异常波动后的去杠杆、2016年证监会对各类资管机构的严格限制，当时股市隐蔽的违规委外资金相对较少。多家市场机构判断，股票委外赎回占比的上限大概率不会超过10%。假定委外赎回的占比分别为5%和10%，则将从股市回撤1 000亿～2 400亿元，占2017年4月末股市流通市值规模的0.2%～0.6%，对股市整体直接影响有限。但银行监管趋严引发投资者避险情绪升温，市场对后续严监管政策出台的节奏和力度的预期较为混乱，普遍担忧监管加码的政策叠加效应会给市场带来较大冲击，投资者观望情绪浓厚，交易意愿明显降低。从主要指标看，2017年4月14—24日，A股日均成交金额为4 630.7亿元，日均新开A股账户20.58万户，日均参与交易A股账户953.23万户，均明显偏低。市场风险偏好明显下降，主力资金纷纷从前期热炒的板块撤出，"扎堆"贵州茅台、格力电器等具有一定安全边际的消费白马股。

**银行监管趋严对债市影响更大，通过流动性替代渠道引发股债联动。**由于银行委外资金大部分配置在债券市场，监管趋严对债市的影响更大。在市场流动性趋紧、委外赎回压力加大的情况下，债券变现能力下降，迫使部分投资者卖出流动性更好的股票回笼资金，从而对股市产生一定下行压力。2017年4月14—24日，中证全债（净价）指数累计下跌 0.66%，上证综指累计下跌 4.47%，国债期货跌幅较大的交易日股指跌幅也较大，股债联动效应较为明显。其间，同时参与股债交易的券商资管和基金专户大幅净卖出 A 股与交易所债券，以流动性相对较高的高评级公司债为主，回笼资金。

## 2. "资管新规" 推动的资管行业变革

2018 年 4 月 27 日，中国人民银行等部门联合印发《关于规范金融机构资产管理业务的指导意见》（以下简称 "资管新规"）。此后，针对银行理财、信托、券商资管、公募基金、私募基金、保险资管六大类资管机构的配套细则相继出台。"资管新规" 及其配套细则提出了打破刚兑、禁止资金池、限制非标、限制期限错配、统一杠杆要求等目标，为规范金融机构资产管理业务、统一同类资产管理产品监管标准、促进资管行业健康发展校准了航向，为防范化解金融风险和推动金融更好地服务实体经济做出了重大贡献，也对宏观流动性的格局产生了深远影响。

去通道和去嵌套是 "资管新规" 的核心要求之一。随着相关政策的出台和实施，我国资管市场上的嵌套投资明显下降。作为资管资金主要来源方的银行理财，投向其他资管产品的规模显著下降。截至 2020 年年末，银行理财产品持有各类资管产品规模 8.93 万亿元，占比 34.5%，较 "资管新规" 发布前大幅减少 25.71%。以通道业务居多的事务管理类信托余额显著收缩，2018 年 3 月末余额为 15.14 万亿元，到 2020 年年末降至 9.19 万亿元，降幅达 39.3%。从证券期货经营机构资管产品来看，通道业务所在的定向资管产品余额由 2018 年 3 月末的 23.98 万亿元降至 2020 年年末的 12.11 万亿元，降幅达 49.5%。与之相应的是，资管产品更多地投向股票、债券等标准化产品，非标债权的占比明显下降。以银行理财为例，在此期间，银行理财投向债券的比重提高逾 20 个百分点，投向非标资产的比重下降近 6 个百分点。这些微观层面的变化，在宏观流动性上也有明显的体现。自 2018 年起，社会融资中委托贷款、信托贷款等非标债权的存量规模结束了此前多年高速增长的态势，出现连年负增长。

### 3. 以注册制为核心的资本市场改革

股票发行制度是资本市场的基础性制度之一。很长一段时期内，我国的股票发行制度是核准制，即监管部门通过发行审核，对拟上市企业进行质量把关。但审核费时费力，效率相对较低，加之有时会因为股指下行压力而暂停 IPO，容易形成大量企业排队上市的"堰塞湖"，而 A 股长期处于供不应求的状态，融资功能也未能充分发挥。2019 年，证监会在上海证券交易所设立科创板并试点注册制，2020 年注册制推广至创业板。2023 年 2 月，中国证监会发布通知，全面实行股票发行注册制改革正式启动。与核准制相比，注册制以信息披露为核心，发行审核重点关注信息披露的完整性、准确性和真实性，拟上市企业的质量交由投资者自行判断。这是一种更为市场化的股票发行方式，发行审核效率更高，加之坚持 IPO 常态化的政策导向，企业上市步伐明显加快。2021 年，523 家企业在 A 股 IPO，家数创历史新高，2022 年又有 425 家首发上市。同时，股票再融资制度在 2020 年也得到"松绑"，进一步促进股票融资规模的提升。

注册制改革是资本市场改革的"牛鼻子"。围绕注册制，交易、退市、信息披露、投资者适当性、投资者保护等一系列配套机制改革相继落地，共同为注册制"保驾护航"。2021 年北京证券交易所"横空出世"，彻底激活了新三板市场，与新三板基础层、创新层以及沪深交易所有机衔接；中小板与主板合并，科创板与创业板差异化发展，我国多层次资本市场体系进一步完善，为充分发挥市场融资功能、提高直接融资比重奠定了基础。从社会融资的分项指标看，2021 年非金融企业境内股票融资 1.24

万亿元，占当年新增社会融资规模的 3.96%，同比上升 1.4 个百分点。

## 三、信贷政策与宏观流动性

在我国现阶段间接融资占绝对比重的融资格局下，信贷资金的结构配置和使用效率很大程度上决定着全社会的资金配置结构和运行效率。信贷政策的有效实施，对于疏通货币政策传导渠道，发展和完善信贷市场，提高货币政策效果发挥着积极的促进作用。

央行主导的信贷政策是通过经济、法规手段引导信贷资金投向，促进产业结构、产品结构、生产力布局、经济规模优化以及生产发展与生态环境的平衡，从资金分配结构方面保障国民经济持续健康发展的宏观金融政策。信贷政策是国家产业政策、区域政策等经济政策在信贷工作中的具体体现，既反映国家宏观经济的长远发展战略，又体现银行的信贷原则，并借此实现中央银行控制总量、优化结构的调控目标。信贷政策一般由贷款供应政策和贷款利率政策两类组成。贷款供应政策规定贷款的投向、规模、支持重点、限制对象，贷款利率政策规定贷款利率的总水平和差别利率的原则。两者互相联系、互相补充，共同发挥作用。

我国目前的信贷政策大致包含四方面内容：一是与货币信贷总量扩张有关，政策措施影响货币乘数和货币流动性。比如，规定汽车和住房消费信贷的首付款比例、证券质押贷款比例等。二是配合国家产业政策，通过贷款贴息等多种手段，引导信贷资金向国家政策需要鼓励和扶持的地区及行业流动。三是限制性的信贷政策。通过"窗口指导"或引导商业银行通过调整授信额度、调整信贷风险评级和风险溢价等方式，限制信贷资金向某些产业、行业及地区过度投放，体现扶优限劣原则。四是制定信贷法律法规，引导、规范和促进金融创新，防范信贷风险。

信贷政策和货币政策相辅相成，相互促进。两者既有区别，又有联系。通常认为，货币政策主要着眼于调控总量，而信贷政策主要着眼于解决经济结构问题，通过引导信贷投向，调整信贷结构，促进产业结构调整和区域经济协调发展；货币政策调控工具更市场化一些，而信贷政策的有效贯彻实施，不仅要依靠经济手段和法律手段，必要时还可使用行政性手段和调控措施。

信贷政策对房地产行业发展有重要作用，反过来，房地产的走势也会对信贷投放和宏观流动性产生较大影响。房地产业是我国国民经济的重要产业，2020年房地产及其相关行业增加值占GDP的比重达20%；对于房地产企业而言，银行信贷是其主要的融资渠道之一；而房地产作为优良的抵押物，一直是我国信贷投放的主要领域。截至2021年年末，房地产贷款余额达52万亿元，占全部贷款的27%，其中房地产开发贷款和个人住房贷款分别为12万亿元和38万亿元。在历次房地产调控中，信贷政策都发挥了举足轻重的作用。近几年，在"房住不炒"的政策导向下，房企融资受到一定限制，股票融资和境内发债几乎停滞，"资管新规"出台后对房企的非标融资也明显收缩。但部分房企仍存在加杠杆激进扩张的势头。2020年新冠疫情暴发后，我国率先实现复工复产，强劲的出口有力拉动了经济增长，也为房地产行业挤泡沫、去杠杆预留了政策空间和时间窗口。在此背景下，有关部门陆续出台了"三道红线"（即剔除预收款后的资产负债率大于70%、净负债率大于100%、现金短债比小于1，同时触及"三道红线"的房企有息负债规模不得增加）、房地产贷款集中度管理等信贷相关的政策，加快推动房地产行业风险的释放和出清。虽然不少头部房企相继"暴雷"一度引发市场担忧情绪，但房地产行业激进经营、盲目扩张的势头得到扭转，长期健康发展的基础得到夯实。在这一过程中，信用扩张及宏观流动性受到一定影响，虽然货币政策自2020年年底前便在边际上开始有所放松，货币市场利率逐步下行，但"宽货币"迟迟未促进"宽信用"，M2和社会融资同比增速在2021年前三季度持续下行，到第四季度才有所企稳。这与房地产贷款的收缩密不可分。2021年人民币房地产贷款余额同比仅增长7.9%，创历史新低，明显低于同期全部贷款余额11.6%的平均增速。

## 第四节　政策组合对宏观流动性的影响

本章第二节和第三节分析了主要经济政策对宏观流动性的影响，然而现实中，政府打出的往往是政策"组合拳"，统筹考虑各类经济政策间的协调搭配。从稳增长的角度看，货币与财政政策的配合至关重要，并推动形成宏观流动性的周期性变化；从维护金融稳定的角度看，宏观审慎政策是有效手段。本节将分别介绍这几个方面的内容。

### 一、货币政策与财政政策共同推动的宏观流动性周期

货币政策和财政政策作为宏观调控的两大工具，共同目标都是维护总供给与总需求的平衡，促进经济平稳增长。财政政策偏重结构调节，以税收、补贴等手段直接作用于分配环节，而货币政策偏重总量调节，以货币供应、利率等手段通过流通环境进行间接调控。在实践中，单独使用货币政策或财政政策的情况都十分罕见，二者通常是相互协调配合，分别有"宽货币+宽财政""紧货币+宽财政""宽货币+紧财政"和"紧货币+紧财政"多种组合，政府和中央银行根据不同情况选择不同的政策组合。

宏观流动性的状态分为流动性均衡和流动性失衡两大类，流动性均衡的状态是短暂的，而流动性失衡是常态。流动性失衡又分为流动性过剩和流动性短缺。在货币、财政政策的共同推动、动态调控以及经济金融相互作用下，流动性从扩张到过剩、从过剩到收缩，不断处于周期性循环中。

在"宽货币 + 宽财政"政策推动下，宏观流动性处于扩张阶段，并促进投资和消费增长，金融市场交易活跃、产生财富溢出效应，经济和金融走向繁荣。但流动性经过较长一段时间的扩张和积累后，在积极的市场情绪甚至严重加杠杆的带动下，极易形成流动性过剩，过多资金导致通胀，大量资金涌入股市、房地产市场等热门领域造成资产价格飙升，影响金融稳定。随着"紧货币 + 紧财政"调控政策的出台，"明斯基时刻"出现，资产价格泡沫破裂、迅速下跌，投资者大量抛售资产，去杠杆效应导致流动性风险成倍放大，产生了负向的溢出效应和风险传染效应，宏观流动性快速进入萎缩状态，不仅金融市场陷入恐慌，而且实体企业的资金链也面临压力甚至断裂（见图 2-6）。流动性萎缩到一定程度后，就形成了流动性短缺，金融市场交易低迷，资产价格严重低估，投资者消费意愿降低，也没有参与金融交易的热情。如果流动性过度枯竭，金融市场将失去定价和交易的基本功能，实体企业也难以获得流动性资金。

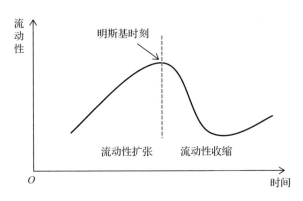

图 2-6　宏观流动性的周期性变动

从上述流动性的周期性变动可以看出，宏观流动性总是处于周期性循环中，流动性失衡是常态，而且一般呈现扩张期波动较为缓慢而收缩期波动快速剧烈的特点。

2001—2021 年，在货币与财政政策的共同推动下，我国大致经历了

5 轮宏观流动性周期，每一轮周期持续时间略有不同，平均为 4 年左右。流动性周期特征总体呈现周期缩短、波幅收窄、整体下移的形态，显示出国家宏观调控水平的提升，区间调控、定向调控和精准调控的能力增强。图 2-7 显示了 2001—2021 年的 5 轮周期，用 M2 近似代替宏观流动性的规模，用存款准备金率和财政赤字率表征货币政策和财政政策的取向。

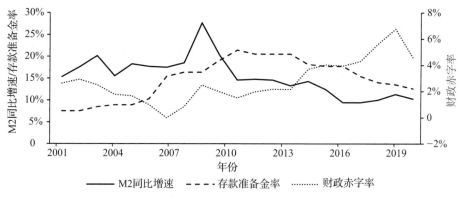

图 2-7　我国宏观流动性与货币财政政策

数据来源：万得。

**第一轮：**

流动性扩张期：2001—2003 年。这一阶段，我国财政货币政策的总体搭配为"积极财政政策 + 稳健货币政策"，以应对 20 世纪 90 年代后期的亚洲金融危机影响和国内通货紧缩，保持稳定的宏观环境和社会环境。这一阶段货币供应逐步加速，2003 年的 M2 同比增速达到 19.6%。

流动性紧缩期：2004—2008 年全球金融危机爆发前。这一阶段，为防通胀、防经济过热、应对股票市场快速上涨，我国财政货币政策搭配逐渐过渡至"稳健财政政策 + 稳健货币政策"，2008 年甚至实施从紧的货币政策，财政赤字率下调，央行同时上调存款准备金率，控制流动性规模。这几年 M2 同比增速维持在 16% ～ 17%。

**第二轮：**

流动性宽松期：2008—2010 年。受突如其来的次贷危机影响，国内经济面临较大下行压力，GDP 增速下滑，失业率上升。为稳增长、保就业，我国总体采取"积极财政政策 + 宽松货币政策"的搭配，M2 同比增速快速回升，2009 年增长到 28.5%，国内流动性保持充裕。

流动性紧缩期：2011 年。这一阶段，全球金融危机的冲击逐渐消退，国内经济通胀水平提升，股价、房价大幅上涨，实体部门杠杆率高企。为了稳定杠杆、控制通胀，我国采取"积极财政政策 + 稳健货币政策"，政策的收紧导致流动性趋紧，M2 同比增速大幅回落。

**第三轮：**

流动性宽松期：2012—2013 年。这一阶段，国内经济下行压力加大，2011 年中央经济工作会议明确指出要"继续处理好保持经济平稳较快发展、调整经济结构、管理预期通胀的关系"，央行从 2011 年 12 月至 2012 年 5 月连续 3 次降低存款准备金率；财政政策配合调整，个人所得税起征点上调。M2 同比增速上行，流动性相对宽松。

流动性紧缩期：2013—2014 年。这一时期，非标业务快速发展，影子银行扩张，使得流动性收紧。同时，美联储逐步退出量化宽松，一定程度上制约了我国的货币政策空间。于是，在采取积极财政政策的同时搭配稳健的货币政策，强调要兼顾促进经济平稳较快发展、保持物价稳定和防范金融风险，调节好货币信贷供求，M2 同比增速回落。

**第四轮：**

流动性宽松期：2014—2016 年。这一阶段，我国经济增速放缓，产能过剩问题加剧，财政政策加力增效，货币政策松紧适度并偏向宽松，保持流动性合理充裕，存款准备金率下降，央行陆续通过 SLF、MLF 和 PSL 等新型货币政策工具管理流动性。同时，财政支出力度加大，财政赤字预算规模持续增加，M2 同比增速保持稳定，货币供应量稳定。

流动性紧缩期：2017—2018 年。这一阶段，供给侧结构性改革成效逐渐显现，国内经济企稳，但影子银行持续扩张导致宏观杠杆率抬升、金融风险积聚。政策重心由稳增长向防风险切换，在实施积极财政政策的同时，稳健货币政策注重保持稳健中性，公开市场操作锁短放长，配合宏观审慎政策推进。金融去杠杆带动 M2 同比增速大幅回落，流动性趋紧。

### 第五轮：

流动性宽松期：2018—2020 年。2018—2019 年，中美贸易冲突不断加剧，叠加国内去杠杆、去产能、环保限产等因素，国内经济面临较大压力。2018 年 7 月，中共中央政治局会议提出了包括稳金融在内的"要做好稳就业、稳金融、稳外贸、稳外资、稳投资、稳预期工作"方针，促进经济稳定增长。随后，全球经济下行，美联储连续降息，2020 年突如其来的新冠疫情也对经济增长造成冲击。面对复杂的国内外形势，2020 年 4 月，中共中央政治局会议提出"保居民就业、保基本民生、保市场主体、保粮食能源安全、保产业链供应稳定、保基层运转"的新任务，我国积极财政政策加力提效，多种货币政策工具被灵活运用以保持流动性合理充裕，央行陆续采取全面降准、定向降准等方式释放流动性，财政赤字预算规模进一步扩大，突破 3 万亿元，同时，央行发行 1 万亿元抗疫特别国债，全面呵护流动性。

流动性稳定期：2021—2022 年。我国统筹疫情防控和经济增长，成为 2020 年唯一实现正增长的主要经济体，我国财政政策与货币政策均以"稳"字当头，央行公开市场操作正常化，财政政策"提质增效"，流动性水平基本稳定。

## 二、财政赤字货币化的流动性研究

随着各国财政赤字规模不断增加，赤字率持续攀升，如何解决财政赤字问题、提高财政政策的可持续性，成为关注的重点。一般来说，开源、节流和发行国债是解决财政赤字的三个方法。发行国债便捷高效，成为最主要的解决办法，而国债市场也就成为财政政策和货币政策协同作用的交汇点，它既是财政部门筹集资金的重要渠道，也是货币当局实施货币政策的重要工具。**首先**，国债发行是政府筹集资金的重要渠道。政府通过金融机构发行国债获取资金，可增加政府支出，促进经济发展，增加国民收入。2020 年面对突如其来的新冠疫情，我国发行 1 万亿元抗疫特别国债，为我国抗击新冠疫情提供了重要的资金保障。**其次**，政府和央行都能通过国债流通环节影响金融市场。政府部门和央行可通过国库现金管理、公开市场操作影响金融市场的资金和利率。央行购买金融机构手中的国债可作为增加货币供给的方式，金融机构获得资金后可以为企业提供贷款，帮助企业增加投资，扩大生产规模。**再次**，在资金使用环节，财政部门可将国债发行获得的资金用于财政支出，这将使流通中的现金规模增加，在一定程度上可降低市场利率。**最后**，在债券偿还环节，政府部门将国库内政府存款用于偿还债券本金及利息，可使市场中流通现金的规模增加，降低市场利率。

如果政府发行的国债由居民、银行等投资者购买，则称为财政赤字债务化；而如果国债由央行通过发行货币购买，则称为财政赤字货币化。20 世纪 90 年代现代货币理论（MMT）的出现，为财政赤字货币化提供了理论基础。现代货币理论的核心是"财政赤字货币化"，即由政府加大财政支出来刺激经济，由财政部发债融资，央行直接印钞买入债券，其他金融机构无须参与，也无须支付利息。财政赤字货币化用无利率的货币代替有利率的债务，以政府预算收支代替利率调节资源配置。

近年来，财政赤字货币化已经在部分发达经济体应用。在2008年全球金融危机冲击下，全球主要经济体的利率水平已大幅下降，美国已通过快速降息将利率降至临界水平，日本及欧洲甚至进入负利率状态，后续进一步宽松的空间较小。在零甚至负利率的情况下，资金价格已不是关键，许多发达国家都选择财政赤字货币化。这种以增发国债为核心的积极财政政策和货币政策组合，导致经济体系中货币供给量的急剧增加。

面对我国不断上升的赤字规模（见图2-8），国内也有学者提出，可通过发行特别国债的方式，适度实施财政赤字货币化，把财政政策和货币政策结合为一种新的组合，用来缓解财政困难，解决货币政策传导机制不畅的问题。但这种提议不乏反对意见，有专家认为我国是高储蓄率国家，市场有容纳政府债券的充足余地，没有必要走财政赤字货币化的路子，而且我国有严格的财经纪律，财政赤字率严格控制在较低水平；也有专家认为，财政赤字货币化可能引发金融风险、货币贬值，财政过度负债会带来国家主权信用评级下降，并对企业部门经济活动产生挤出效应。

图 2-8　我国财政赤字规模及赤字率

数据来源：万得。

专栏 2-5

# MMT 的实践

现代货币理论（MMT）的代表人物为 L. 兰德尔·雷。他在《现代货币理论：主权货币体系的宏观经济学》一书中阐述了该理论的核心观点，具体如下：

**货币的本质**。第一，货币起源于债权债务关系，它只是一种政府债务凭证，不与任何商品挂钩，只用于政府的发债和税收。第二，财政也可以创造货币，政府通过财政支出创造货币，再由税收收回货币，因此税收的目的不是为政府支出提供资金，而是推动货币的发行和流通。第三，政府债券的发行不是为政府支出提供资金，而是一种调节利率的手段，如果政府将债券卖给商业银行，可以造成银行储备金的减少，使市场利率上行；如果政府将债券卖给中央银行，相当于投放基础货币，会使利率下行。

**财政赤字**。第一，由于财政支出先于税收收入，因此主权政府不需要为了支出而借入本国货币。主权政府在主权货币制度下，政府开支不受税收收入限制，借入本币债务不会引发政府破产，因此财政赤字没有边界，财政平衡也就没有实际意义。第二，在外债规模不变的前提下，政府部门的财政赤字等于非政府部门的盈余。

**政策选择**。第一，财政政策的目标是充分就业，财政赤字不应成为政府支出的硬约束，政府的发债和赤字没有限制。第二，货币政策应当与财政政策配合，央行可直接购买国债来支撑财政赤字，因此不存在独立的中央银行。第三，政府可以通过提高税率、发债等措施回收货币抑制通胀，因此，财政政策是支撑经济增长和就业的主要手段。第四，政府应当为任何想工作的人提供工作。

总体来说，MMT 的核心是"财政赤字货币化"，而且已经在部分发达经济体应用，如日本从 21 世纪初开始实行量化宽松货币政策，美国、欧元区也在金融危机后开始实行该政策，由央行直接购买国债，增加货币供给并实现长期低利率，以促进金融稳定和经济恢复。

值得注意的是，在极端情况下，实施财政赤字货币化可能导致本币贬值甚至恶性通胀。例如，1982 年墨西哥宣布难以偿还外债，只能通过超发货币来维持政府支出。墨西哥的 M2 同比增速由 1975 年的 26% 快速攀升至 1987 年的 141%。无节制的超发货币导致恶性通胀，墨西哥的 CPI 同比增速由 1969 年的 3.4% 上升至 1979 年的 18.2%，又在 1987 年进一步上升至 131.8%。同时，墨西哥比索大幅贬值，1983—1988 年累计贬值幅度超过 80%。

## 三、宏观审慎政策与货币政策双支柱调控框架

"宏观审慎"的概念最早由库克委员会于 20 世纪 70 年代提出，强调金融监管需要系统性的宏观视野。1986 年，国际清算银行（BIS）使用"宏观审慎"一词来表示"整个金融体系及支付机制的安全性和稳健性"。2000 年年初，BIS 总经理 Andrew Crockett 提出"宏观审慎"的定义，即将金融稳定划分为微观审慎和宏观审慎两个层次，其中微观审慎是以保障单个金融机构稳健为目标，而宏观审慎是以维护整个金融体系为目标。2008 年全球金融危机爆发后，国际社会对金融危机的成因进行深入研究，在此基础上逐步形成宏观审慎政策框架。2016 年，国际货币基金组织、金融稳定理事会和国际清算银行联合发布报告《有效宏观审慎政策要素：国际经验与教训》，对宏观审慎政策做出定义：宏观审慎政策利用审慎工具防范系统性风险，降低金融危机发生的频率及影响程度。宏观审慎政策与货币政策、财政政策、微观审慎政策等相互配合，强化应

对经济金融风险冲击的能力。

## 1. 宏观审慎政策框架的内容

目前，西方主要经济体普遍使用的宏观审慎政策框架包含政策目标、评估、工具、传导机制与治理架构等多个部分。宏观审慎政策的目标和范围包括三个方面：一是通过增加缓冲资本，增强金融体系的弹性和韧性；二是通过降低资产价格和信贷投放之间的顺周期性，控制杠杆、债务等的不可持续增长，防范时间维度上的系统性风险；三是降低金融系统的脆弱性，防范由于存在高度关联、有共同的风险暴露以及由大型机构引起的系统性风险。从具体的工具与传导机制看，前文提到的《巴塞尔协议Ⅲ》便包含宏观审慎要素，其核心是要求银行在经营状况良好时积累缓冲以备不时之需，通常包括资本留存缓冲和逆周期资本缓冲。

在我国，中国人民银行较早开始宏观审慎方面的探索与实践。在总结金融危机国际经验教训的基础上，2009年中国人民银行开始研究强化宏观审慎监管的政策措施，并在2011年引入差别准备金动态调整机制，将信贷投放与宏观审慎要求的资本水平相联系，同时考虑了各金融机构的系统重要性、稳健状况以及经济景气状况。2016年，中国人民银行将差别准备金动态调整机制升级为宏观审慎评估体系（Macro Prudential Assessment，MPA），通过一整套评估指标，构建以逆周期调节为核心、按系统重要性程度差别考量的宏观审慎评估体系，从而达到引导金融机构广义信贷合理增长、加强系统性风险防范的目的。随后几年，中国人民银行又陆续将跨境流动、房地产和表外理财等纳入监管，宏观审慎管理不断深化。2018年，中国人民银行牵头逐步建立金融业综合统计体系，集中收集并标准化金融业的信息数据，对跨市场产品逐只统计相关信息，实现对底层投资资产和最终投资者的穿透识别，及时、准确掌握行业全貌，完整反映风险状况，提高宏观审慎政策的科学性和有效性，提升政策传导效率。2021年年末，中国人民银行发布《宏观审慎政策指引（试行）》，明确宏观审慎政策的目标、工具、机制等重要内容，从顶层设计上明确了我国宏观审慎政策框架。

---

专栏 2-6

## 主要经济体的宏观审慎政策框架

### 美国：美联储在宏观审慎政策框架中的核心地位

2010年7月，美国颁布《多德–弗兰克法案》，建立了宏观审慎政策框架，对金融监管体系进行全面改革，防范系统性风险，维护金融稳定。法案设立金融稳定监管委员会（FSOC），负责识别和应对威胁金融稳定的风险，促进市场自律。但FSOC具有较多缺陷，如FSOC的权力有限，导致管理碎片化，使得跨机构、跨市场的数据获取难度较大，且存在监管空白，特别是特朗普政府对其权力的进一步削弱，使得目前FSOC基本只剩下建议权，美联储仍然是宏观审慎政策的主导者。《多德–弗兰克法案》赋予美联储两项重要权力：一是强化美联储对系统重要性金融机构和金融市场的监管权，二是对审慎监管标准的制定权。至此，美联储拥有宏观审慎、微观审慎管理与货币政策管理的多重权力，可使各类型政策密切协调配合，提高宏观审慎管理和金融监管的有效性，平滑金融体系的顺周期波动和跨市场风险传染。

### 英国：强化中央银行的宏观审慎管理职责

2008年金融危机后，英国对金融监管体制进行彻底反思，否定了"银监分设"的制度设计思路，并率先对金融监管体制进行根本性改革，核心内容是将货币政策、宏观审慎政策和微观审慎监管集中于央行，在央行内部实现上述功能的有效协调，同时另设货币政策委员会、金融政策委员会和审慎管理委员会三个重要机构，由其分别负责货币政策制定、宏观审慎管理和微观审慎管理，并通过增加三个委员会联席会议的方式不断加强内部各机构协调整合，以达到宏观审慎政策与货币政策、微观审慎政策的高度协同，共同维护金融体系的稳定和健康发展。

### 欧元区：以欧洲央行为核心，欧洲央行和各成员国审慎管理当局共同负责

在欧洲单一监管机制下，欧洲央行和各成员国审慎当局共同承担宏观审慎管理职能。欧洲央行负责制定整个欧元区的宏观审慎政策，拥有对欧元区银行业金融机构实施统一监管的权力，同时负责指导和协调各成员国的宏观审慎政策。各成员国的审慎管理当局负责具体的政策实施，与欧洲央行在实施宏观审慎政策上形成合力。

### 中国：货币政策 + 宏观审慎政策的双支柱调控框架

从 2016 年起，中国人民银行将差别准备金动态调整机制"升级"为 MPA，MPA 已成为"货币政策 + 宏观审慎政策"双支柱调控框架的重要组成部分，实施以来已发挥较好的政策效果。

MPA 从七大方面对金融机构的行为进行引导：一是资本和杠杆情况，主要通过资本约束金融机构的资产扩张行为，加强风险防范。它主要分为资本充足率和杠杆率两部分。其中，宏观审慎资本充足率指标主要取决于广义信贷增速和目标 GDP、CPI 增幅，体现《巴塞尔协议Ⅲ》资本框架中逆周期资本缓冲、系统重要性金融机构附加资本等宏观审慎要素；杠杆率指标指机构持有的一级资本与调整后的表内外资产余额的比率。二是资产负债情况，主要分为广义信贷增速、信贷节奏和同业负债增速三个方面，从以往盯住狭义贷款转为考察更广义的信贷，适应了资产多元化的趋势。三是流动性情况，鼓励金融机构加强流动性管理。四是定价行为，评估利率定价行为是否符合金融市场秩序，体现放开存

款利率上限初期对利率市场竞争秩序和商业银行定价行为的高度重视。**五是**资产质量情况，主要关注资产质量是否有异常下降，鼓励金融机构提升资产质量，加强风险防范。**六是**跨境业务风险情况，适应资金跨境流动频繁和跨境业务增长的趋势，加强风险监测与防范。**七是**信贷政策执行情况，包括制造业信贷支持、普惠小微金融支持、再贷款再贴现资金运用，鼓励支持国民经济重点领域和薄弱环节，不断优化信贷结构。

## 2. 货币政策与宏观审慎政策双支柱调控框架的宏观流动性研究

货币政策与宏观审慎政策既有相同之处，又有较大差异。二者都可以进行逆周期调节，都具有宏观管理的属性，但二者的着力点和侧重点不同。货币政策主要针对整体经济和总量问题，侧重于经济增长和物价水平的稳定；而宏观审慎政策则直接和集中作用于金融体系本身，侧重于抑制金融体系的顺周期波动和风险跨市场传染，维护金融体系稳定。因此，宏观审慎政策框架与货币政策框架配合使用，有利于发挥各自优势，把保持币值稳定和维护金融稳定更好地结合起来，使二者相互补充和强化。

中国人民银行不断优化货币政策与宏观审慎政策的调控框架，不断创设新的政策工具，从而对宏观流动性的量和价产生更为直接有效的调控。

**一是**货币政策的主要目标是通过逆周期调节平抑经济周期波动，维护物价稳定；而宏观审慎政策着眼于金融周期，即由金融变量扩张与收缩导致的周期性波动。经济周期与金融周期的同时调控，强调"逆周期调节"，使得宏观流动性的周期特征呈现趋于短期、波幅收窄的新变化，宏观流动性变动对经济和市场的影响也在缩小。

**二是**货币政策主要盯住增长和通胀等目标，宏观审慎政策主要盯住广义信贷和资产价格，特别是盯住一些风险类指标，进一步强化以资本约束为核心的稳健经营理念，金融机构存款定价更趋理性，绝大多数银行业经营机构保持经营稳健。这些调控的相机抉择的特征更明显：对银行资产端、负债端都加强监管，信贷快速膨胀和收缩的幅度降低、频率减少，导致流动性周期趋于收敛。

三是货币政策操作工具包括量和价两个层面，而宏观审慎政策工具更加宽泛，如资本充足率、杠杆率、资产负债情况等，房地产"三道红线"、资管新规、跨境资本流动管理也属于宏观审慎政策的范畴。宏观审慎政策与货币政策相结合，共同推动银行表外转表内，信贷渠道更加顺畅，提高货币政策的有效性，使得对宏观流动性规模和价格的调控更加有效。

四是传统货币政策通过流动性的纵向传导调控经济，路径是央行→银行→实体，央行一方面通过基础货币的量对银行信贷投放能力形成约束，另一方面通过价向市场利率和信贷利率进行传导，货币政策所能作用的主要是央行到银行的层次，而宏观审慎政策更多作用于银行到实体的层次，增强货币政策的直达性，传导机制更为直接，更好地降低社会融资成本，在促进金融机构稳健审慎经营的同时，提升监管机构间的协调效率，降低监管套利，提高货币政策向实体经济的传导效果。

| 第三章 |

# 宏观流动性与资产价格

## 第一节　宏观流动性对股票价格的影响

### 一、历史回顾：宏观流动性宽裕时往往出现牛市，但宏观流动性拐点与股市拐点并不一定同步

　　如前所述，宏观流动性是经济社会正常运转的基础，会直接影响各类市场的交易、各类资产的价格，"大河有水小河满"。股票作为重要的金融资产，股市作为重要的金融市场，其交易和价格必然受到宏观流动性的影响。在深入探讨宏观流动性对股市的影响之前，首先对历史上宏观流动性与 A 股市场走势进行回顾，以构建宏观流动性与股票价格的直观关系。

### 1. 宏观流动性的量与股票价格

　　如前所述，货币政策和财政政策共同推动形成宏观流动性的周期，

从流动性周期可观察宏观流动性与股票价格的关系。用 M2 同比增速表征货币总量变化，用上证综指表征股价走势，2004—2021 年，我国大约经历了 5 轮流动性周期，每轮周期中 M2 同比增速都出现一个持续高位的阶段，在此前后上证综指或多或少都出现一段上涨行情，但 M2 同比变动的拐点与上证综指的拐点并不一致；而 M2 同比增速下滑一般会带来股指的走低（见图 3-1）。

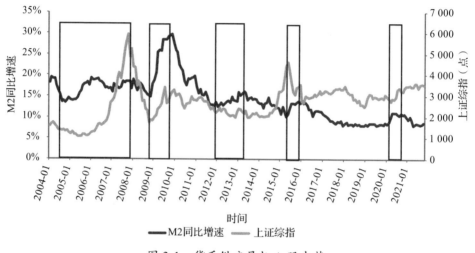

图 3-1　货币供应量与 A 股走势

数据来源：万得。

第一阶段（2004 年 9 月至 2008 年 1 月）：M2 同比增速继 2003 年达到 19.6% 后，尽管实施稳健货币政策控制货币供给规模，但由于外汇占款增长导致货币被动投放，在 2006 年 1 月 M2 同比增速达到 19.1% 的阶段高点；上证综指自 2005 年 5 月见底后开始持续上涨，在 2007 年 10 月 16 日创下了 6 124.04 点的历史最高位，从底部到最高点累计涨幅近 500%。从拐点看，M2 同比增速出现顶点的时间明显早于上证综指。

第二阶段（2008 年 12 月至 2009 年 11 月）：2008 年全球金融危机爆发后，为稳定国内经济，我国政府及时推出稳增长举措，M2 同比增速从 14.8% 一路飙升至 29.7% 的历史高位。在流动性持续宽松的背景下，上证综指同步开启反弹上涨之路，从 2008 年 10 月 28 日 1 664.93 点持续上涨至 2009 年 8 月 3 日 3 478.01 点，涨幅近 100%。从拐点看，2009 年 12 月几乎在 M2 同比增速高位下行的同时，上证综指开始下跌。

第三阶段（2012 年 1 月至 2013 年 4 月）：M2 同比增速从 12.4% 的低点持续升高至 16.1%，宏观流动性持续宽松，上证综指在此期间累计下跌 0.98%，几乎平盘。但分阶段看，在宏观流动性宽松的后半程，上证综指与 M2 同比增速也出现了较为同步的情况，具体来说，2012 年 12 月前，上证综指并未随 M2 同比增速的提升而上涨，而是呈现下跌的相反态势；2013 年 1 月 M2 同比增速再度小幅抬升，而上证综指在 2012 年 12 月至 2013 年 1 月累计上涨超 20%。但 2013 年 5 月 M2 同比增速开始回落，上证综指也转而下跌。

第四阶段（2015 年 4 月至 2016 年 1 月）：M2 同比增速从底部的 10.1% 持续提升至 14%。与其他阶段不同，此轮宏观流动性宽松主要发生在 A 股见顶后的持续下跌阶段。具体来说，2014 年 7 月前后，A 股市场开始持续上涨，到 2015 年 6 月 12 日牛市顶点时，上证综指累计上涨约 150%；2015 年 5 月 M2 同比增速开始抬升，牛市已经进入冲顶阶段。此轮牛市在很大程度上是由场外杠杆资金入市推动的，因此在 2015 年 6 月中国证监会开始打击场外配资后，市场出现了持续暴跌行情。这时候，宏观流动性保持宽松，M2 同比增速开始攀升并保持高位，在某种程度上对冲 A 股市场流动性丧失的负面影响。此外，值得一提的是，此轮牛市启动前的 2014 年 4—6 月，M2 同比增速在整体下行的趋势中曾短暂冲高。

第五阶段（2020 年 2 月至 2020 年 11 月）：2020 年年初突如其来的新冠疫情对国内外经济造成明显冲击，货币政策快速转向宽松，M2 同比增速从 2020 年 1 月的 8.4% 一直攀升到 4 月的 11.1%，并在其左右维持了约 7 个月。上证综指自 3 月下旬开始震荡上行，一直持续到 2021 年春节前，其间累计上涨 37.4%。从拐点看，此轮 A 股市场上行趋势的启动基本与 M2 同比增速抬升的起点相同，但 M2 同比增速见顶的信号要早于 A 股市场。

## 2. 宏观流动性的价与股票价格

从价的角度看，可用 10 年期国债收益率来追踪宏观流动性。近年来，10 年期国债收益率亦有 5 个表征宏观流动性宽松的持续下行阶段。值得注意的是，10 年期国债收益率下行阶段并不完全与 M2 同比增速提升阶段重合，通常是价在量先或量价同步。也正因此，以价格表征的宏观流动性宽松往往出现在股市上涨之前（见图 3-2）。

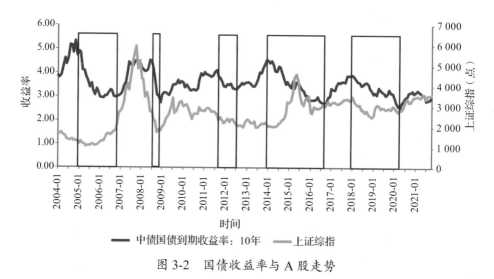

图 3-2　国债收益率与 A 股走势

数据来源：万得。

第一阶段（2004 年 11 月至 2006 年 10 月）：其间，10 年期国债收益率从 5.34% 持续下行至 2.95%，而上证综指在 2005 年 5 月左右启动，上涨至 2007 年 10 月 16 日的 6 124 点。这一阶段，10 年期国债收益率下行与 M2 同比增速抬升的启动时间基本相同，但 10 年期国债收益率下行结束早于 M2 同比增速抬升。

第二阶段（2008 年 6 月至 2008 年 10 月）：10 年期国债收益率经历 4 个月的快速下行，从 4.53% 降至 3.08%。上证综指此时仍处于下跌阶段，区间累计跌幅约 48.15%，直到 11 月，10 年期国债收益率见底向上后才开启反弹。此阶段宏观流动性的价领先于量，M2 同比增速也是在 11 月才开始抬升。

第三阶段（2011 年 8 月至 2012 年 7 月）：10 年期国债收益率从 4.11% 持续下行至 3.29%，上证综指在此区间仍处于寻底阶段，累计下跌 21.96%。2012 年 8 月后，10 年期国债收益率转而向上，上证综指则继续下探，直到当年 12 月才出现一波反弹。这一阶段，10 年期国债收益率下行和转向的拐点均早于 M2 同比增速，呈现价在量先的特征。

第四阶段（2013 年 12 月至 2016 年 9 月）：10 年期国债收益率经历了长达 33 个月的持续下行，从 4.55% 降至 2.73%。上证综指在此期间经历了一轮完整的牛熊转换，从 2014 年 7 月前后开始持续上涨至 2015 年 6 月 12 日见顶，而后持续下行至 2016 年 1 月见底。在这一阶段中，宏观流动性量的宽松仅出现在 2015 年 4 月至 2016 年 1 月，基本处于 10 年期国债收益率下行的后半段。

第五阶段（2018 年 1 月至 2020 年 4 月）：10 年期国债收益率大致经历了 27 个月的持续下行，从 3.91% 降至 2.54%。其间，上证综指在 2018 年下跌了 24.59%；2019 年年初大幅上扬后在窄区间持续震荡，全年上涨 23.72%；2020 年年初新冠疫情暴发再次导致市场下行。这一阶段，宏观流动性宽松的价格表现明显先于量的表现，M2 的抬升实际发生于新冠疫情暴发之后。

专栏 3-1

# 宏观流动性宽松，股市一定会上涨吗？
## ——来自美股的经验

自 20 世纪 80 年代初至 2021 年，以降息为标志，美国共经历了 9 轮货币宽松（降息）周期，分别始于 1982、1984、1987、1989、1995、1998、2001、2007 及 2019 年，每轮货币宽松周期的持续时间与利率下调幅度均不相同。在每轮降息周期中，美股并非全表现为上涨态势，整体来看，在 9 轮货币宽松周期中，有 7 轮股市表现为上涨，2 轮出现大幅下跌（见图 3-3）。

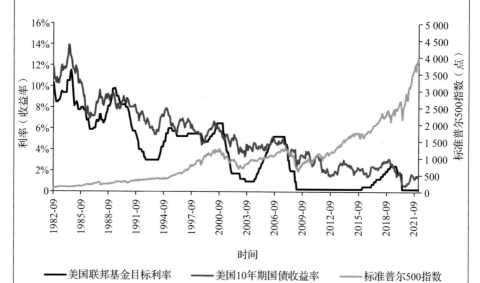

图 3-3　美国利率水平与股指走势

数据来源：万得。

举一例上涨情况。在始于 2019 年的最新一轮货币宽松周期中，美联储自 2019 年 8 月 1 日将联邦基金利率从 2.5% 降至 2.25%，开启降息周期。进入 2020 年后，由于全球暴发新冠疫情，美联储将利率下调至

0.25%，全球开启"大放水"模式。自 2019 年 8 月 1 日至 2021 年 12 月 31 日，美股标准普尔 500 指数（简称标普 500）、纳斯达克指数分别累计上涨 59.92%、91.37%，纷纷创下历史新高。

在 2001 年和 2007 年这两轮降息周期中，美股并未如通常情况一样上涨，反而出现了大幅下跌。2001 年 1 月至 2003 年 6 月的降息周期中，标普 500、纳斯达克指数分别累计下跌 26.19%、34.31%；2007 年 9 月至 2008 年 12 月的降息周期中，标普 500、纳斯达克指数分别累计下跌 38.72%、39.26%。这两轮周期的背景分别是科网泡沫破裂和次贷危机，其间经济基本面明显恶化，就业和通胀问题也有所加重。在资产价格快速下跌、行业巨头破产、市场极度恐慌的情况下，降息带来的宏观流动性未能有效提振股市，直到基本面逐步修复后，美股才重拾上涨趋势。

## 二、宏观流动性影响股票价格的路径

股利贴现模型（DDM）是股票内在价值评价最基本、最经典的模型之一。

$$P = \sum_{t=1}^{n} \frac{D_t}{(1 + r_f + \text{ERP})^t}$$

式中，$P$ 为每股股票的内在价值；$D_t$ 为第 $t$ 年每股股票股利的期望值，取决于公司盈利情况；期望收益率可拆分为无风险收益率（$r_f$）和股权风险溢价（ERP）两部分。

由此可知，决定股价的主要变量是无风险收益率、盈利增长和风险偏好，分别对应宏观流动性、基本面和市场情绪。宏观流动性不仅能直接影响股价，还能通过基本面、情绪面间接影响股票市场。此外，抛开

DDM，宏观流动性的变化也会通过资金面传导到股票市场，具体来说有四个渠道（见图3-4）。

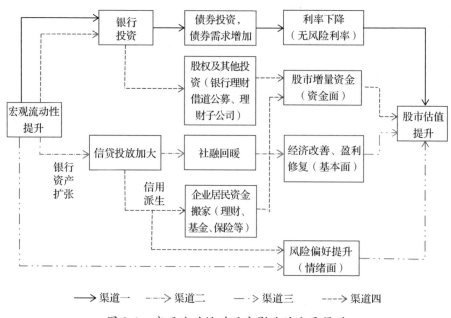

⟶ 渠道一　--⟶ 渠道二　— ⟶ 渠道三　----⟶ 渠道四

图 3-4　宏观流动性对股市影响的主要渠道

### 1. 无风险收益率

无风险收益率是指将资金投资于某一项没有任何风险的资产而能得到的收益率，一般受基准利率影响，因此与宏观流动性的松紧有直接关系。通常，中央银行推行宽松的货币政策将导致无风险收益率下行。降息时，基准利率下行，而基准利率作为各种利率的"锚"，也就相应引致无风险收益率下行。降准时，中央银行释放出更多的流动性，银行体系资金将更为充裕，银行也会加大债券投资，这将导致债券需求增加，进一步引导市场利率下行，10年期国债收益率等无风险收益率指标也会随之下行。

从 DDM 可以明显看出，在其他条件不变的前提下，分母中无风险收益率下降，则分母端股票预期收益率整体下降，从而导致股市估值提升，股票价格随之上涨；反之，无风险收益率升高意味着分母端预期收益率的升高，进而压低股票价格。

## 2. 基本面

从量的角度讲，宏观流动性宽裕意味着货币供给充足，这将提高银行的信贷扩张能力，助力社会融资规模改善，带动实体投资回升，宏观经济和企业盈利改善，从基本面推动股市上涨。在 DDM 中，这一传导途径表现为，宏观流动性宽裕带动企业盈利增强，进而推动分子端预期股利提升，从而推高股价。

从历史数据看，过去几轮宏观流动性宽松阶段，M2 同比增速开始回升后，社会融资规模也同步或略微滞后开始抬升（见图 3-5）。在此阶段，A 股非金融上市公司的盈利能力仍在下探，约经过 4 个季度开始筑底，而后盈利能力回升；股市上涨基本开始于盈利能力筑底前后（见图 3-6）。例如，2008 年第三季度开始，宏观经济政策转向"保增长、扩内需"，随着货币政策重回宽松，降准降息等引导宏观流动性转向充裕，M2 快速上升，社会融资规模增速也明显回升，基建首先出现大幅回升，地产从2009 年开始也逐渐回暖。非金融上市公司盈利能力在 2009 年年中企稳回升，进一步推升了此轮股市的上涨行情。

## 3. 情绪面

从 DDM 看，宏观流动性会通过风险溢价间接影响股市估值。宏观流动性宽松时，风险偏好上升，意味着风险溢价下降，即表现为分母端ERP 下降，从而推升股票估值、推动股价上升。反之，当宏观流动性收紧信号出现时，将打压投资者情绪，风险偏好下降，导致风险溢价上升，抑制股票估值升高。

图 3-5  M2 与社会融资规模的关系

数据来源：万得。

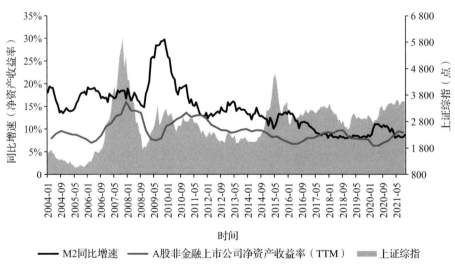

图 3-6  宏观流动性、上市公司盈利能力与 A 股走势

数据来源：万得。

在实践中，宏观流动性通过情绪面影响股市的路径至少有二。一是流动性宽松的预期会影响股市情绪面。虽然并未真正出现流动性宽松事件或信号，但如果市场预期宏观流动性将转向宽松，股市可能受到情绪面刺激而出现短期上涨。值得注意的是，在越来越多的情况下，宏观流动性预期变化的影响可能更强烈。例如，2021 年 5 月 25 日 A 股出现单边大涨，三大指数集体上攻，上证综指上涨 2.4%，其主要原因是虽然通胀抬头，但美联储显著释放"鸽派"信号，导致流动性预期向好，全球股市估值容忍度上升，中国市场也处于流动性宽松预期边际增强的环境。又如，2021 年 12 月 15 日美联储发布的 FOMC（联邦公开市场委员会）货币政策会议纪要显示，货币政策较大幅度转向"鹰派"，可能更早或者更快加息，开始缩表的时间早于预期且更接近首次加息之后不久就进行。在流动性收紧预期加强的背景下，投资者风险偏好下降，2022 年年初至 1 月 21 日，标普 500 和纳斯达克指数分别下跌 7.73% 和 11.99%，全球主要股市也多错失"开门红"。

二是流动性宽松事件本身会直接刺激投资者情绪。如降息、降准事件，M2 同比增速升高信号等，往往能直接刺激股市投资者的交投情绪，推动风险偏好上升。以换手率来刻画投资者的情绪面，在近几轮宏观流动性宽松环境中，M2 同比增速升高时均伴随着 A 股换手率的抬升和上证综指的上涨；而 M2 同比增速下行时，换手率转而降低，上证综指也表现为下跌（见图 3-7）。这充分表明，在 A 股市场中，宏观流动性变化的信号能直接影响股市的情绪面，进而影响股价表现。

## 4. 资金面

宏观流动性转化为市场流动性，也就是进入股市的资金充裕与否，是股价上涨与否的重要条件之一。宏观流动性宽松通常会为股市带来更多的增量资金，从而推升股价上涨。宏观流动性如何转化为市场流动性，以及市场流动性如何影响股价，将在后续几章集中分析，这里仅从以下两条渠道进行初步分析。

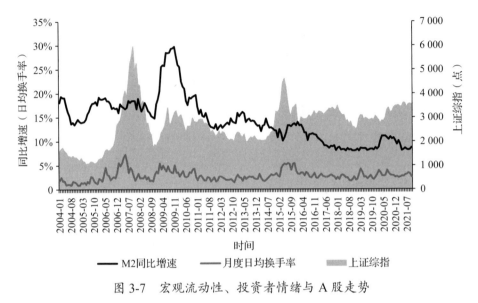

图 3-7　宏观流动性、投资者情绪与 A 股走势

数据来源：万得。

一是银行投资。宏观流动性宽松，或实体企业融资需求疲软时，银行放贷意愿较弱，尤其是在经济下行背景下，宽松的流动性更难以流到实体经济，而是更多在金融体系内循环。当银行购买非银金融机构的资管产品时，就相当于资金进入了非银体系。而非银金融机构的资金投向限制较少，会配置部分同业存单、短融，导致资金在"银行 – 非银"体系内流转并实现信用派生，金融市场流动性进一步扩充。同时，过剩的流动性也会借助通道业务、委外业务，甚至是配资或各类金融产品投资进入股市，从而推升股市的资金面和估值。

这也正是 2015 年出现了一轮没有基本面支撑的股市上涨的重要原因之一。自 2014 年下半年起，金融机构对"股权及其他投资"的配置明显增加，无论规模还是在资金运用中的占比均出现一波加速上行，股权及其他投资规模的同比增速从 53% 持续提升至 110% 左右，在资金运用中的占比也从不到 5% 逐渐提升至近 10%（见图 3-8）。在此背景下，大量资金进入股市，甚至是加杠杆进入股市，推动股市大幅上涨，而后随着资金的快速撤离，A 股也在较短时间内经历大幅回调。

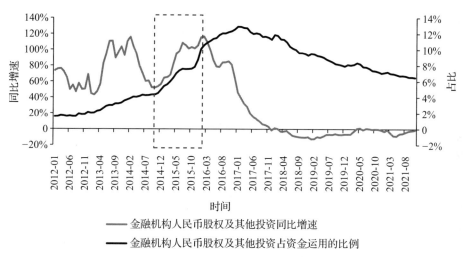

图 3-8　金融机构人民币股权及其他投资同比增速与占比

数据来源：万得。

值得一提的是，2017 年开始金融机构股权及其他投资的增速开始见顶转向，尤其是在 2018 年资管新规出台后，银行系统资金通过多层嵌套进入股市已经不可行，金融机构的股权及其他资产配置开始快速收缩。但是，《商业银行理财业务监督管理办法》和《商业银行理财子公司管理办法》为理财资金入市提供了新路径，按照规定，银行理财产品可以借道公募基金间接入市，银行理财子公司发行的公募理财产品则可以直接投资股票。

二是企业和居民资金搬家。中长期来看，央行释放流动性使得银行体系流动性充裕，增强了银行的信贷扩张能力，信用派生将直接推动企业和居民的存款资金增加。当股票市场风险偏好提升时，企业和居民购买金融资产的动力也将增强，企业和居民的资金将直接进入股票市场，或通过银行理财、基金、保险等产品间接进入股票市场。

此外，监管层也在积极鼓励加大对企业的股权融资支持，包括以银行资产投资子公司为核心的债转股模式，以及借助银行投资子公司的投贷联动模式。前者通过私募资管产品调动社会资本广泛参与债转股，后者在通过 MLF 等基础货币资金为企业提供信贷资金支持的同时，由其子公司对企业进行股权投资。当然，这个途径虽然也实现流动性进入股市，但主要是通过提高股权融资比例为企业的发展提供资金支持。

---

专栏 3-2

## 成长与价值：宏观流动性对不同风格股票的影响

宏观流动性的变化对什么类型股票的价格影响更大呢，是价值股还是成长股？这是一个很有意思的问题，也是理论和实践中都非常关注的一个问题。通常来说，成长股对于宏观流动性的变动会更为敏感。

从理论上讲，DDM 的进一步拓展可以较好地解释这个问题。根据分红发放方式的不同可以把 DDM 分为三种：零增长模型、不变增长模型和多段增长模型。零增长模型假设股利长期稳定不变；不变增长模型假设股利每年均以固定的增速增长；多段增长模型假设股利会经历增速不同的多个阶段，通常为包括超常增长阶段和后续稳定增长阶段的两阶段增长模型。三种模型的公式如下：

零增长模型：$P_0 = \dfrac{D_1}{r}$

不变增长模型：$P_0 = \dfrac{D_1}{r-g} = \dfrac{D_0(1+g)}{r-g}$

两阶段增长模型：假设股利从第 0 期开始先以 $g_1$ 的速度增长 $n$ 年，再以 $g_2$ 的速度永续增长，不同阶段的贴现率相同，则

$$P_0 = \frac{D_1}{r - g_1}\left[1 - \frac{(1 + g_1)^n}{(1 + r)^n}\right] + \frac{D_{n+1}}{(r - g_2)(1 + r)^n}$$

成长股和价值股通常具有不同的增长属性，成长股由于还处在企业成长期，适用于两阶段增长模型，而价值股通常适用于零增长或不变增长模型。对于成长股的两阶段增长模型，一方面，由于多一个超常增长阶段，更多盈利在远期兑现，当宏观流动性宽松时，理论上会有更多的现金流要对流动性的改变做出反应；另一方面，由于增长率大于价值股，导致降息时分母端缩小的幅度会更大。因此，成长股对于宏观流动性变化会更敏感，反应幅度也更大一些。

从实际看，价值股通常已进入行业成熟甚至衰退期，在宏观流动性宽松背景下，虽然也会受益上涨，但由于未来收益率较低，涨幅相对较弱。而成长股尚处于快速发展阶段，在宏观流动性宽松特别是利率下行的背景下，追求高收益的资金会大量进入风险较高的资产，优质的成长公司也更容易获得资金进行研发投入和扩张，未来也能带来更高的投资收益，因而对于利率的弹性更大。

从图 3-9 可以明显看出，成长属性更突出的创业板指在货币宽松阶段上涨的幅度明显大于以价值属性著称的沪深 300 指数。例如，2013 年 11 月至 2015 年 6 月，10 年期国债收益率从 4.6% 左右一路下行至 3.6% 上下，其间创业板指累计涨幅超过 200%，而沪深 300 指数涨幅仅 122%。又如，2019 年 1 月至 2020 年 4 月，10 年期国债收益率从 3.1% 左右一路下行至 2.5% 附近，其间创业板指累计涨幅超过 61%，而沪深 300 指数涨幅仅 25%。

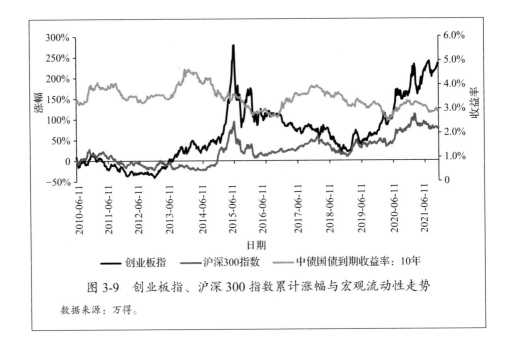

图 3-9　创业板指、沪深 300 指数累计涨幅与宏观流动性走势

数据来源：万得。

## 三、宏观流动性对股票价格影响的实证研究

本节利用 A 股的历史数据，分别就宏观流动性的量和价与股票价格的关系进行实证检验。

**变量选择与样本数据说明**。对于股票价格，可采用上证综指作为代理变量（Index），取月末收盘价。宏观流动性方面，对于"量"的指标，继续采用广义货币 M2 作为代理变量；对于宏观流动性的"价"，采用 10 年期国债收益率（Tb）作为代理变量[⊖]。本书的时间序列分析采用月度数据。样本区间为 2004 年 2 月到 2021 年 10 月，共 213 个样本，数据来源为万得。

---

⊖　采用 M2 和 10 年期国债收益率作为代理变量与前文的描述和分析能够一脉相承。处理后的数据分别代表上证综指收益率（dIndex）、M2 增长率（dM2）和 10 年期国债收益率变动率（dTb）。

**计量模型和实证结果**。使用 VAR 模型并经过格兰杰因果检验，结果表明，宏观流动性的"量"和"价"都是引致股市价格变化的重要原因。在此，我们还利用脉冲响应函数分析宏观流动性的"量"和"价"的变化对上证综指变化的冲击效应。如图 3-10 所示，我们选择 20 期（即 20 个月）的脉冲，宏观流动性的变动的确对股价产生了冲击，但冲击逐渐减弱，在 12 期之后对股价的影响已十分微弱。这表明，当给广义货币供应量 M2 和 10 年期国债收益率一个正向冲击后，上证综指即开始上涨，验证了宏观流动性宽松对股市的正向影响。

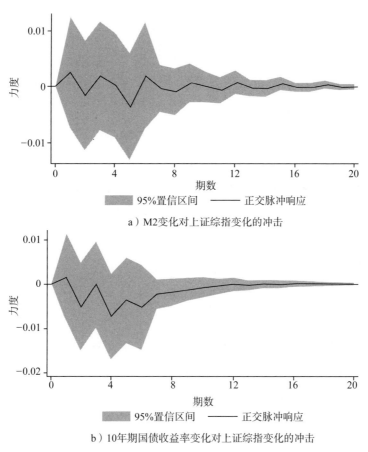

a）M2变化对上证综指变化的冲击

b）10年期国债收益率变化对上证综指变化的冲击

图 3-10　M2 及 10 年期国债收益率走势对上证综指的冲击

# 第二节　宏观流动性对其他资产价格的影响

在深入探究了宏观流动性对股票价格的影响之后，本节将分析宏观流动性对货币、债券、大宗商品和房地产等其他资产价格的影响。这对于系统把握宏观流动性对于各类资产价格的影响有着重要意义，也能更深刻地理解其他资产价格的波动对股市的影响。

## 一、宏观流动性对银行存款的影响

在完全市场化的利率决定机制下，宏观流动性的变动会通过"量"和"价"两个方面来影响存款利率的高低。

从数量来看，宏观流动性宽松会增加商业银行的超额准备金，超额准备金流入信贷部门，银行信贷款资金供给增加。贷款的发放将促进存款的形成，同时货币乘数又创造出多倍存款，因此充裕的超额准备金最终导致存款规模扩张，存款利率下降。

从价格来看，宏观流动性宽松将会降低货币利率，利率水平的改变将导致市场投资主体的投资方式发生改变。理性的投资者为了减少未来财富的损失，会减少对货币市场金融工具的投资，转向中长期储蓄存款，使存款供给增加，进而导致存款利率下降。

在我国的实践中，存款是最重要的金融公共服务产品，涉及广大人民群众的切身利益。存贷款利率早期均由央行统一管理和制定，存款基准利率是我国居民存款重要的"价格锚"，在过去发挥了重要作用。随着利率市场化的推进，2004 年取消存款利率下限管制，并于 2015 年 10 月基本取消利率管制。在 2004 年至 2015 年 10 月，尽管存款基准利率调整次数不多，但大体上是伴随着宏观流动性的松紧而不断调整的，发挥着政策利率的作用。例如，2008 年 12 月末，10 年期国债收益率从 8 月末的 4.22% 降至 2.75%，其间存款基准利率从 4.14% 降至 2.25%，M2 同比增速则在 2009 年 1 月开始大幅攀升（见图 3-11）。

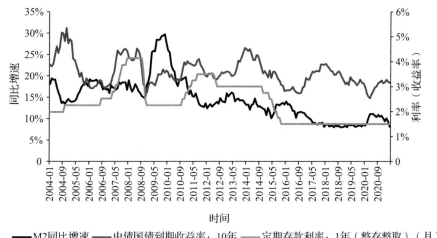

图 3-11　宏观流动性与存款基准利率

数据来源：万得。

虽然利率管制早已于 2015 年在制度上全面放开，但截至目前存贷款利率依然未实现自由浮动。因此，我国利率体系表现出明显的"双轨制"特征，并削弱了货币政策传导效率，有时也会出现货币市场利率大幅下行后存贷款利率依然居高不下。2020 年，中共中央、国务院发布的《关于构建更加完善的要素市场化配置体制机制的意见》提出："稳妥推进存贷款基准利率与市场利率并轨。"2021 年 6 月利率自律机制将存款利率自律上限，由存款基准利率上浮一定比例改为加点确定，这有利于进一步规范存款利率竞争秩序，优化存款利率期限结构，为推进利率市场化改革营造良好环境。

存款基准利率是利率体系里的压舱石，对于维护存款市场的正常秩序，防止非理性竞争发挥重要作用，与普通老百姓的关系更加直接。未来，在利率的市场化程度上，可能会加快存款基金利率与货币市场利率接轨，通过进一步强化 DR007 基准利率地位，鼓励金融机构推出更多与 DR007 挂钩的产品，明确货币市场利率信号。

专栏 3-3

# 宏观流动性与"存款搬家"

在我国，储蓄存款一直是百姓理财的重要方式之一。随着我国经济发展和居民人均收入水平不断提高，我国居民的储蓄率一直维持着较高水平。国际货币基金组织的数据显示，从 20 世纪 70 年代到现在我国居民储蓄率一直位于世界前列，2008 年我国储蓄占 GDP 的比重达到了 50.8% 的峰值，随后逐渐回落，但仍明显高于全球 20% 的平均水平以及新兴市场经济体 15% 的平均水平。近年来，居民储蓄存款增速持续下行，大量资金流向银行理财和以余额宝为代表的互联网货币基金产品，出现了明显的"存款搬家"现象。这背后固然有居民理财意识觉醒、投资渠道日益丰富的原因，但在每一轮"存款搬家"浪潮中，宏观流动性收紧均是重要的动因之一。

2013 年我国继续实施稳健的货币政策，并调低了 M2 预期增速，宏观流动性开始收紧，M2 同比增速从 14.7% 逐步下行，最低降至 2015 年 4 月的 10.1%，市场出现了明显的"钱荒"，货币市场利率持续上行，DR007 最高达到 6.38%，银行理财产品收益率最高升至 6.19%。但同时，存款基准利率一直处于低位并出现下调，从 2014 年 10 月开始，1 年期定期存款基准利率从 3% 逐步下调至 2.5%。在此背景下，银行存款出现了一轮明显的"搬家"，大幅涌入银行理财，理财产品余额一路从 10 万亿元以下攀升至 20 万亿元以上。这一时期也出现了以余额宝为代表的互联网货币基金产品，其 7 日年化收益率一度高达 6.7%，吸引了货币基金最初的投资者，余额宝规模实现了从 0 到 6000 亿元的第一波大幅增长（见图 3-12）。

图 3-13 显示了另一轮较为明显的"存款搬家"：2016—2018 年，居民资金从银行存款大量流入货币基金产品。自 2016 年 1 月起，宏观流动性明显收紧，M2 同比增速从 14% 一路降至 2018 年的 8% 左右，

再次促使货币市场利率升高，货币基金产品收益率开始回升，尤其是在最初的一段时间内，余额宝收益率再次回升至 4% 左右，而存款基准利率自 2015 年 10 月起就一直维持在 1.5%。在此背景下，余额宝规模从6 000 亿元左右迅速攀升至历史最高的 1.69 万亿元。

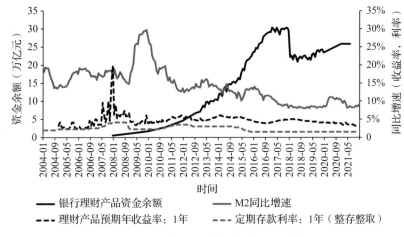

图 3-12　宏观流动性与银行理财

数据来源：万得。

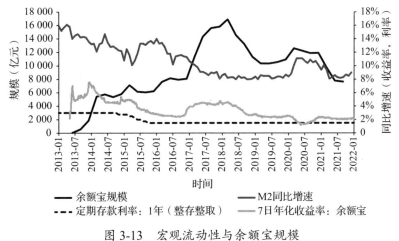

图 3-13　宏观流动性与余额宝规模

数据来源：万得。

## 二、宏观流动性对债券的影响

债券的价格有多种分类，理论上债券的面值就是它的价格，但实际上，由于发行者的种种考虑或资金市场上供求关系、利息率的变化，债券的价格常常脱离它的面值，有时高于面值，有时低于面值。也就是说，债券的面值是固定的，但它的价格是经常变化的。

债券价格与到期收益率、票面利率、利息支付频率和时间均有关。以不处于最后付息周期的固定利率附息债券为例，其价格计算公式为

$$PV = \sum_{t=1}^{n-1} \frac{C/f}{(1+y/f)^{w+t}} + \frac{M}{(1+y/f)^{w+n+1}}$$

式中，$PV$ 为债券价格；$y$ 为到期收益率；$f$ 为债券每年的利息支付频率；$w = D/(365 \div f)$，$D$ 为从债券交割日距下一次付息日的实际天数；$M$ 为债券面值；$n$ 为剩余的付息次数；$C$ 为当期债券票面年利息。

在债券投资中，债券的价格与市场利率呈反比关系。当宏观流动性宽松时，货币供给相对于需求增加，市场利率作为资金的价格会下跌，当市场利率下行时，由于有固定票面利率，债券的利率相对就会高一些，这时对债券的需求就会提高，银行、基金等金融机构利差扩大，增加债券配置，债券价格便会上涨。当宏观流动性收紧时，货币供给相对于需求减少，市场利率作为资金的价格则会上涨，当市场利率上行的时候，由于有固定票面利率，债券的利率相对就会低一些，这时对债券的需求就会减少，银行、基金等金融机构利差缩小甚至为负，减少债券配置，债券价格便会下跌。值得一提的是，对于一个均衡市场下的债券，市场利率和到期收益率是相等的。

从历史走势上看，流动性可以说是债市走势的决定性因素。通常来说，政策利率的上升或下降会逐渐传导至债券利率，二者呈现同向变动。

过去几次的债市牛转熊或熊转牛，都伴随着资金利率的明显变化，资金利率的拐点和1年期国债收益率的拐点始终保持着同步或略有领先。同时，资金利率与10年期国债收益率也存在领先和同步关系，不过相关性比1年期的差了一些。比如，R007与1年期国债到期收益率的相关性接近80%，而与10年期国债到期收益率的相关性就下降到了40%，如图3-14所示。

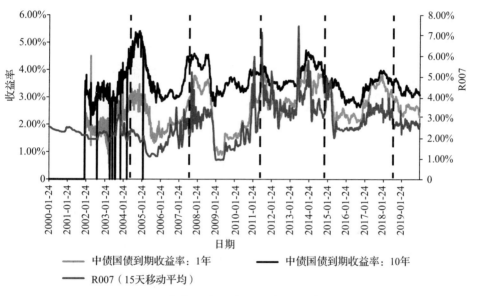

图3-14 资金利率同步或领先于国债收益率

数据来源：万得。

专栏 3-4

## 2013年"钱荒"对债市的冲击

尽管2011年我国货币政策取向从2010年的适度宽松转为稳健，但由于经济下行压力大、银行向实体经济放贷的积极性不高，银行通过理财、同业业务等投资信托资管等非标资产绕开监管，大量注入信贷受限的地方融资平台、房地产企业等以获取高额利润，表外业务和同业业务大幅扩张。由于短期资金成本低，银行借短贷长，期限错配风险加剧。由于同业资产风险权重仅为 25%，并且不计提风险拨备、不占用授信规模，杠杆放大。

到 2013 年 5 月，M2 同比增速再度下行，货币市场资金面始终呈现紧张状态，但当时投资者更多是用季节性而非持续性因素来解释，因此并没有造成过多忧虑，市场普遍认为经济基本面因素支持利多债券市场。但到了 6 月，央行依旧没有向市场投放流动性，7 天质押回购利率一路突破 5%、6% 的点位，在 6 月 14 日达到 6.9%。面对市场资金面的持续收紧，央行反而开始多次发行规模为 20 亿元的央票。

投资者恐慌情绪不断积累，并在 6 月 20 日达到顶峰，当天 DR007 盘中一度达到 28%，创历史纪录。货币市场利率的不断上行，也带动债券市场出现明显波动。国债收益率出现跳涨，1 年期国债收益率从 6 月初的 2.87% 上行到 6 月 20 日的 3.56%，20 日当天上涨了 30bp；10 年期国债收益率也从 3.55% 上行到 3.7%，当天上涨 15bp。债券市场呈现熊平走势，短端收益率上行幅度超过长端，个别债券出现收益率倒挂。

"6·20 钱荒"引发普遍关注，也造成股票市场的大幅下跌。最终在 6 月 24—25 日晚间央行公开表示，保护货币市场流动性，并停止发行央票，市场的恐慌情绪才得以缓解。

## 三、宏观流动性对大宗商品的影响

商品交易是市场经济的基础，在现代经济发展中发挥着越来越重要的作用。在金融投资市场，大宗商品是指同质化、可交易、被广泛作为工业基础原材料的商品，如原油、有色金属、钢铁、农产品、铁矿石、煤炭等，交易场所包括现货市场、大宗商品电子交易市场和期货市场。

　　大宗商品价格直接影响着经济体的生产成本，直接决定市场"无形之手"在社会资源配置中的效率，其价格波动不仅会对实体经济产生冲击，也会对资本市场产生较为深远的影响。历史上每次大宗商品价格波动，尤其是原油价格的大幅波动，都可能引发区域性乃至全球性危机。宏观流动性是影响商品价格最重要的金融因素之一，货币政策主要通过作用于货币供应量与利率这两个政策变量对大宗商品市场产生影响。货币供应量与商品价格呈正相关（见图 3-15），而利率与商品价格呈负相关（见图 3-16）。

　　货币供应量增长率的变动会引起通货膨胀率的波动，而通货膨胀率的波动会改变可储存商品的收益率，从而导致经济主体存货行为的改变，进而对大宗商品的价格产生影响。这个影响又可以细分为两条路径：其一为本期通胀渠道。货币供给量的增加会直接导致名义收入的上涨，进而导致对大宗商品的短期需求，刺激大宗商品价格上涨。其二为预期通

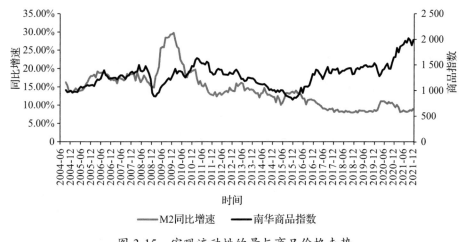

图 3-15　宏观流动性的量与商品价格走势

数据来源：万得。

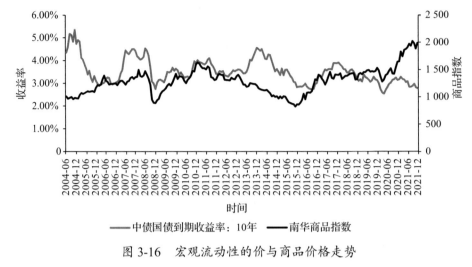

图 3-16　宏观流动性的价与商品价格走势

数据来源：万得。

胀渠道。依据货币理论，在商品供求平衡的条件下，如果加大货币供应量，会使单位流通货币的真实购买力下降。在通胀预期下，公众不愿意持有货币，都尽可能地购买实物资产，减少手中所持有的货币，此时大宗商品表现出资产属性，为实现财富保值增值，大宗商品投机性需求增加，进而导致大宗商品价格上涨。

利率调整对大宗商品价格的影响可细分为三条路径：一是存货渠道。由于大宗商品交易具有实物特性，经济个体持有的存货数量必定会影响大宗商品的价格。利率下降时，经济个体持有存货的机会成本降低，商家对大宗商品的需求增加，导致大宗商品价格上涨。反之，当利率升高时，经济个体减少实物资产的持有量，对实物资产需求的减少使得存货投资和大宗商品价格下降。二是供给渠道。由于利率下降会降低供应商的库存成本，供应商就不会全力生产，因此引起大宗商品价格上涨。反之，高利率增加了在今天而不是未来开发可储存商品的激励，从而加速石油开采、黄金勘探的速度，压低价格。三是财务渠道。由于大宗商品市场上存在许多不确定性因素以及投机行为，一般来说，利率下降会减少投机头寸的持有成本，经济个体更容易在商品市场上进行投机，进而推动期现货价格同步上升。

从商品市场价格的历史情况看，受 2008 年全球金融危机的冲击，大宗商品价格出现断崖式下降。为避免经济陷于金融危机的泥潭，包括我国在内的世界各国纷纷采取刺激政策，特别是西方主要国家采取量化宽松货币政策，向市场注入大规模流动性，大宗商品市场重拾牛市行情，但随着全球经济持续陷入结构性低迷，大宗商品市场又陷入 10 年熊市。2020 年新冠疫情暴发，对大宗商品价格再次造成断崖式冲击，各类大宗商品价格指数下跌至近 10 年来历史低点；随后全球供应链危机逐渐暴露，叠加西方主要央行采取货币宽松政策，全球大宗商品价格迅速反弹，迎来全面上涨趋势，部分商品价格甚至创下历史新高。

---

专栏 3-5

## 大宗商品价格的主要影响因素

综观国内外相关研究，大宗商品价格影响因素大致可分为以下四类：

### 1. 基本供求因素

这是指直接影响大宗商品生产和消费的因素，可分为长期因素和短期因素。长期因素包括经济发展状况、人口变化、技术因素等。短期因素包括天气、事故、疫情、种植面积、产量、进出口量、库存等。长期来看，经济发展状况是影响大宗商品供求的根本性因素。大宗商品价格变化与经济周期相关性较强，当经济繁荣时，需要更多的实物商品以满足消费需求，商品价格水涨船高，而经济衰退时消费需求弱化，商品价格回落。

## 2. 金融因素

这主要包括流动性、汇率、跨市场联动等。随着大宗商品的投资品属性越来越强，金融因素对其影响也不断增加。一是流动性。理论上说，全球货币环境松紧与大宗商品价格呈正向关系，当货币环境的松紧程度发生转换时，大宗商品价格原有走势往往也会随之改变。值得注意的是，由于货币政策调整过程需要一定时间，货币环境的转换对大宗商品价格走势的影响通常有一定的滞后性。二是汇率。国际大宗商品普遍以美元标价，通常美元流动性过度充裕时，美元指数会走弱，而美元流动性紧张时，美元指数会走高。因此，可以用美元指数来衡量美元流动性对商品价格的影响。通过比较美元指数与 CRB 商品指数的年度相关性可以发现，2008—2012 年以及 2020 年相关性比较高，这几年的一个共性就是美联储实行 QE 政策，大量美元流动性进入金融市场，推升了包括大宗商品在内的资产价格，这也表明流动性渠道效应非常明显。三是跨市场联动。期货市场本身具有价格发现功能，商品期货市场的价格往往领先于商品现货市场。此外，股票市场的波动也会传导至商品市场，资金在股票市场和商品市场之间的流动增强导致二者的收益率、波动等相关性增强。

## 3. 政策因素

这也是影响大宗商品价格的重要因素。从长周期视角看，在面对商品价格的意外冲击事件时，政策的灵活性和准确性是决定商品价格弹性的重要因素，如货币政策、汇率政策和财政政策会通过影响金融因素中的各变量从而影响商品价格。此外，还有产业政策和贸易政策，如玉米临储政策的取消会导致玉米价格下降，去产能、去库存政策带来钢铁、煤炭价格上涨，实行商品反倾销政策可能直接导致商品供给下降，从而引发价格上涨等。

> **4.其他因素**
>
> 不同大宗商品间存在联动效应，比如能源、资源和农产品间存在价格联动机制。原油价格的不断上涨会带动煤炭、天然气等能源产品价格上涨，还会通过增加以农产品为原料的生物能源的需求，继而抬高农产品价格。这主要是由品种间的上下游联系或相互间的替代（互补）关系造成的。

## 四、宏观流动性对房价的影响

房子对于人的意义重大，人们将房子作为安身立命的场所，有了房子才有在这个世界上的归属感。《汉书·元帝纪》中记载："安土重迁，黎民之性；骨肉相附，人情所愿也。"所以，房子对于人而言，是依靠，是保障，是家。

房地产虽然也是商品的一种，但是相较于普通商品，它兼具消费属性和投资属性，这也使得其价格极易受金融因素尤其是宏观流动性的影响。通常来看，房地产的价格与货币供给呈正向变化趋势，与利率呈反向变化趋势。

从理论上讲，宏观流动性对于房价的影响有四个途径（见图3-17）。

一是利率效应途径。利率具有替代效应，它的变化会使人们重新分配手中的货币资金和投资资产。当宏观流动性宽裕时，货币供应量增加，利率下降，人们往往会为手中过多的流动性寻找高回报的投资渠道；当资金投向房地产市场时，便会引起房价上涨。同时，利率变化代表国家调控经济的信号，进而改变人们对未来经济的预期。当利率下降时，人们对未来经济产生扩张预期，会增加对房地产市场的投资，引起房地产市场需求的增加，推动房价上涨。

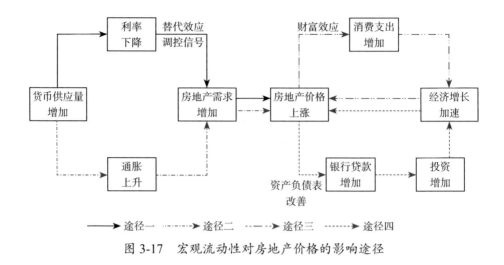

图 3-17 宏观流动性对房地产价格的影响途径

二是通货膨胀途径。宏观流动性宽松，意味着货币供应量大于实际的需求量，这往往会催生通胀预期，甚至在一定条件下引发通货膨胀。房地产作为一种增值保值的投资品，拥有强大的抗通胀能力，人们会将大量的流动性投向房地产市场，需求增加会造成房价的上涨。

三是财富效应途径。财富效应是指在其他条件不变的情况下，货币余额发生变化而导致总消费开支发生变化。货币供应量增加引起的流动性过剩，可通过财富效应渠道影响资产价格。宏观流动性宽松时，货币供应量增加会使人们手中的资金越来越多，房地产在一定程度上作为财富的象征，会吸引资金流向房地产市场，导致房价上涨，价格上涨进一步增强持房者的财富，加强财富效应的循环。同时，持房者的财富增加还会促进消费，进而刺激经济增长，创造更多的货币需求，进一步要求增加货币供应量，进而反复循环，推动房价持续增长。

四是资产负债表效应途径。资产负债表效应主要是指资产价格的变化通过资产负债表途径对企业的经营状况，尤其是其融资和偿债的能力产生影响，进而对银行盈利产生影响，甚至对整个经济体系产生影响。当宏观流动性宽裕时，货币供应量增加会引起市场利率的下降，造成房价上涨；房价上涨使得投资者资产状况得到改善，这样投资者可以通过抵押更多的资产来获得更多的贷款资金以便进一步投资；投资的增加，一方面会刺激房地产市场需求，另一方面会推动经济发展使企业获得更多利润，企业盈利能力的增强又会进一步刺激房地产投资，推高房价。

需要说明的是，途径一和途径二是宏观流动性对房地产价格的直接影响途径；而途径三和途径四是在房地产价格上涨之后派生出的途径，这两条途径进一步促进了房地产价格的上涨。

从我国房地产市场的实际情况来看，历次价格的上涨都离不开货币政策的宽松和宏观流动性的充裕（见图 3-18 和图 3-19）。2008 年金融风暴席卷全球，我国经济受其影响，部分中小出口企业关闭，大量农民工返乡，居民购买力下降；房地产行业首当其冲，个别地方房价跌幅近30%。为提振经济，我国政府迅速行动，开启新一轮大基建拉动内需，在经济快速复苏的同时，大量资金涌入房地产行业，商业银行也鼓励贷款买房，买房只需三成首付，很多买不起房子的人瞬间有了购买房子的资本，纷纷加杠杆上车，房子需求量大增，房价暴涨。2009 年，全国房价涨幅高达 23.2%。此后房价经历几波上涨，到 2016 年达到高峰。2016年国庆节过后，限购限贷政策重新收紧，一二线城市房价和销量迅速降温。近几年"房住不炒"概念深入人心，政策围绕"寻求长效机制 + 因城施策"展开，遏制了全国房价的过快上涨。

此外，历史情况也显示，我国宏观流动性变化对房地产价格影响的持续期大约为两年。货币供给政策和市场利率水平在不同的房价波动状态中有着不同的房价冲击效果，即在房价增速低位运行时，利率调节机制更优，调节效果更显温和；在房价增速高位运行时，货币供给调节机制效果更明显，但影响强度较大。

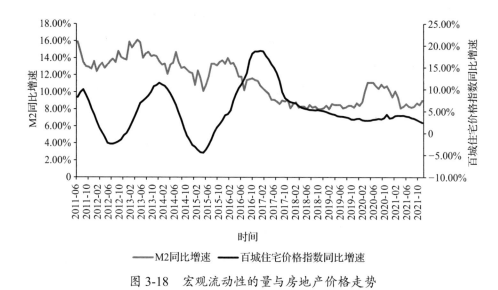

图 3-18 宏观流动性的量与房地产价格走势

数据来源：万得。

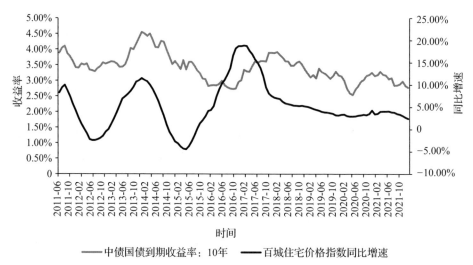

图 3-19 宏观流动性的价与房地产价格走势

数据来源：万得。

## 第三节 不同宏观流动性环境下资产配置的选择

在探讨宏观流动性对各类资产价格的影响中可以发现，各类资产价格存在着相关性，某一类资产价格的走势会受到其他资产价格变动的影响。从全市场来说，较短时间内宏观流动性总规模固定，或者某投资者面临一定的资金约束，当某一类资产较热时，流向该资产的资金增多，而流向其他资产的资金必定会减少，价格出现波动。如何使固定金额的资金获取最大收益，除了在各类资产中选择合适的投资标的外，在不同经济周期下对各类资产进行配置的选择也尤为重要。因此，资产配置策略成为研究重点，各种策略不断涌现。其中，美林时钟是我们耳熟能详的根据经济周期进行资产选择的方法，后经过不断改进出现各种版本的资产配置模型。

### 一、美林时钟

最先尝试的是《伦敦标准晚报》，早在 1937 年就开始论证各类资产在近几十年的经济周期循环中所产生的收益轮动。在早期模型中，大类资产的类别十分丰富，包括现金、股票、固定收益产品（债券）、大宗商品、海外资产和房地产。经济周期体现在时钟的 12 个刻度上，其中，顶端的 12 点代表经济巅峰，6 点则代表经济衰退谷底（见图 3-20）。虽然总体来说，早期的投资时钟对于经济阶段的划分和理解不够精确，但它打开了以经济周期指导资产配置的全新思路，为后续的经济周期与资产配置相关研究打下坚实的基础。

2004 年美林证券在 *The Investment Clock* 中提出美林投资时钟理论，基于对美国 1973—2004 年历史数据的研究，将资产轮动及行业策略与经济周期联系起来。该理论的基础假设是认为经济周期中生产要素（劳动、技术和资本等）可以决定潜在产出量和发展的长期趋势，但短期范围内产出量会在一些干扰条件下被动或自发地相对于理论值产生规律性偏离，从而在整体上引发经济运行的规律性周期变化。

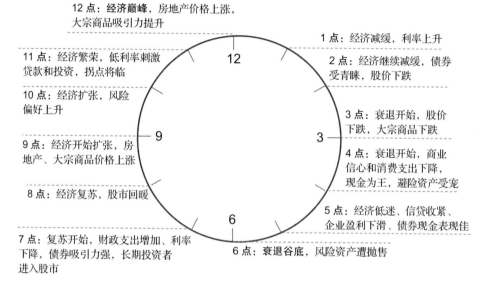

12 点：**经济巅峰**，房地产价格上涨，大宗商品吸引力提升

11 点：经济繁荣，低利率刺激贷款和投资，拐点将临

10 点：经济扩张，风险偏好上升

9 点：经济开始扩张，房地产、大宗商品价格上涨

8 点：经济复苏，股市回暖

7 点：复苏开始，财政支出增加、利率下降，债券吸引力强，长期投资者进入股市

1 点：经济减缓，利率上升

2 点：经济继续减缓，债券受青睐，股价下跌

3 点：衰退开始，股价下跌，大宗商品下跌

4 点：衰退开始，商业信心和消费支出下降，现金为王，避险资产受宠

5 点：经济低迷、信贷收紧、企业盈利下滑、债券现金表现佳

6 点：**衰退谷底**，风险资产遭抛售

图 3-20 最早期的时钟模型

在一系列假设基础上，经济周期可以明确地被划分为四个阶段——衰退、复苏、过热、滞胀，而资产类别可被划分为现金、股票、债券和大宗商品四类。自美林投资时钟模型的左下角开始，按照顺时针的方向，经济将会依次沿着"衰退→复苏→过热→滞胀"的循环进行轮转，而实际大类资产收益头筹则会按照债市、股市、大宗商品、现金依次循环。

具体来说，美林时钟用经济增长率（GDP）和通货膨胀率（CPI）这两个宏观指标的高和低，将经济周期分成了衰退期（低 GDP+ 低 CPI）、复苏期（高 GDP+ 低 CPI）、过热期（高 GDP+ 高 CPI）和滞胀期（低 GDP+ 高 CPI）四个阶段。"经济下行、通胀下行"构成衰退阶段，通胀压力下降，货币政策趋松，债券表现最突出，随着经济即将见底的预期逐步形成，股票的吸引力逐步增强；"经济上行、通胀下行"构成复苏阶段，由于股票对经济的弹性更大，其相对债券和现金具备明显的超额收益；"经济上行、通胀上行"构成过热阶段，通胀上升增加了持有现金的机会成本，可能出台的加息政策降低了债券的吸引力，股票的配置价值相对较强，而商品则将明显走牛；"经济下行、通胀上行"构成滞胀阶段，现金收益率提高，持有现金最明智，经济下行对企业盈利的冲击将对股票构成负面影响，债券相对股票的收益率提高（见图 3-21）。

图 3-21　美林时钟模型

从数据上看（见表 3-1），美林证券使用经合组织对产出缺口的估测数据，将 1973 年 4 月至 2004 年 7 月这 375 个月进行经济周期划分，其中复苏期时间占比最长，达 131 个月，每一个阶段平均持续 19.5 个月，一个经济周期大致为 6 年。

表 3-1　美林时钟经济周期划分

| 阶段 | 总计（月数） | 总计（年数） | 频率 | 平均持续时间（月数） |
|---|---|---|---|---|
| I 衰退期 | 58 | 4.8 | 15% | 19.0 |
| II 复苏期 | 131 | 10.9 | 35% | 21.8 |
| III 过热期 | 100 | 8.3 | 27% | 20.0 |
| IV 滞胀期 | 86 | 7.2 | 23% | 17.2 |
| 全阶段 | 375 | 31.2 | 100% | 19.5 |

数据来源：万得、笔者测算。

确定好经济周期后，美林使用美国财政部或机构债券指数、标准普尔 500 综合指数、高盛商品指数的总体回报率以及 3 个月短期国库券收益来分别计算债券、股票、商品和现金的收益。

从资产收益表现来看（见表 3-2），在衰退期，债券的实际回报率达到 9.8%，远远超过其 3.5% 的长期回报率，而处于投资时钟对立位置的大宗商品表现最差。在复苏期，股票是最佳选择，相比其长期 6.1% 的平均回报率，每年实际回报率达到 19.9%，现金回报率较低，大宗商品因为油价下跌导致投资回报率为负。在过热期，大宗商品是最佳选择，每年的实际回报率达到 19.7%，债券的收益表现最差。在滞胀期，现金是各类资产中的最佳选择，但 20 世纪 70 年代石油危机的冲击掩盖了非石油类大宗商品价格的下跌，导致大宗商品的年均回报率达到了 28.6%。

表 3-2　不同经济周期中各类资产表现

| 阶段 | 债券 | 股票 | 大宗商品 | 现金 |
|---|---|---|---|---|
| Ⅰ 衰退期 | **9.8%** | 6.4% | −11.9% | 3.3% |
| Ⅱ 复苏期 | 7.0% | **19.9%** | −7.9% | 2.1% |
| Ⅲ 过热期 | 0.2% | 6.0% | **19.7%** | 1.2% |
| Ⅳ 滞胀期 | −1.9% | −11.7% | 28.6% | **−0.3%** |
| 全阶段 | 3.5% | 6.1% | 5.8% | 1.5% |

数据来源：万得、笔者测算。

虽然美林时钟在理论和实践上都得到了印证，但现实并不会简单按照经典的经济周期进行轮动，有时时钟会向后移动或者向前跳过一个阶段。还有很多投资者认为，在 2008 年之前的美国市场，投资时钟理论是有效的；但在 2008 年金融危机之后，由于美联储持续放水，导致经济周期并不能像常规理论中所阐述的那样轮动，投资时钟理论已经失效。

## 二、我国的大类资产配置实践

在我国，传统的美林投资时钟有效性并不高。按照美林时钟的方法逻辑检验其在我国的运用情况发现，在周期轮动方面仅少数周期遵循美林时钟的轮动规律，大部分周期呈现前后跳跃或逆时针转动现象；大类资产表现方面，美林时钟整体正确率为40%，其中衰退期正确率为30%，复苏期正确率为50%，过热期正确率为50%，滞胀期正确率为33%。究其原因，主要是货币政策制定框架存在差异。美联储的货币政策框架主要围绕泰勒规则，基于产出缺口和通胀变化情况制定政策利率，与划分美林时钟周期的经济因素基本相同。因此，美国政策利率与产出缺口及通胀之间存在较为清晰的等式关系，进而通过市场利率影响大类资产走势。我国货币政策需兼顾多重目标，不同目标可能会对货币政策制定提出方向相反的要求，增加了货币政策决策难度，也与美林时钟背后逻辑有所差异。此外，我国大类资产表现除受基本面和货币政策影响外，还受金融监管、改革转型等政策影响。

我国从经济增长和通胀到大类资产表现的逻辑链条并非线性，因此可通过选择其他观测变量，缩短逻辑链条，提高预测准确性。在我国，货币和信用派生是货币政策主要的输出变量，与大类资产之间的逻辑链条更为直接，还可以与产出缺口和通胀构建的经济周期形成统一（见图3-22）：衰退期产出缺口恶化，通胀下行，货币政策放松，实体经济融资需求较弱，对应宽货币 + 紧信用；复苏期产出缺口好转，通胀下行，货币政策稳健，实体融资需求回升，对应宽货币 + 宽信用；过热期产出缺口向好，通胀上行，央行收紧流动性，此时实体融资需求依然旺盛，对应紧货币 + 宽信用；滞胀期产出缺口恶化，通胀上行，央行难以放松货币，实体经济需求不振，对应紧货币 + 紧信用。

对于股票资产，在衰退期金融和消费板块抗跌能力最强；复苏期周期股和金融板块是最佳选择；过热期周期股和消费板块表现最为强势；滞胀期消费和成长板块最为抗跌。对于债券资产，在衰退期债市走牛，但收益率曲线形态各有不同；复苏期债市以震荡市为主，收益率曲线形态整体趋于平坦；过热期债市 100% 走熊，收益率曲线整体偏平坦；滞胀期债券缺乏明显趋势，需要根据具体情况抉择。对于大宗商品资产，衰退期贵金属表现最佳；复苏期工业品整体表现不错，金属板块是最佳选择；过热期金属板块表现最佳；滞胀期贵金属最为抗跌。

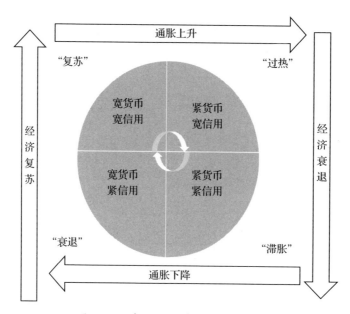

图 3-22　我国的经济金融周期变化

实际上，货币和信用派生都是宏观流动性的表现。但在宏观流动性出现拐点时，货币会领先于信用反应：货币政策放松，才能传导到信用的放松；货币政策收紧，企业信用才会随之收紧。因此，宏观流动性环境下产生了上述不同的货币和信用组合。

利用银行间质押式回购加权利率和 M2 同比增速可以大致勾勒出我国货币和信用的周期走势（见图 3-23）。在划分出 2007—2021 年我国主要的"货币＋信用"组合阶段后，我们统计了各阶段主要大类资产的表现（见表 3-3）。在"宽货币＋紧信用"的组合下，上证国债指数的平均收益率为 2.05%，表现依次优于商品、股票；在"宽货币 + 宽信用"的组合下，上证综指的平均收益率为 3.76%，表现依次优于债券和商品；在"紧货币 + 宽信用"的组合下，上证综指平均收益率为 34.84%，表现依次优于商品、债券；在"紧货币 + 紧信用"的组合下，上证国债指数的平均收益率为 3.96%，表现依次优于股票、商品，后两者均为负收益。

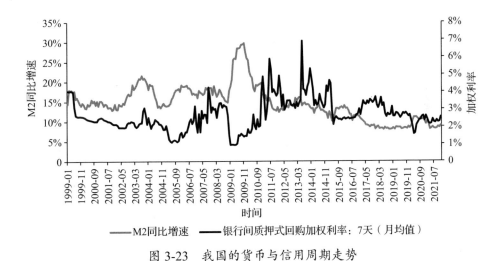

图 3-23　我国的货币与信用周期走势

数据来源：万得。

表 3-3　不同货币信用组合下大类资产收益

| 货币信用组合 | 上证综指 | 上证国债指数 | 南华商品指数 |
|---|---|---|---|
| 宽货币 + 紧信用 | 1.82% | **2.05%** | 1.92% |
| 宽货币 + 宽信用 | **3.76%** | 3.19% | −0.33% |
| 紧货币 + 宽信用 | **34.84%** | 1.23% | 21.76% |
| 紧货币 + 紧信用 | −7.68% | **3.96%** | −7.76% |

数据来源：万得、笔者测算。

# 第二部分

# 市场流动性

# 第四章

# 市场流动性的表征

## 第一节　市场流动性与水槽模型

### 一、市场流动性

央行释放的宏观流动性通过某些渠道流入市场，又通过某些渠道流出，就形成市场中的资金存量和流量，即市场流动性。市场流动性本质上是宏观流动性的组成部分，体现为具象的货币资金。

投资者之所以会保留一部分现金或现金等价物专门用于金融资产交易，是为了捕捉转瞬即逝的交易机会。因此，这部分交易需求对应的应是交易较为活跃的金融资产，如股票、债券、期货等。而像非标准化债权、非上市股权、场外衍生品等流动性较低的金融资产，投资者购买后往往会持有较长一段时间，不会频繁交易，因此只要一次性准备好购买所需的资金即可，无须在手中留存现金以随时用于交易。

　　资金是市场的血液。市场的重要功能就是聚集流动性，只有市场具备足够的流动性，交易才能达成，价格发现和资源配置的功能才可以正常发挥。市场交易越频繁，交易规模越大，需要的资金量也越大。同时，由于资本的逐利性，投资者会根据大类资产的性价比即市场中资产的吸引力，确定资金供给具体会流入哪个市场多一些、流入哪个市场少一些甚至是流出，从而形成流动性水平在不同市场之间的差异，引发市场价格的变化波动。因此，市场流动性的多寡、资金的流向和流量，不仅是市场监管者关注的重点，也是投资者极为关心的变量。

　　由于现代市场是开放的，没有具体边界，细致观察资金流动、度量流动规模的难度很大，但市场交易真实存在，数量庞大的投资者在市场中基于各类规则的活动真实存在，可把市场看作一个无形但相对封闭的容器，那么资金的流动就类似于水通过水槽流入或流出容器，容器内的水位就成为资金的存量；水位保持相对稳定时，表明市场中流动性的需求与供给达到相对平衡。所以，利用"水槽模型"可以很形象地体现市场流动性的各种表征。

## 二、水槽模型

　　经济学家保罗·萨缪尔森（Paul Samuelson）在《经济学》一书中提出可将国民收入视为循环流量并把经济系统视为水压机的想法。在国民收入决定理论中，萨缪尔森认为，财富是人们在某一时点所拥有的资产的货币净值，是一个存量，相当于河中的水量；收入是单位时间中的流量，相当于河中的水流。在考虑国内生产总值（GDP）的衡量方法时，萨缪尔森提出了产品流量法和收入流量法两种方法。其中，产品流量法是将最终的物品及劳务的流量加总（即物品 1 的价格 × 物品 1 的数量 + 劳务 1 的价格 × 劳务 1 的数量 +⋯）。在这一思路下，GDP 被定义为一国生产的最终产品流量的货币价值的总和。收入流量法则是将企业从事经营活动时所付出的各种成本（包括付给劳动者的工资、付给土地所有者的租金、付给资本的利息等）作为流量，这些经营成本同时也是家庭从企业获得的各种收入，统计这些收入流动的总和，也能得到 GDP 总额。图 4-1 展示了上述两种计算 GDP 的方法，这两种方法统计出的 GDP 结果理论上恰好相等。这两种方法类似于国民经济核算的生产法⊖和收入法⊜。

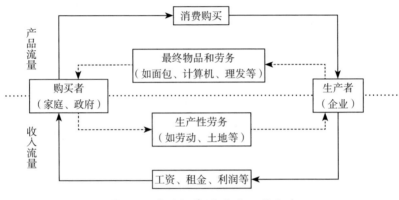

图 4-1  宏观经济活动的环形流动

"水槽模型"就是从萨缪尔森的这一想法中衍生出来的。水槽模型是一种经济模拟器，描述了一个带有各种回流水管的水箱：有的水管引导水流入水箱，有的水管使水流出水箱；假如流入的水比流出的水多，水箱水位就会上升；假如流入的水比流出的水少，水箱水位就会下降。流入的水可理解为资金的供给，水箱的水位则代表经济体系或某个市场中的货币存量，流出的水是资金的流逝或市场资金需求量的下降。

---

⊖ 生产法是从常住单位在生产过程中创造新增价值的角度，衡量核算期内生产活动最终成果的方法。从生产过程中创造的货物和服务价值中，扣除生产过程中投入的中间货物和服务价值，得到增加值；将国民经济各行业生产法增加值相加，得到生产法国内生产总值。

⊜ 收入法是从常住单位在生产过程中形成收入的角度来反映核算期内生产活动最终成果的方法。增加值由劳动者报酬、生产税净额、固定资产折旧和营业盈余四部分相加得到。

　　新西兰经济学家威廉·菲利普斯（William Phillips）将水槽模型的理论变为了现实。他建造出一台液压计算机，使用不同颜色的水流代表货币流动，机器内部的水位则代表货币存量。一位美国经济学家阿巴·勒纳（Abba Lerner）将其命名为"Moniac"，意为"金钱、ENIAC⊖和一些疯狂的东西"。

　　"Moniac"液压计算机的理论核心是一个简单的一阶经济动力学模型：

　　假设 $u$ 代表生产流量，$v$ 代表消费流量，$w$ 为库存，$p$ 为价格

　　定义 $u - v = \dfrac{\mathrm{d}w}{\mathrm{d}t}$

　　并假设 $u = lp$，$v = mp$，$w = np$，其中 $l$、$m$ 和 $n$ 均为参数。

　　从平衡状态开始，即 $t = 0$ 时，若消费量有一个自发的变化 $\Delta v$，那么

$$\frac{\mathrm{d}w}{\mathrm{d}t} = u - (v + \Delta v) = (l - m)p - \Delta v$$

　　且 $\dfrac{\mathrm{d}p}{\mathrm{d}w} = \dfrac{1}{n}$

　　因此

$$n\frac{\mathrm{d}p}{\mathrm{d}t} - (l - m)p + \Delta v = 0$$

　　这个方程的解 $p = \dfrac{\Delta v}{l - m}\left(1 - \mathrm{e}^{\frac{l - m}{n}t}\right)$ 给出了价格变化的路径。

---

　　⊖　ENIAC 的英文全称是 Electronic Numerical Integrator and Computer，即电子数字积分计算机。

**专栏 4-1**

# "Moniac"液压计算机的发明

"Moniac"液压计算机的发明者是新西兰经济学家威廉·菲利普斯。在经济学领域，他最广为人知的成就是"菲利普斯曲线"。该曲线展示了物价稳定与充分就业之间的矛盾，即失业率降低时，物价水平上涨；失业率升高时，物价水平下降。菲利普斯曲线是根据英国失业率与货币工资变动率的统计数据拟合形成的，但其根源是一个动态经济模型，该模型受菲利普斯建造"Moniac"机器的经验和他对控制理论认识的影响。菲利普斯在1914年出生于新西兰的农民家庭，年轻时因生活所迫辗转于澳大利亚、中国和俄罗斯等谋生，并在此期间自学了电机工程。第二次世界大战爆发前，菲利普斯到达英国，并参与了太平洋战争。此后，他在日本战俘营里度过了三年半的艰难时光。战争结束后，菲利普斯回到伦敦，并在伦敦政治经济学院学习社会学。在此期间，他被经济学深深吸引，并受萨缪尔森的启发，实际建造出一种液压物理设备，用来模拟国民收入过程。他在玻璃管内装入不同颜色的水，上面的管道代表流入市场的流量，而下面的管道代表来自市场的流量，通过液压系统改变存储罐中的水位，其中阀门的开关由供需曲线决定。

"Moniac"机器还被用于解释美国的经济状况。在有机玻璃管道中流动的水代表着货币的流动，如收入、储蓄、税收、进口和出口，而存储罐中的水位代表着作为国内或外汇储备持有的货币存量。比如，代表国民总收入的水流从机器顶部进入，税收转移到一边，储蓄转移到另一边，剩下的是消费支出。类似的，其他管道中的流量代表进口和出口，而存储罐则代表财政平衡。这种方式模拟了经济环境中的各类运行机制，包括利率变动、进出口和政府财政政策效果等。与许多其他模型一样，该模型的运行速度比实时速度快得多，从而可以在几分钟内观察到可能需要几年时间的经济周期。

## 三、从水槽模型到资本市场流动性

将水槽模型引入市场流动性分析中，资本市场中的资金水平与"水槽模型"中水位的原理大致相同，水位就是当前资本市场的资金水平，流入是资金的供给，流出是资金的运用。

站在全社会资金环流和大类资产配置的角度，资本市场的资金和证券资产是居民、非金融企业、金融机构、政府部门、国外部门等各类经济部门资产负债平衡的组成部分，各类投资者资金在资本市场中的流入流出能够直接与国民经济核算体系中的资金流量表对应起来，反映居民、非金融企业、金融机构、政府部门以及国外部门在各类金融资产上资金的来源和运用，资金进出市场的规模与方向会受到经济基本面、宏观流动性、企业融资需求及投资者大类资产配置等因素的影响。

图 4-2 展示了在宏观流动性的大背景下，各经济部门的资金进出资本市场的流动情况。在资本市场中，居民部门即自然人，资金流入流出资本市场的渠道主要为银证转账和股票、债券、基金的认购。同时，居民部门的资金还会通过缴纳税费、购入国债及地方债的形式流向政府部门。非金融企业包括上市公司和一般机构，资金进出资本市场的渠道既有银证转账和金融产品认购，也有上市公司的现金分红、股份回购、融资与再融资等。参与资本市场的国外部门包括合格境外机构投资者（QFII）、人民币合格境外机构投资者（RQFII）、沪深股通、债券通等，资金进出资本市场的渠道主要依靠跨境资金的汇入汇出。不同类型的金融机构资金进出市场的渠道不同，企业年金等长期资金进出市场的渠道是投资额度的增减，公募基金等资管产品资金通过认申购和赎回清盘进出市场，私募基金等部分专业机构则是通过银证转账。资金进入资本市场后，还会在不同经济部门间流转，例如，非金融企业部门资金会通过上市公司现金分红的方式流向居民部门、国外部门和金融机构部门，居民

部门、国外部门和非金融企业部门的资金则会通过佣金的方式流向金融机构。

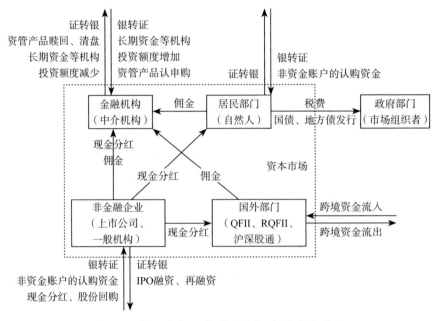

图 4-2 各经济部门在资本市场中的资金流动

---

**专栏 4-2**

# 市场流动性存量的大致匡算

投资者可分为个人、专业机构、一般机构三大类。在我国资本市场中，这三类投资者在股票市场、期货市场和场内期权市场均普遍存在，但在债券市场交易中，个人投资者较少参与，特别是银行间债券市场，它是一个纯机构间市场。

在我国的全国性交易所市场（也称场内市场），经纪业务和融资融券业务采用的是第三方存管制度，即证券公司和期货公司为客户开立资金账户后，选定一家银行作为其资金账户的存管银行，并指定客户的一个银行结算账户与其资金账户建立转账对应关系，投资者必须将资金转入该资金账户才能进行交易。目前，个人、一般机构和私募基金等少部分专业机构采用的是这种交易模式。绝大部分专业机构采用的是全托管模式，即在交易所拥有独立的交易席位，资金由托管银行托管，这些机构无论是参与场内还是场外市场交易，资金全部在托管账户内，不存在资金划转问题。因此，我国投资者用于金融资产交易的资金主要由证券公司客户保证金、期货公司客户保证金和大部分专业机构的托管资金三部分组成。

货币需求无法直接观测，只能通过实际的货币量近似估计。即便如此，想要准确统计用于金融资产交易的资金量是极为困难的。这不仅是由于从公开渠道获取的相关数据十分有限，更是由于这一资金量本身在很多情况下是难以清晰界定的。下面尝试对此做一个分析。考虑到货币供应量 M0、M1、M2 都是存量的概念，这里主要从存量入手进行分析。

证券公司客户保证金是投资者在证券交易所开展的绝大多数交易活动对应的资金变动的集中体现（证券交易所的期权交易有独立的期权保证金账户）。能够影响证券公司客户保证金变动的主要交易活动有买卖股票（A股、新三板股票和港股通标的股）、申购新股、买卖交易所市场债券、申购公司债、申赎和买卖场内基金［如 ETF（交易所交易基金）、LOF（上市型开放式基金）等］、缴纳交易税费、获得现金分红、开展债券质押式回购等。因此，想要将用于交易证券的资金单独分离出来几乎是不可能的。值得注意的是，A股的交易量在这些交易活动中居于主导地位（债券质押式回购的交易量虽然也较大，但其本质是调剂资金余缺的现金管理行为，且以隔夜品种滚动续作为主，不具备交易属性），因此可以粗略认为客户保证金的变动主要与 A 股交易有关。前文提到，证券公司客户保证金包括个人、一般机构和私募基金等少部分专业机构的资金。个人投资者体量庞大，是A股交易中最活跃的一类投资者，因此其交易活动对保证金总量的影响是决定性的；一般机构虽然持股比例较高，但主要是上市公司的大股东，股票交易以减持解禁后的限售股为主，减持获得的资金在资金账户上短暂停留后便被转出，基本不需要准备交易资金；私募股权和创业投资基金与一般机构行为基本一致，也以减持为主；私募证券投资基金交易相对活跃，但体量无法与个人投资者相比，对保证金总量的影响有限。此外，融资融券业务有独立的信用交易资金账户，投资者（主要是个人，也有少量专业机构）可将银行账户中的资金转入该资金账户，用于充当担保品，或利用该账户进行正常的A股交易。但两融担保品以所持股票为主，现金占比通常不到10%，因此该账户中的资金量相对较少。根据证券业协会公布的数据，2015年年末至2021年年末，证券公司客户保证余额（含信用交易资金）先降后升，2021年年末达1.90万亿元。从中可以清楚地看到A股走势对保证金余额的影响：2015年年末正值A股从高位回落后的反弹期，市场热度仍在，对应的资金量也较大；此后A股继续震荡下行，资金量也逐步萎缩，直到2018年年末的熊市末期，投资者情绪和交易意愿降至冰点，对应的资金量已不足1万亿元；此后A股触底回升、进入牛市，资金量也逐步增加，这也反映出近年来A股扩容对交易资金量的新增需求。

与证券交易所需资金较为分散且难以划分的情形不同，期货交易所需资金相对明确，完全集中在期货保证金账户中封闭运行。根据证监会披露的数据，2015年年末、2018年年末和2021年年末，期货公司客户保证金余额分别为0.38万亿元、0.39万亿元和1.18万亿元。2021年年末的资金量较此前大幅增长，可能与近两年商品期货价格大幅上涨以及期货品种明显增加有关。

公募基金主要投资于标准化金融资产，按投资类型可分为股票型、债券型、混合型和货币型。货币型基金主要买入并持有同业存单等货币市场工具，因此只有前三类基金的手持现金与交易需求有关。公募基金会在其季报中披露资产配置情况，其中包括手持现金的规模。与证券公司客户保证金类似，很多因素都会影响公募基金的手持现金规模，特别是监管规定基金经理需要保留一部分现金以随时应对投资者赎回的需要，因此手持现金规模只能近似认为是准备用于金融资产交易的资金量。2015 年年末至 2021 年年末，股票型、债券型和混合型三类基金合计的现金规模也呈现先降后升的特点，2021 年年末达 0.74 万亿元，这与证券公司客户保证金余额的变化趋势一致，主要也是受到 A 股走势和扩容的影响。值得注意的是，公募基金手持现金占其净值规模的比例一般在 5%～10% 区间波动，在下文中，对于仅有总规模但没有披露现金占比的机构，统一按 10% 的现金占比进行估计。

其他专业机构投资规模及资产配置情况披露有限，只能进行大致匡算。私募资管产品包括证券公司资管、基金专户和期货资管三类，养老金包括基本养老金（已委托投资的部分）、企业年金和社保基金三部分。此外，专业机构还包括银行理财、证券投资信托、保险资金、QFII 和RQFII 等。这其中，私募资管产品、证券投资信托、基本养老金、企业年金、QFII 和 RQFII 没有披露手持现金规模或现金占比的信息，在此统一按 10% 的现金占比估计。另外，私募资管产品、银行理财和保险资金还大量投资于非标债权、货币市场工具和非上市股权等非交易型金融资产，手持现金量可能会高估其用于金融资产交易的货币需求。从估算结果看，2015—2021 年，私募资管产品的手持现金规模持续下降，银行理财现金和存款规模快速下降后近两年稳中有升，这主要反映在以资管新规为代表的金融严监管政策驱动下，资管产品去通道、去嵌套、减少资金空转、压降非标资产投资规模、向净值型产品转型所带来的变化，可以认为，经过几年整顿，这些资管产品持有的现金及存款已经能够在一定程度上代表其交易型资金需求。此外，养老金的手持现金规模在 2019 年后增加较多，主要与基本养老金开始委托投资以及企业年金规模持续扩大有关。

至此，我们已经对绝大部分投资者持有的用于交易金融资产的资金情况做了大致估算，剩余无法获取公开数据的主要有专业机构的自营资金（以证券公司自营为主，体量在千亿元）以及场内期权保证金（体量在百亿元），对总体结果影响不大。将已有的估算结果加总，得到用于金融资产交易的资金总量在 10 万亿元左右（见表 4-1）。这一资金量占 M2 的比重由 2015 年年末的 9.7% 逐年降至 2018 年年末的 4.7%，此后稳定在 4.9%。前面提到，2018 年前，私募资管产品、银行理财等大量投资于非交易型金融资产，其手持现金量会明显高于其实际的交易型货币需求。因此，2018 年后的估算结果更接近于真实的交易型资金需求总量。虽然近几年这一资金量占 M2 的比重稳定在 4.9%，但也不意味着这一比重一成不变。当投资者认为金融资产特别是股票的价格会明显上涨时，用于交易金融资产的资金需求会大幅增加，在 M2 中的比重也可能会有所增加，反之亦然。例如，在 2015 年 6 月末的牛熊转换期，证券公司客户保证金余额一度突破 3 万亿元，公募基金手持现金近 1 万亿元，仅此两项合计就占到 M2 的 3%，达到历史峰值。此外，从已披露或可统计现金占总资产比重的几类投资者（个人、公募基金、银行理财、保险资金、QFII）情况看，现金占比基本都在 5%～10%。从另一个角度看，上述估测出的交易型资金总量相当于我国股票、债券和期货市场总市值的 5% 左右。

表 4-1　用于金融资产交易的手持现金余额估算

| 投资者 | 2015 年年末 | 2016 年年末 | 2017 年年末 | 2018 年年末 | 2019 年年末 | 2020 年年末 | 2021 年年末 |
|---|---|---|---|---|---|---|---|
| 证券公司客户保证金（万亿元） | 2.06 | 1.44 | 1.06 | 0.94 | 1.30 | 1.66 | 1.90 |
| 期货公司客户保证金（万亿元） | 0.38 | 0.43 | 0.40 | 0.39 | 0.50 | 0.82 | 1.18 |
| 公募基金（万亿元） | 0.44 | 0.37 | 0.36 | 0.28 | 0.29 | 0.60 | 0.74 |
| 私募资管产品（万亿元） | 2.35 | 3.32 | 2.90 | 2.27 | 1.90 | 1.63 | 1.54 |
| 银行理财（万亿元） | 5.30 | 4.84 | 4.10 | 1.65 | 2.51 | 2.60 | 2.80 |
| 证券投资信托（万亿元） | 0.33 | 0.32 | 0.36 | 0.26 | 0.23 | 0.26 | 0.37 |
| 保险资金（万亿元） | 2.44 | 2.48 | 1.93 | 2.44 | 2.52 | 2.60 | 2.62 |
| 养老金（万亿元） | 0.14 | 0.14 | 0.15 | 0.19 | 0.31 | 0.40 | 0.47 |
| QFII、RQFII（万亿元） | 0.10 | 0.11 | 0.13 | 0.13 | 0.15 | 0.15 | 0.15 |
| 合计（万亿元） | 13.54 | 13.45 | 11.39 | 8.55 | 9.71 | 10.72 | 11.77 |
| 现金余额占 M2 的比重 | 9.7% | 8.7% | 6.7% | 4.7% | 4.9% | 4.9% | 4.9% |

数据来源：证券业协会、基金业协会、期货业协会、信托业协会、保险业协会、银登中心、社保基金理事会、相关公开报道。

# 第二节　股市的资金流动

## 一、股市资金流动

股市流动性是本书研究的核心，市场流动性的相关研究主要围绕股市展开。类似于上一节中各经济部门在资本市场中的资金流动，股市资金的流入流出反映股市资金的总体供需状况，而资金在股市的体内循环则是投资者各类交易活动的镜像。

投资者须开立专门的资金账户用于股票交易。所有投资者资金账户中资金的变动构成了股市流动性。从流量的角度看，投资者资金账户中的资金的来源包括转入市场的资金、卖出股票获得的资金以及通过其他方式获得的资金，如取得现金分红、通过质押式回购融入资金等；资金的去向则包括转出市场、买入股票、扣减交易税费、通过质押式回购融出资金等。从存量的角度看，股市资金水平即投资者资金账户中的现金余额。

理论上，对任一投资者而言，其在股市中的资金存量与流量之间满足如下关系：

$$期末股市资金余额 = 期初股市资金余额 + 期间净转入金额 + 期间净$$
$$买卖股票金额 - 期间认购股份金额 + 期间获得$$
$$的现金分红金额 - 期间交易税费 + 其他股市交$$
$$易活动导致的资金余额变动$$

对于全市场而言，由于任一期间内股票买卖金额都是相等的，投资者净买卖金额加总后相互抵消，因此股市中的资金存量与流量间的关系为

$$期末股市资金余额 = 期初股市资金余额 + 期间净转入金额 - 期间认$$
$$购股份金额 + 期间获现金分红金额 - 期间交易$$
$$税费 + 其他股市交易活动导致的资金余额变动$$

图 4-3 是借助水槽模型刻画的股市资金流动。中间用虚线标出的长方形类似于水箱，即无形的股市；在这个虚框内，围进了投资者、上市公司、中介机构等各类市场参与者（市场组织者的地位较为特殊），他们通过资金划转、买卖交易、中介服务等方式形成资金的流入流出，类似于水槽模型中的水管，箭头表示资金流向。

为了能够更准确地观察资金流动、测度规模，还需要更详细地分析 A 股市场的四类主要参与者，即投资者、上市公司、中介机构和市场组织者。

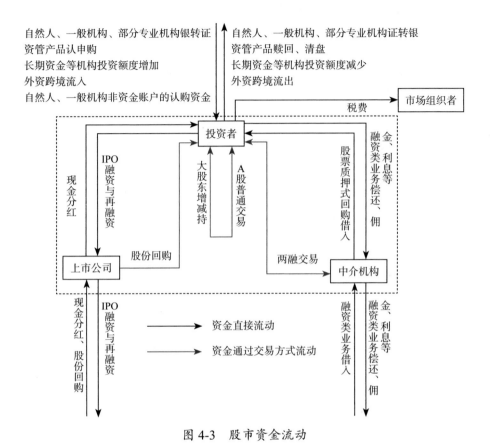

图 4-3　股市资金流动

## 1. 投资者

**投资者**主要分为个人投资者、一般机构投资者、专业机构投资者、沪深股通。

**个人投资者**是指从事证券投资的社会自然人，他们是证券市场最广泛的投资主体，也是 A 股交易中最活跃的一类投资者。通常，个人投资者资金规模有限，专业知识相对不足，投资行为具有一定的随意性、分散性和短期性，且投资的灵活性强。

**一般机构投资者**包括国有股东、"三资"股东等，他们多为上市公司大股东，持股比例较高，但较少参与 A 股交易。

**专业机构投资者**作为金融市场的主要参与者，具有投资资金规模化、管理专业化、投资结构组合化和投资行为规范化的特点，其规范自律经营对防范金融风险、维护金融稳定具有重要意义。从细分类型来看，专业机构投资者中既有公募基金、私募基金、券商资管、基金专户、信托产品、保险资管等资管产品的资金，也有企业年金、社保基金、保险产品等长期资金，还有券商、信托公司、保险公司等机构的自营资金，此外还包括合格境外机构投资者（QFII）、人民币合格境外机构投资者（RQFII）等境外资金。

**沪深股通**是我国内地市场与香港市场之间互联互通机制中重要的一环，分为 2014 年推出的沪股通和 2016 年推出的深股通，实现了国际投资者通过香港直接进入内地股市投资交易，因此沪深股通也可以作为境外资金的一部分。作为 A 股的"风向标"，沪深股通的资金流动方向也是市场关注的重点。

## 2. 上市公司

**上市公司**是 A 股市场的发行人，通过股票融资的方式来筹措资金，是联结资本市场与实体经济的微观基础，也是资本市场投资价值的源泉。

## 3. 中介机构

**中介机构**是指为证券的发行、交易提供服务的各类机构，主要包括证券公司和其他证券服务机构。证券公司除了开展证券经纪、投资咨询、保荐与承销等中介服务外，还通过融资融券业务和股票质押式回购业务与投资者产生资金往来。

## 4. 市场组织者

**市场组织者**包括证券交易所、证券登记结算公司、税务部门等。它们为证券交易提供场所和设施，进行组织与管理，同时也向投资者收取印花税、手续费等交易税费。市场组织者与中介机构一起，分工服务于证券发行、流通、清算等各个环节，证券市场融资和交易效率也在社会化分工协作中得到提高。

## 二、股票市场的资金水平

股票市场的现金余额主要是指投资者持有的以备交易的资金，主要有以下几类：一是自然人、一般机构和部分专业机构的证券交易结算资金；二是大多数专业机构资产配置中的现金部分；三是 QFII 与 RQFII 等外资机构开立的证券交易专用存款账户中的现金余额。

### 1. 证券交易结算资金

自然人以及一般机构、私募基金等少数专业机构多采用**证券公司结算模式**，即证券公司通过客户结算账户办理客户的证券资金结算业务。当采用这一模式时，需遵循**"第三方存管制度"**，即证券公司在存管银行开立客户交易结算资金专用账户，并指定客户的一个银行结算账户与其资金账户建立转账对应关系，投资者必须将资金转入该资金账户才能进行交易。在监管政策的引导下，证券公司结算模式正成为主流的结算模式。2017 年年底，证券公司结算模式开始试点，新成立的基金公司均采用证券公司结算模式。经过一年多发展，2019 年年初试点转入常规，鼓励老基金公司的新产品也采用证券公司结算模式。2022 年第一季度，采取证券公司结算模式的新成立基金有 50 只，发行规模约 250 亿元，占全部基金发行总规模的 9%，这一比例远高于 2021 年的 7% 和 2020 年的 3%。在第三方存管制度下，从事证券交易的结算资金和融资融券交易担保资金将被"证券交易结算资金监控系统"获取。证券交易结算资金余额是投资者在证券交易所开展的绝大多数交易活动对应的资金变动的集中体现，资金余额的变动受到买卖股票（A 股、新三板股票和港股通标的股）、申购新股、买卖交易所市场债券、申购公司债、申赎和买卖场内基金（如 ETF、LOF 等）、缴纳交易税费、获得现金分红、开展债券质押式回购等业务的影响。A 股的交易量在这些交易活动中居于主导地位（债券质押式回购的交易量虽然也较大，但其本质是调剂资金余缺的现金管理行为，且以隔夜品种滚动续作为主，不具备交易属性），因此可粗略认为证券交易结算资金余额的变动主要与 A 股交易有关。

### 2. 专业机构持有的现金

早期成立的公募基金、保险资管等专业机构采取的是**托管人结算模式**，即通过商业银行或取得托管资格的非银行金融机构等银行类结算参与人进行结算。在这种模式下，托管人可向中国结算申请开立单独的托管结算账户，用于办理证券资金结算业务，客户资金均在托管账户内，由托管人进行保管。对于采用托管人结算模式的大多数专业机构来说，其交易资金由各托管行掌握，几乎没有完整的公开披露渠道。其中，公募基金在季报中会披露资产配置情况，包括持有现金的规模，这也是获取其现金余额的主要方式。公募基金主要投资于标准化金融资产，按投资类型可分为股票型、债券型、混合型和货币型。货币型基金主要买入并持有同业存单等货币市场工具，股票型基金有 80% 以上资金投资于股票，债券型基金有 80% 以上资金投资于债券。根据监管规定，基金经理需要保留一部分现金以随时应对投资者赎回的需要，因此，只能近似估算用于 A 股交易的资金量。

### 3. QFII 与 RQFII 的银行存款

QFII 和 RQFII 是指使用来自境外的资金进行境内证券期货投资的

境外机构投资者，包括境外的基金管理公司、商业银行、保险公司、证券公司、期货公司、信托公司、政府投资机构、主权基金、养老基金、慈善基金、捐赠基金、国际组织等。在投资境内证券市场时，QFII 与 RQFII 需要在托管人处开立证券交易专用存款账户，账户内资金即为 QFII 与 RQFII 的现金余额，且不能用于境内证券投资以外的其他目的。该账户的资金来源包括从 QFII 外汇账户结汇划入的资金、从 QFII 开展股指期货等衍生品交易人民币专用存款账户划回的资金、出售证券所得价款、现金股利、利息收入等；资金的运用包括买入规定的证券类等产品支付的价款（含印花税、手续费等）、划往 QFII 开展股指期货等衍生品交易人民币专用存款账户的资金，支付税款、托管费、审计费和管理费等相关税费，购汇划入 QFII 外汇账户的资金等。

此外，沪深股通等双向通机制的资金采用闭环管理，不会形成资金余额。

## 三、股票市场资金流入和流出渠道

### 1. 各类投资者的资金流入和流出

#### （1）自然人、一般机构和部分专业机构：银证转账、非资金账户的认购

对于客户交易资金实行第三方存管制度的投资者，银证转账是指银行结算账户和证券资金账户（或信用资金账户）之间的资金划转方式，也是引起证券交易结算资金（或融资融券担保资金）变动的重要方式之一。其中，"银转证"是指资金由银行结算账户划入证券资金账户（或信用资金账户），即资金进入资本市场；"证转银"是指资金由证券资金账户（或信用资金账户）划入银行结算账户，即资金流出资本市场。如前所述，银证转账的资金除用于 A 股交易外，还有新股申购、债券交易等多种用途，

但A股交易的资金量占据主要地位。

除银证转账外，还有一种特殊的资金流入方式，即非资金账户的认购。当投资者参与新股及公开增发网下配售时，投资者需直接将申购款项划转至中国结算在结算银行开立的资金专户中；当以现金认购定向增发的股票时，则是直接将资金划入主承销商开立的银行账户中，这两种方式均不通过银证转账渠道。

### （2）资管产品：认申购与赎回清盘

对于公募基金等资管产品而言，投资者的认申购相当于把资金注入了资本市场，而投资者赎回或产品清盘相当于把资金从资本市场抽离。资金流入和流出股市的比例还需结合资管产品投资A股市场的比例进行判断。

### （3）自营资金及长期资金：投资额度变动

对于专业机构的自营资金和养老金、企业年金等长期资金而言，其投资额度的增减就相当于资金流入或流出市场。

### （4）外资：跨境流动

对于QFII、RQFII和沪深股通等境外投资者而言，其资金跨境汇入或汇出相当于资金流入或流出我国资本市场。其中，资金流入和流出股市的比例需要结合其投资A股市场的比例进行判断。

## 2. 上市公司的资金流入和流出

对于上市公司而言，资金进入股市的渠道主要有现金分红和股份回购两类，资金流出股市的渠道则是IPO融资与再融资。

### （1）现金分红

现金分红是上市公司回报股东的一种方式，上市公司直接以现金形式将红利分配给持股股东。通常情况下，投资者会将这部分现金红利用于再投资，因此，现金分红成为资金流入股市的渠道之一。具有持续、稳定的分红能力，不仅是上市公司实力和价值的体现，也是投资者信心的源泉。我国监管机构积极引导上市公司进行现金分红，要求上市公司明确现金分红相对于股票股利在利润分配方式中的优先顺序；当具备现金分红条件时，应采用现金分红方式进行利润分配。

### （2）股份回购

股份回购是指上市公司使用自有资金、金融机构借款或发行债券及优先股募集的资金，从投资者手中购回发行或流通在外的股份的行为。和现金分红类似，大部分投资者也会将出售持有股份获得的资金再次用于 A 股交易，使得这部分资金进入 A 股市场。

### （3）IPO融资与再融资

IPO 是指上市公司首次在 A 股市场公开发行股票募集资金并上市的行为，又可以进一步分为网上申购、网下配售和向战略投资者配售三种方式。再融资则分为公开增发、定向增发、配股等类型。其中，公开增发是指上市公司向不特定对象公开发行股票的行为；定向增发是指上市公司采用非公开方式向特定对象发行股票的行为；配股是指上市公司向原股东配售股份的行为。再融资与 IPO 融资一样，都是上市公司向投资者卖出股份并获得资金的过程，也是资金流出 A 股市场的渠道。

## 3. 中介机构的资金流入和流出

融资融券业务是证券公司向客户出借资金供其买入证券或者出借证券供其卖出，并收取担保物的经营活动。融资融券交易分为融资交易和融券交易两类，客户向证券公司借入资金买证券为融资交易，客户向证券公司借证券卖出为融券交易。在融资交易的过程中，证券公司的资金流入市场，当客户偿还资金时，偿还的资金和利息费用一并流出市场。

股票质押式回购与融资业务类似，在借入资金时，投资者作为融入方，将股份质押给融出方（包括证券公司、证券公司管理的集合资产管理计划或定向资产管理客户、证券公司资产管理子公司管理的集合资产管理计划或定向资产管理客户等），并从融出方获得资金；在偿还时，融入方将资金还给融出方，并解除股份质押。这一过程也会导致资金通过中介机构流入或流出市场。

此外，券商为投资者代理买卖证券时，会按成交金额收取一定比例的佣金，这一比例大约为成交金额的 0.3‰，这也是资金流出市场的渠道。

### 4. 市场组织者的资金流入和流出

投资者参与 A 股交易，需要向市场组织者缴纳一定的税费。目前，我国参与 A 股市场的投资者需缴纳的主要税费项目有印花税、经手费、过户费、监管费和券商佣金等（见表 4-2）。这也是资金流出 A 股市场的重要渠道。

表 4-2 投资者参与 A 股市场的主要税费项目

| 收费项目 | 收费单位 | 收费标准 |
| --- | --- | --- |
| 交易过户费 | 中国结算 | 按照成交金额的 0.02‰向买卖双方收取 |
| 非交易过户费 | 中国结算 | 对于 A 股流通股，按股份过户面值的 1‰收取，最高 10 万元（双向收取）<br>对于 A 股非流通股，如拟转让股份在 10 亿股以下（含 10 亿股），转让双方均为过户股份总面值的 1‰；如拟转让股份在 10 亿股以上，10 亿股以下（含 10 亿股）的部分按该部分总面值的 1‰分别向转让双方收取，超过 10 亿股部分按该部分总面值的 0.1‰分别向转让双方收取；如拟转让股份属于国有股权无偿划转的，划转股份在 1 亿股以下的，按其总面值的 0.1‰分别向转让双方收取；划转股份超过 1 亿股的，1 亿股以下（含 1 亿股）的部分按该部分总面值的 0.1‰分别向转让双方收取，超过 1 亿股部分按该部分总面值的 0.01‰分别向转让双方收取 |

（续）

| 收费项目 | 收费单位 | 收费标准 |
|---|---|---|
| 质押登记费 | 中国结算 | 500 万股以下（含）的部分按该部分面值的 1‰收取，超过 500 万股的部分按该部分面值的 0.1‰收取 |
| 证券交易印花税 | 税务机关 | 按成交金额的 1‰向出让方收取 |
| 非交易转让印花税 | 税务机关 | A 股流通股：材料审核通过日的上一交易日收盘价（涉及除权的，以除权价计算）× 过户登记证券数量 × 印花税税率<br>A 股非流通股：过户登记证券数量 × 面值 × 印花税税率 |
| 证券交易监管费 | 中国证监会 | 按成交金额的 0.02‰双向收取 |
| 证券交易经手费 | 证券交易所 | 按成交金额的 0.048 7‰双向收取 |

资料来源：中国结算官网 2021 年。

## 四、资金在市场内部流动渠道

股票市场的资金流动，既有外部资金流入和流出股市，也有市场内部资金在各类参与者之间的流动⊖。资金从外部进入 A 股市场后，有一部分资金会直接在各市场参与主体间流动，如现金分红、IPO 融资与再融资、股票质押式回购等；有一部分资金则是通过交易的方式在各市场参与主体间流动，如股份回购、大股东增减持、普通 A 股交易和两融交易等。

### 1. 资金的直接流动：现金分红、IPO 融资与再融资、股票质押式回购

资金直接在各市场参与主体间流动的方式有三种：现金分红、IPO 融资与再融资、股票质押式回购。通过现金分红，资金直接从上市公司流入投资者手中；IPO 融资与再融资则是资金由投资者流向上市公司；股票质押式回购分为质押和偿还，借入资金时，资金由中介机构流向投资者，偿还资金时，资金由投资者流向中介机构。

---

⊖ 资金在市场内部的流动是股市流动性变化的主体，也反映各类投资者的交易行为特征，将在下一章中详细分析。

### 2. 资金通过交易方式流动：股份回购、大股东增减持、普通A股交易、两融交易

资金还可以通过交易的方式在各市场主体间流动，主要有股份回购、大股东增减持、普通A股交易和两融交易四种。通过股份回购，投资者将持有股份出售给上市公司，资金从上市公司流向投资者。上市公司大股东通常指持有上市公司股份比例在5%以上的投资者，他们是一类特殊的投资者，交易行为往往会影响其他投资者对股价的预期。大股东增持是普通投资者将股份出售给大股东，并从大股东处获得资金，大股东减持则相反，投资者从大股东处购入股份，资金从投资者处流向大股东。两融交易发生在投资者与中介机构之间，当投资者进行融资买入时，相当于中介机构使用自有资金替投资者购入股票；当投资者进行融券卖出时，中介机构卖出所持股份，投资者获得相应的资金；当偿还资金时，资金从投资者处流向中介机构。扣除上述三种特殊交易行为后的A股交易，即普通A股交易，资金在投资者之间流动，投资者卖出股份时资金流入，卖出股份时资金流出。

## 第三节　现实中的股市流动性

结合前两节的分析，利用公开渠道披露的大量数据，本节对现实中股市的资金水平和资金流入及流出的规模做一个大体测算。

### 一、股市资金水平

#### 1. 证券交易结算资金

根据证券业协会披露的证券公司年度经营数据，截至2021年年末，证券交易结算资金期末余额（含信用交易资金）为1.90万亿元（见图4-4）。

自然人、一般机构、私募基金、期货资管这几类投资者基本采用证券公司结算模式，因此证券交易结算资金余额可以近似代表这些投资者持有的以备交易的现金规模。

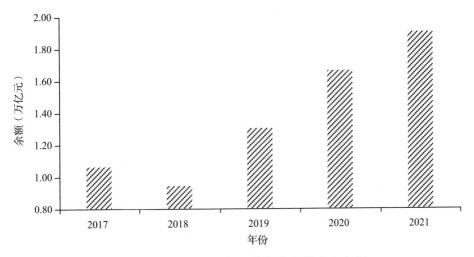

图 4-4  2017—2021 年证券交易结算资金余额

数据来源：证券业协会。

### 2. 专业机构持有的现金

**公募基金**。截至 2021 年年末，股票型、混合型和债券型公募基金投资股票的市值占其资产净值的比例平均为 96%、83% 和 3%。股票型、混合型和债券型公募基金的银行存款规模约为 1 600 亿元、5 700 亿元和 760 亿元，按比例估算后，持有以备 A 股交易的资金规模约为 1 500 亿元、4 700 亿元和 20 亿元，合计约为 6 220 亿元。

**券商资管**。根据万得数据统计，截至 2021 年年末，东证资管、中信证券等 17 家管理人的券商集合理财产品中，股票市值规模占资产净值的比重约 6%，现金占资产净值的比重约 7%。基金业协会统计数据显示，截至 2021 年年末，券商资管的资产规模约 8 万亿元，若券商资管的资产配置均按上述比例估算，则现金规模约 5 600 亿元，其中用于配置股票的现金规模约 330 亿元。

**保险资金**。银保监会数据显示，截至 2021 年年末，保险资金运用余额为 23 万亿元，其中银行存款 2.6 万亿元，占比约 11%；股票及证券投资基金 3 万亿元，占比约 13%。假设保险资金运用余额中投资股票的比例为 6.5%，则持有现金中可能用于 A 股交易的资金规模约 1 700 亿元。

**券商自营**。证券业协会数据显示，截至 2021 年年末，证券行业总资产约 11 万亿元。假设用于 A 股交易的现金规模为 5%，即约为 5 300 亿元。

**社保基金**。2020 年年末，社保基金资产总额约 3 万亿元。其中，银行存款 570 亿元，交易性金融资产 1.4 万亿元。假设交易性金融资产中有 70% 投资于股市，则持有现金中用于 A 股交易的规模约为 200 亿元。

**企业年金**。人力资源和社会保障部数据显示，截至 2021 年年末，企业年金积累基金规模为 2.6 万亿元。假设用于 A 股交易的现金规模占比与社保基金相当，即约为 180 亿元。

**QFII、RQFII**。根据 QFII、RQFII 披露的持仓规模，按 10% 的现金持有比例测算，其用于 A 股交易的现金规模约为 1 000 亿元。

至此，可基本统计出规模较大的几类专业机构持有的以备 A 股交易的资金规模，2021 年年末合计约 1.4 万亿元。从趋势上看，专业机构可用于 A 股交易的资金规模逐年增长，将为 A 股市场提供有力支撑（见图 4-5）。

根据上述匡算，2021 年年末用于 A 股交易的现金余额约为 3.4 万亿元，仅相当于同期 A 股总市值的 4%。与银行吸收存款、发放贷款的"资金池"特点不同，股市更多表现为"资产池"而非"资金池"，资金在股市中主要起到交易媒介的作用。

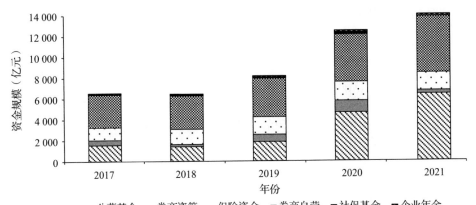

图 4-5  2017—2021 年专业机构持有以备 A 股交易的资金规模

数据来源：万得、证券业协会、基金业协会、银保监会。

## 二、股市资金的流入和流出

### 1. 投资者角度的资金流入和流出

**银证转账**。银证转账数据由投保基金掌握，但投保基金公布的银证转账数据已于 2017 年 5 月停止更新。2016 年银证转账净流出为 130 亿元。

**非资金账户的认购**。非资金账户的认购主要包括新股网下配售、公开增发网下配售、配股和定向增发。2021 年，新股网下配售金额约 2 500 亿元，配股募集资金约 370 亿元，定向增发募集金额约 9 000 亿元。因此，非资金账户认购金额约 1.2 万亿元。

**资管产品的认申购与赎回清盘**。在各类资管产品中，仅公募基金披露了较为完整的认申赎数据。以公募基金份额的变动作为认申购与赎回清盘的轧差值，则可近似估计出公募基金 2021 年的资金净流入股市规模约 1.6 万亿元。

**外资跨境流动**。QFII、RQFII 与沪深股通三类外资投资者中，仅沪深股通公开披露了 A 股交易数据，沪深股通的交易可认为是资金的跨境流入流出。2021 年，沪深股通合计买入 14 万亿元，卖出 13.6 万亿元，资金净流入 0.4 万亿元。

2017—2021 年投资者角度的资金流入和流出金额如图 4-6 所示。

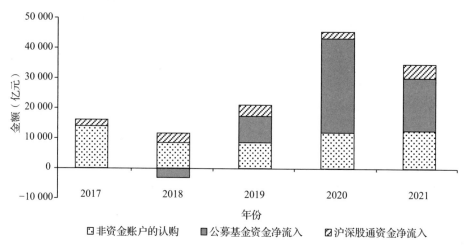

图 4-6　2017—2021 年投资者角度的资金流入和流出金额

数据来源：万得。

## 2. 上市公司角度的资金流入和流出

**现金分红与股份回购**。2021 年上市公司现金分红 1.6 万亿元，股份回购 1 200 亿元，通过这两种渠道流入股市的资金合计约 1.7 万亿元。

**IPO 融资与再融资**。2021 年 IPO 融资规模约 5 400 亿元，定向增发金额 9 000 亿元，配股金额 370 亿元。因此，通过 IPO 融资与再融资渠道流出股市的资金合计约 1.5 万亿元。

2017—2021 年上市公司角度的资金流入和流出金额如图 4-7 所示。

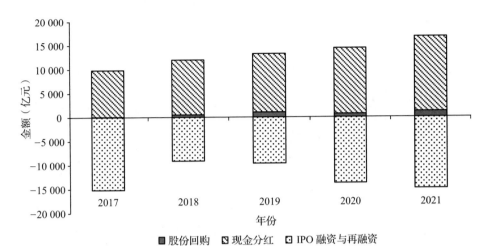

图 4-7 2017—2021 年上市公司角度的资金流入和流出金额

数据来源：万得。

### 3. 中介机构与市场组织者角度的资金流入和流出

**融资业务的借入与偿还。**用融资余额的变动近似反映融资借入与偿还的轧差，2021 年融资余额增加 2 300 亿元，表示流入 A 股的资金规模为 2 300 亿元。

**税费与券商佣金。**考虑到数据的可得性，以交易过户费、证券交易印花税、证券交易经管费、证券交易经手费和券商佣金作为主要的税费项目。2021 年 A 股市场成交总额约 260 万亿元，估算过户费约 100 亿元，印花税约 2 600 亿元，经管费约 100 亿元，经手费约 250 亿元，券商佣金约 1 500 亿元，各项税费与券商佣金合计约 4 550 亿元，均为流出 A 股市场的资金。

2017—2021 年市场组织者与中介机构角度的资金流动金额如图 4-8 所示。

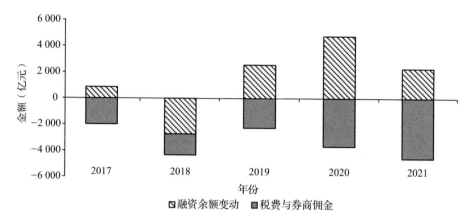

图 4-8　2017—2021 年市场组织者与中介机构角度的资金流动金额

数据来源：万得。

## 三、资金在股市内部的流动

### 1. 资金在上市公司与投资者之间的流动

如前所述，现金分红和股份回购资金通过上市公司进入股市，在市场内部从上市公司流向投资者；IPO 融资与再融资资金则是从投资者手中流向上市公司后，再通过上市公司流出市场。

2021 年，全市场现金分红 1.6 万亿元，股份回购 1 200 亿元，资金由上市公司流向投资者的规模合计约 1.7 万亿元；IPO 融资与再融资资金额合计约 1.5 万亿元，即投资者流向上市公司的资金规模为 1.5 万亿元。

2017—2021 年股市资金在上市公司与投资者之间的流动如图 4-9 所示。

### 2. 资金在投资者与中介机构之间的流动

投资者融入资金时，资金从中介机构流向投资者。2021 年，全市场**融资买入**金额约为 22 万亿元，**股票质押式回购初始质押**金额约为 1 700

亿元,因此从中介机构流向投资者的资金规模合计约22万亿元。投资者偿还融资业务资金或缴纳券商佣金时,资金从投资者流向中介机构。2021年,全市场**融资偿还**金额约为21万亿元(其中卖券还款约10万亿元),**股票质押式回购购回交易**金额约为1 600亿元,缴纳的**券商佣金**约1 500亿元,因此从投资者流向中介机构的资金约21万亿元。

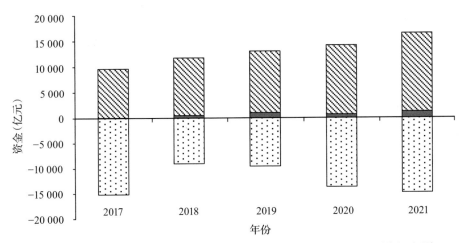

图 4-9  2017—2021年股市资金在上市公司与投资者之间的流动

数据来源:万得。

2017—2021年股市资金在中介机构与投资者之间的流动如图4-10所示。

## 3. 资金在投资者之间的流动

**大股东增减持**。2021年,重要股东二级市场减持金额约6 200亿元,即从普通投资者流向大股东的资金规模约6 200亿元;重要股东二级市场增持规模约570亿元,即从大股东流向普通投资者的资金规模约570亿元(见图4-11)。

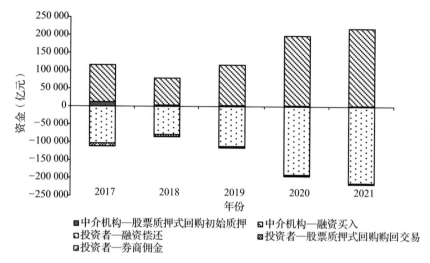

图 4-10　2017—2021 年股市资金在中介机构与投资者之间的流动

数据来源：万得。

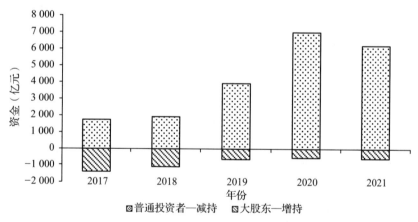

图 4-11　2017—2021 年股市资金在大股东与普通投资者之间的流动

数据来源：万得。

**普通投资者之间的 A 股交易**。2021 年，A 股单边交易金额约 260 万亿元。从买入金额看，扣除前述的大股东增持 570 亿元、融资买入 22 万亿元和股份回购 1 200 亿元这几项相对特殊的买入交易，剩余的 A 股买入交易金额约 238 万亿元；从卖出金额看，扣除前述的大股东减持

6 200亿元和融券卖出10万亿元，剩余的A股卖出交易金额约250万亿元。这238万亿元的买入金额和250万亿元的卖出金额即为当年普通投资者之间的资金流动规模（见图4-12）。

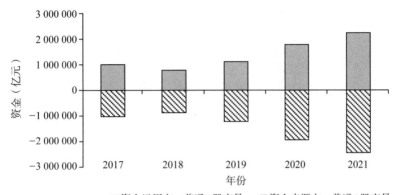

图4-12 2017—2021年股市资金在普通投资者之间的流动

数据来源：笔者测算。

---

专栏4-3

### 自然人角度的股市资金流动与"资金杠杆"

自然人是A股市场中体量最庞大的一类投资者，他们交易活跃，资金进出市场的频率也较高。由于自然人的入市资金主要来源于银证转账，因此，以银证转账数据披露较全的2016年为例，讨论自然人投资者的资金流动情况。

2016年，A股市场成交总额（含融资融券交易）约为130万亿元，假设自然人交易规模占90%，约为120万亿元。从资金来源看，自然人进行二级市场交易需要的资金来源渠道主要有两部分：一部分是**场外增量资金**，主要包括银证转账转入资金和证券交易结算资金余额；另一部分是**市场内部资金**，主要包括现金分红与股份回购获得的资金、卖出股份获得的资金等。

从**场外增量资金**来看，公开数据显示，2016 年年初证券交易结算资金余额为 2.06 万亿元，2016 年年末为 1.44 万亿元，其间减少 0.62 万亿元；全年银证转账转入资金 25 万亿元，与转出资金规模大体相等。一般而言，自然人的证券交易结算资金和银证转账规模占全部投资者的比重为 80%，则可认为 2016 年年初自然人资金账户的证券交易结算资金余额为 1.6 万亿元，2016 年年末为 1.2 万亿元，其间减少 0.4 万亿元，全年银证转账的转入和转出金额均为 15 万亿元。

从**市场内部资金**来看，2016 年现金分红与股份回购金额分别为 8300 亿元和 95 亿元，若按自然人持股比例（约 20%）分摊，则现金分红与股份回购获得的金额合计约 1 700 亿元。可以看出，自然人获得资金的规模远小于二级市场交易的规模，这说明股市资金具有明显的"杠杆效应"，较少增量资金便可撬动市场大量交易。投资者交易股票所需资金绝大部分来自资金的复用，即用卖出股票获得的资金再次买入股票，场外增量资金即其他资金来源的贡献较小。增量资金触发了初始交易后，后续交易可自发进行。这意味着，少量的增量资金便可撬动大量的交易。此外，投资者交易越活跃，资金复用的比例往往也越大，"杠杆效应"就会越明显（见图 4-13）。

**钱从哪里来？**

增量资金：

▶ 银证转账转入（15万亿元）
▶ 资金账户余额（-0.4万亿元）
▶ 现金分红（1 660亿元）
▶ 股份回购（20亿元）

☑ 二级市场交易（单边120万亿元）

资金复用：

▶ 二级市场卖出

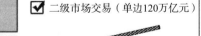

图 4-13　自然人角度的资金流动与"杠杆效应"

| 第五章 |

# 市场流动性的影响因素

## 第一节　市场流动性的共性影响因素

如前一章所述，将"水槽模型"引入股市流动性分析，揭示了资金通过各种渠道（主要是各类投资者的资金进出和在市场内的交易）流入和流出市场，形成股市的资金水平和流动性规模。本章进一步分析各类渠道资金进出股市的特征，有哪些因素影响资金进出规模，并最终影响整个市场的流动性水平。影响市场资金流入和流出的因素有很多，有一些是共性的，对各类渠道资金流动都会产生影响；而有一些是个性的，对不同渠道资金流动的影响不同，也使得资金流动呈现不同的特征。本章第一节简要分析共性影响，后续几节分别详细探讨不同渠道资金流动的个性影响因素和资金流动特征。

市场流动性本质上是宏观流动性的组成部分，其源头是央行释放的流动性。因此，宏观经济运行、宏观流动性、大类资产比价、投资者情绪等成为影响市场流动性的共性因素<sup>⊖</sup>。

## 一、宏观经济运行

经济运行的状态是影响宏观流动性、市场流动性等各类资金规模的重要基础性因素。一般用国内生产总值（GDP）这一指标反映一国或一个经济体经济实力和发展程度，各类投资者会把观察 GDP 作为股市分析的基础，研究宏观经济运行的状态，分析上市公司的预期业绩，形成投资的基础性判断。

投资者在股市投入资金、参与交易，目的是获得投资收益、实现资本增值。GDP 增长反映经济扩张、上市公司整体效益向好和利润增加，投资者的投资收益也将相应增加（收益来自股息增加和股票价格上涨），从而刺激各类投资者参与股市投资的热情，对股票资产的需求增加，股市流动性相应提升。反之，没有不断增长的经济总量做基础，投资收益将无从谈起，股市流动性也将很难保持。

同时，宏观经济运行有自身规律，围绕长期趋势上下波动，形成"复苏—过热—衰退—萧条"的经济周期。为对冲经济周期性波动，货币政策、财政政策发挥逆周期调节作用，触发宏观流动性的周期变化，进一步影响资金流入和流出股市的规模，促进了股市流动性周期性特征的形成。

## 二、宏观流动性

宏观流动性是货币当局提供货币供给、促进经济和市场有效运行，反映全社会不同活化程度的货币的存量和流量，也是构成包括股市流动性在内的各类市场流动性的基础。

---

⊖　关于经济运行、宏观流动性等对股市运行（包括股票价格）的共性影响，已在前述章节分别进行分析。本节概括性地分析部分共性因素对股市流动性的影响。

## 1. 宏观流动性的量

当央行采取扩张性货币政策时，各层次货币供应量会相应增加。从流通中的现金 M0 看，其变动会从以下几个方面影响股市流动性：一是收入效应。通常，M0 增加会引发物价上涨，上市公司利润增长，增强股票对投资者的吸引力，从而增加股票购买的需求，带动股市流动性的增长。二是成本效应。物价上涨也会增加企业生产经营相关成本，当新的销售收入低于增加的经营成本时，企业利润就会下降，股票对投资者的吸引力就会下降，流动性随之下降。三是资产增值效应。随着物价上涨，持有的单位货币的实际购买力下降，机会成本增加。因此，投资者投资股票的需求增加以维持或增加资产价值，这也同步增加了股市流动性。四是预期效应。物价上涨会降低投资者对单位货币实际购买力的预期，增加股票投资需求，从而增加股市流动性。

从狭义货币供给 M1 看，基于理性预期，投资者会根据资产的收益和风险调整资产组合。随着 M1 的增加，市场资金充足，无风险收益率降低，导致低风险金融产品的边际收益下降，投资者将加大对股市的投资，进而提高股市流动性，也促进股价上涨。

从广义货币供给 M2 看，随着定期存款和储蓄存款的增加（可能源于居民和社会财富增加，或其他投资品种收益率相对于银行储蓄下降，导致资金回流银行），投资者可支配的货币资金规模扩大，会增加股票投资，股市流动性相应增强。

## 2. 宏观流动性的价

利率，即宏观流动性的价格，不仅与无风险资产的收益率相对应，还与公司的融资成本相对应。一方面，降低利率将促进无风险收益率下降，投资者更愿意将资金投资于股权类资产，市场参与者提供流动性的意愿强烈，从而提高股市流动性。无风险收益率的下降还会导致投资者据以评估股票价值的折现率下降，股票价值因此会上升，从而带动投资者的投资意愿，提高股市流动性。另一方面，利率的降低使得公司的融资成本降低，相对增加利润，吸引资本流入，促进公司股价上涨。融资成本较低又促使企业进一步融资，银行增加贷款，社会货币总量增加，进一步推动市场对公司股票的需求，提高股市流动性。此外，利率变动还通过改变投资者的心理预期，对投资者的投资意愿产生影响。但降低利率也可能意味着宏观经济低迷，公司收益下降、股价下跌，投资者预期谨慎、市场交投清淡，股市流动性下降。

## 三、其他资产价格

宏观流动性释放后，资金会在追求最大投资收益和规避风险的驱动下在不同市场之间快速流动，在一定时期流入哪个市场多，哪个市场的流动性就充足，功能发挥就完善。本书第三章已探讨以"美林时钟"为代表的根据经济周期进行资产选择的方法，在经济周期的不同阶段，资金配置到各类资产也不尽相同：当股票资产较热时，流向股市的资金增多，股市流动性上升；当其他资产较热时，流向其他资产的资金增多，流向股市的资金减少甚至资金流出股市，股市流动性下降。由此可见，债券、房地产等商品相对价格水平也是影响流向股市资金多少的因素，进一步对股市流动性产生作用。

### 1. 债券

股市、债市都是资本市场的重要组成部分，两个市场关系紧密，资金在两者之间开展配置、频繁流动，有时呈现如前所述的"股债跷跷板"。该现象可以从基本面、风险偏好、流动性和股债相互影响等层面影响两类资产相对价格水平。基本面层面，经济基本面走强对于股市的影响取决于盈利改善和估值调整的相互作用，对于债市则主要是利空影响。风险偏好层面，当经济基本面向好时，市场的风险偏好也会随之增强，对股市形成利好；当经济基本面走弱时，市场避险情绪也会随之持续发酵，对债市形成利好。流动性层面，广义流动性宽松而狭义流动性较紧的组合利好股市、利空债市；狭义流动性宽松而广义流动性较紧的组合则利好债市、利空股市。股债相互影响层面则主要体现在"股强债弱"或"债强股弱"下资金的相互转移，即安全资产转移效应。

从历史上看，股市与债市的相关性并不是一成不变的，部分时段反向变动，处于跷跷板状态；部分时段同向变动，同涨同跌。两者也不存在明显的领先滞后关系（见图 5-1）。股债相关性高的时期，往往也是受宏观流动性影响比较强的时间段，宏观流动性的大幅充裕促进股债倾向于共同上涨、同向变动，而宏观流动性快速收缩时股债倾向于共同下行。例如，2021 年 1 月税期过后，宏观流动性迅速收紧，股债双降。从资金利率来看，1 月 29 日的隔夜回购利率 R001 和 DR001 分别急升至 6.59%和 3.33%，一度突破利率走廊上限 3.2% 的水平。这次的资金紧张由多重因素共同导致，包括到期资金体量较大，而央行公开市场操作连续净回笼，月末财政投放效果未现，跨春节的资金安排较往年较晚开启。2021年 7 月至年底，资金面宏观流动性宽裕，呈现股债双升。央行先是在 7月全面降准 0.5 个百分点，超出市场预期，市场对于进一步降息的预期增强；后又在 11 月下旬央行货政报告不提"总闸门"，跨月时点操作规模上量，宽松预期再起；12 月，央行再次降准 0.5 个百分点，宏观流动性进一步宽松。2021 年 7 月和 12 月的两次降准共释放长期资金 2.2 万亿元，推动股债两市共同上行。

## 2. 房地产

在中国家庭总资产中，房地产这一资产占比居高不下，对居民投资其他类资产形成了较强的资金占用。根据中国人民银行调查统计司城镇居民家庭资产负债调查课题组 2019 年年末的调查数据，我国城镇居民家庭总资产以实物资产为主，占比 79.6%；其中，居民住房资产占家庭总资产的比重为 59.1%；而北上广深这类一线城市的房产占比要远高于其他城市。

图 5-1　股市和债市之间存在一定相关关系

数据来源：万得。

　　每逢牛市，"卖房炒股"的声音便会不绝于耳，这体现出两类资产价格出现了相对变化。特别是近年来房地产市场调控政策持续收紧，调控内容亦更加细化，调控机制不断完善，"炒房"带来的收益下降使得房地产投资的吸引力下降，包括股市在内的其他资产的吸引力上升。某微信公众号曾做过一项关于"若牛市来袭，你会买房还是炒股"的问卷调查，结果显示，在 1 万多组受访家庭中，约有八成家庭参与炒股（大多数家庭在股市中投入的金额在 50 万元以内）；有近七成家庭会考虑在牛市期间卖房炒股，有超过八成的家庭表示将会把在股市中投资赚来的钱用于买房。这一调查显示出投资者"卖房炒股"的意愿以及资金在房地产市场和股市之间的转换。

## 四、投资者情绪

投资者情绪及其带动下的交易行为是股市流动性波动的重要影响因素。市场中大部分投资者容易受主观情绪影响，这在"羊群效应"作用下放大了对股市流动性的影响。股市行情利好时，高涨的投资者情绪相互传染，吸引投资者积极入市投资，更多资金涌入市场，增加股票需求，交投活跃也会促进股票资产更快变现，从而提升股市流动性；当面对股市不断下行时，投资者情绪低落，交投清淡，股市流动性下降。股市行情在一定程度上决定了对潜在投资者的吸引力，从而影响投资者情绪变化，新增投资者数量的增加为股市提供流动性的同时，也会加大股市流动性波动起伏的程度，新增投资者往往对股市投资缺乏经验，参加股票交易活动很大程度上是盲目和跟风行为，对股市流动性的影响较大。

市场中，机构投资者在信息量、分析能力、交易技能等方面的优势远远高于个人投资者；个人投资者虽然数量庞大，但个体资金量小、市场预期分化、投资分散。所以，在一般情况下机构投资者掌握市场主导权。但当广大个人投资者形成一致预期、一致行动时，比如同时情绪高涨，单个个体的较小资金量也会汇聚成足以影响个股涨跌甚至市场变动的庞大流动性。

## 五、时间因素

在研究市场流动性变化时，会发现资金变动呈现日历性、季节性特征：资金单日的大幅净流出往往发生在年终季末，或是春节、国庆等节日前，而大幅净流入往往发生在年初、季度首日或节日后第一个交易日。究其原因，一是银行理财等资管产品季末进行结算，大幅转出，又在新季度首日转入；二是不同类型投资者"持币过节"与"持股过节"推动资金流入和流出；三是保险、外资等机构资金均出现"开门红"效应，每年 1 月出现险资集中入场的现象。

---

**专栏 5-1**

## A 股日历效应及其成因

日历效应是指金融市场与日期、季节相联系的市场波动。无论是我国投资者经常提及的"春季躁动""五穷六绝七翻身"，还是华尔街流传的"Sell in May"等说法，都是这一现象的直观体现。运用统计和计量分析对境内外股市的日历效应进行检验发现，2006—2019 年，A 股表现出"周一、周四效应""2 月效应"以及"春节、国庆节效应"，境外市场也普遍存在形式多样的星期效应和月份效应。在每年特定时期，基本面、资金面、消息面及投资者行为的周期性波动和交互影响，可较好地解释 A 股的日历效应。此外，日历效应会随着市场环境的变化而演变，随着市场有效性的提升而弱化。

### 一、A 股具有较明显的星期效应、月份效应和节日效应

**A 股存在周一的上涨效应和周四的下跌效应。** 2006—2019 年，上证综指在周内各交易日的平均涨跌幅整体呈"N"形走势，其中，周一、周三和周五平均表现为上涨，周二和周四平均表现为下跌。GARCH-t 模型检验结果显示，上证综指周一的上涨效应和周四的下跌效应在统计层面较显著。其中，周一平均涨幅 0.17%，上涨概率 59%；周四平均跌幅 0.11%，下跌概率 54%。

**A 股存在 2 月的上涨效应。** 2006—2019 年，上证综指每月的日均涨跌幅整体呈"双 W"形走势，其中 1 月、6 月和 8 月平均表现为下跌，其余 9 个月平均表现为上涨。GARCH-t 模型结果显示，上证综指 2

月和 12 月上涨效应在统计层面较显著。其中，2 月日均涨幅为 0.16%，上涨概率达 61%；12 月日均涨幅为 0.18%，但上涨概率仅为 54%。

**A 股在春节和国庆节前后的节日效应较为明显。** 2006—2019 年的春节前后一周，上证综指日均分别上涨 0.37% 和 0.23%，上涨概率均为 80%；国庆节前后一周，上证综指日均分别上涨 0.17% 和 0.32%，上涨概率分别为 50% 和 79%（上述结果的统计显著性均通过 GARCH-t 模型检验）。总体来看，春节前后和国庆节后的上涨效应较为显著。此外，还有两个显著的特征：一是成交量在节前明显下降、节后迅速回升。节前两周，上证综指成分股的日成交额降至 1 200 亿元左右，节后首周则恢复至近 1 500 亿元的正常水平。二是资金在节前大幅流出股市、节后大幅回流。证券交易结算资金银证转账在春节前和国庆节前一周平均分别净转出 463 亿元和 843 亿元，节后一周平均分别净转入 1 177 亿元和 836 亿元。

## 二、基本面、资金面、消息面及投资者行为的周期性律动或是 A 股日历效应的主要成因

**投资者为规避周末消息面的不确定性及提高资金使用效率可能是产生"周一、周四效应"的重要原因。** 一般而言，为避免对盘间市场走势产生干扰，让投资者充分"消化"相关信息，上市公司和政府部门倾向于在周五盘后及周末发布重要公告或信息，从而使周一开盘前累积的信息量明显多于一周内的其他时间。对市场影响力较强的投资者群体对信息关注度较高、预判能力较强，为规避消息面的不确定性，往往会选择提前适度减仓观望。同时，由于我国实行"T+1"结算制度，周五卖出股票获得的资金在周一方可转出。为减少资金占用时间、提高资金的使用效率，这一减仓和资金离场行为便提前至周四，从而导致周四的市场走势偏弱。当"靴子落地"后，这些投资者在周一重新入场买入股票，

推动市场走强。

基本面、资金面、政策面接力共振串联起 2 月的上涨效应。从基本面看，年初是宏观经济数据和上市公司业绩的"空窗期"，基本面走势难以得到验证，为投资者留下想象空间，特别是投资者对即将到来的春季开工旺季抱有良好期待，为 2 月的上涨效应提供支撑。从资金面看，信贷投放的高峰出现在每年第一季度特别是 1 月，流动性在春节后趋于宽松，叠加节前奖金的发放，新增的理财需求促使一部分资金流入股市。从政策面看，临近"两会"召开时，投资者对政策的良好预期再度升温，催生做多热情。

中小投资者"持币过节"和专业机构"持股过节"推动节日前后上涨行情。春节和国庆节假期较长，受节日气氛的影响，广大中小投资者"无心恋战"，导致节前交易量明显萎缩，同时投资者还会卖出部分股票并转出资金以满足节日期间的消费需求，规避节日期间外盘走势及消息面的不确定性；专业机构的市场影响力则因此而相对增强，借机吸收中小投资者抛售的筹码，推动股指上涨。节后，中小投资者"满血回归"，将资金转回市场并积极参与交易，促使市场交投重新活跃，利于股市上涨。

### 三、境外市场普遍存在日历效应，日历效应的表现形式随市场发展而变化

发达市场和新兴市场均存在显著的星期效应和月份效应。选择道琼斯指数、标普 500 指数、日经 225 指数、富时 100 指数、恒生指数和韩国综指作为发达市场和新兴市场的代表指数，采用指数 GARCH-t 模型，对其 2006—2019 年的日历效应进行检验。结果显示，2006—2019 年，与我国情况类似，发达市场和其他新兴市场也普遍存在日历效应，但日

历效应的表现形式多种多样。道琼斯指数和标普500指数存在显著为正的"周二效应"和"3月、10月效应"，也就是周二、3月和10月指数上涨概率较高，同时，道琼斯指数还存在显著为正的"周一效应"；日经225指数存在显著为正的"周四效应"，以及显著为负的"5月效应"，也就是周四上涨概率较高，5月下跌概率较高；富时100指数不存在显著的星期效应，但存在显著为负的"5月效应"。从新兴市场看，恒生指数不存在显著的月份效应，但存在显著为正的"周三、周四效应"；韩国综指存在显著为负的"6月效应"。

**伴随市场的发展，日历效应也会呈现时变特征。** 国内学者研究表明，20世纪90年代至21世纪初，A股曾呈现显著为正的"周五效应"和负的"周二效应"，以及显著为正的"1月效应"和负的"12月效应"，这与A股近十几年来的日历效应完全不同。其中，"周五效应"从1998年开始消失，"周二效应"只出现在市场早期，不具有稳健性。境外市场的日历效应也随时间出现一定变化。例如，国外学者研究发现，在20世纪70年代"1月效应"是全球股市的普遍现象，标普500指数和日经225指数还曾出现显著为负的"周一效应"等。这可能是由于投资者针对日历效应的套利行为以及市场结构、监管规则的变化，使得原有的日历效应逐渐消失，同时又衍生出新的日历效应。

## 第二节　个人投资者及一般机构的资金流动

### 一、个人投资者

在A股近2亿名投资者中，仅有约45万名为机构投资者，个人投资者数量占比高达99.8%。个人投资者数量庞大，是A股市场最活跃的一类投资者，更是市场流动性的不竭源泉，交易金额约占 A 股成交总额的七成，持仓占比超过三成，交投活跃，持股期限明显低于 A 股全市场平均水平。

如前所述，自然人、一般机构、私募基金、期货资管这几类投资者基本采用证券公司结算模式，银证转账成为个人投资者资金流入和流出股市的主要渠道。据测算，证券市场交易结算资金余额中有近八成由个人投资者贡献，可近似由全市场证券市场交易结算资金余额的变动来推算个人投资者资金的流入和流出。

据测算，2017—2021 年的近 5 年中，个人投资者资金总体持续净流入，流入规模以万亿元计，是市场最大的资金净流入方。图 5-2 显示，证券市场交易结算资金余额与上证综指走势较为一致。2012 年 4 月至 2017 年 6 月，证券市场交易结算资金余额与上证综指相关性高达 0.9，表明个人投资者资金流动与股指走势高度相关。特别是在股指波动较大时段，二者的相关性更加明显。比如，2015 年 3—6 月上证综指大涨 56%，个人投资者在此期间通过银证转账大幅转入资金近 2 万亿元；但随后股指大幅下行，至 8 月末累计下跌 37%，个人投资者又转为净流出资金 4 000 余亿元。股市行情走势是影响个人投资者资金流动的最主要因素。

根据账户持股市值的大小，将个人投资者这一庞大群体进一步细分为若干类别：账户持股市值小于 300 万元的投资者为中小散户，投资者数量占比超过 99%；账户持股市值介于 300 万元至 1 000 万元之间的投资者为大户，有近 100 万人；其余近 30 万投资者为超大户，其账户持股市值大于 1 000 万元。这三类不同的个人投资者，由于持有资金规模不同、交易策略不同，资金流动、交易行为受行情波动的影响不尽相同，对 A 股运行及市场流动性的影响也不尽相同。

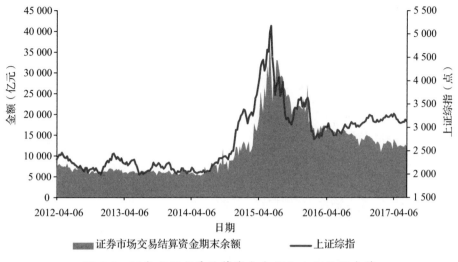

图 5-2　证券市场交易结算资金余额与上证综指走势

数据来源：万得。

## 1. 中小散户

"散户化""割韭菜"等都是具有鲜明 A 股特色的词语，而这些词语的主角是中小散户，也是 A 股市场中被广泛关注且不可或缺的投资者。从整体上看，中小散户投资交易各自为政，资金小、信息少，专业知识不足，投机心态浓厚，而且频繁换手、快进快出，很多难以逃脱被"收割"的命运。

许多关于中小散户交易行为及盈亏情况的研究发现，中小散户经常采取动量交易策略，可概括为"高买更高卖"，但往往不能如愿。在投资过程中，中小散户更关注非必要信息，而不是基本信息，无法及时利用公开信息调整投资策略，买入和卖出的方向常与未来价格变动的方向相反，他们买入的股票常常在第二天出现负收益，而卖出的股票则在第二天出现正收益，这导致中小散户成为市场投资者中亏损最多的群体，特别是在市场行情下行阶段。

从资金流动角度来看，中小散户是市场主要的资金供给方和流动性提供者。中小散户总体而言保持着较高的市场参与度，特别是新开户投资者源源不断地入场，为 A 股提供了可观的资金量。2017—2021 年，中小散户资金总体持续净流入，是市场最主要的资金来源。中小散户交投活跃，平均持股期限不足 1 个月，为市场提供具有相当深度的订单流，保障了市场的流动性水平。值得一提的是，中小散户的交易行为特征对市场走势有一定反向指示，即交易方向与当日股指走势相反，负相关系数高达 0.7 以上。这具体表现为，一旦股指上涨则当日净卖出，而一旦股指下跌则当日净买入，交易方向频繁反复，其资金加速净流入往往预示着市场即将见顶回落。

## 2. 大户

大户投资者群体人数较少，但交易时变性强，对市场运行的影响力不可忽视。大户投资者在上涨阶段高抛低吸，下跌阶段高买低卖，震荡阶段追涨杀跌，平均持股期仅略高于中小散户，交易十分频繁。重要的是，大户投资者交易对股指走势具有显著影响，特别是在股市区间震荡阶段，频繁交易在一定程度上放大了市场波动。

## 3. 超大户

超大户投资者资金实力雄厚，信息搜集和分析能力强，交易频繁，对市场具有重要影响力。

近半数超大户平均持股在 100 天以上，跟随股指走势高抛低吸，其买卖行为领先股价走势。但还有小部分占比在 3% 左右的超大户平均持股在 10 天以下，交易十分频繁，他们的成交额约占全部超大户的三成，影响力明显。这部分超大户净买卖金额与股指涨跌幅具有较明显的正相关性，表现出趋势跟随特征；"追涨停"策略使用较多，表现为当日买入、次日卖出，而且其次日卖出的大部分股票利用散户追涨的特性获取次日盈利。

值得注意的是，我国对私募基金准入、公募基金设立等管理相对严格，这可能导致一些有意从事但又不符合条件的市场主体变相开展相关股票投资业务，如有一部分超大户小范围募集资金，并且组建投研团队，从事"类私募"活动，其交易特征与私募证券投资基金较为类似。

---

**专栏 5-2**

## 美国游戏驿站（GME）"散户逼空"事件

2021 年 1 月，美国纽约证券交易所上市股票"游戏驿站"（GME）发生散户抱团逼空事件。这是一个美国散户一致行动形成合力、逼空对冲基金的故事，情节跌宕起伏，引发全球高度关注。

### 一、事件概况及市场关注点

1. 事件概述

GME 是美国最大的视频游戏线下零售商，近年来随着线下实体游戏行业的衰落，公司连年亏损，股价从 2016 年的 28 美元逐步跌至 2020 年的不足 3 美元，成为机构做空最多的美股之一。在大量对冲基金做空后，受网络社交平台 Reddit 下的华尔街论坛分区（WallStreetBets，WSB）带头人呼吁做多和 GME 管理层变动两方面因素影响，大量散户投资者通过买入现货股票及看涨期权抱团做多，推动 GME 股价上涨，做空机构及期权做市商回购股票控制风险敞口进一步推动股价上涨。2021 年 1 月 28 日，GME 股价触及 483 美元，并连续触发 17 次熔断，Robinhood 等美国多家经纪交易商下架 GME 股票，限制散户买入，仅允许卖出。股价大幅上涨迫使美国对冲基金 Melvin

Capital 清空空头头寸，亏损超 70 亿美元，著名做空机构香橼资本（Citron）宣布停止发布做空报告，将把重点放在为个人投资者带来做多潜力股的机会上。

### 2. 行为金融分析

从行为金融的角度看，GME 事件是投资者羊群效应（Herd Behavior）、过度反应（Overreaction）和过度自信（Overconfidence）的非理性行为表现，社交网络平台放大了这些效应。**一是羊群效应阶段。** 2021 年 1 月 13 日，受任命新董事会成员消息刺激，GME 股价盘中大涨 90%，收盘涨约 57%，相关信息在社交网络平台快速传播，激发广大散户炒作热情，推动股价节节攀升。**二是过度反应阶段。** 1 月 19 日，持有众多空头仓位的香橼资本公开发表看空言论，并称买入的散户为容易上当受骗的人（Sucker），由此激怒散户，网络平台的年轻股民在网上集结起来相互鼓励、反对做空者，纷纷买入 GME 股票和看涨期权，进一步造成股价暴涨和空头挤兑。**三是过度自信阶段。** 1 月 25—29 日，知名做空机构 Melvin Capital 和香橼资本相继清空空头头寸，年轻散户自信心膨胀，即使券商限制买入并提高保证金要求，也没能阻止股价继续上涨的势头，GME 股票一周内累计上涨 400%。

### 3. 逼空成功后市场反应

在散户抱团逼空机构后，GME 股价开始持续走跌。2 月 5 日，GME 报收 63.77 美元，较最高点下跌 87%，其主要原因有两点：其一，从基本面看，GME 股价被显著高估。美国近十家投行对 GME 股价的平均估值为 13 美元，股价仍有大幅下跌空间，过高的股价对投资者买入的吸引力下降。其二，股价越高做空的安全边际越高。随着 GME 股价攀升，部分投资者在高点选择做空而不是做多，从而助推股价下跌。

从数据看，虽然 Melvin Capital 等机构已清空空头头寸，但 GME 做空率仍维持在 140% 左右，甚至呈小幅上升趋势。

在该事件过程中，散户、做空机构、互联网论坛和证券经纪商的行为引起市场极大争议。比如，利用互联网论坛引导散户抱团的行为是否涉嫌操纵市场，证券经纪商限制交易的行为是否合规，散户通过何种交易形式逼空机构，做空机构惨遭失败的原因等问题，均引发市场关注和讨论。

## 二、事件原因分析

分析事件原因，散户投资社群化、畸高做空率、期权杠杆效应、证券交易保证金机制是散户逼空机构的四大关键因素。

### 1. 散户投资社群化是根本原因

随着信息技术的快速发展和广泛应用，社交网络的影响力已逐步蔓延至金融投资领域，催生散户投资社群化。美国散户能够成功抱团的原因在于：其一，社群参与者高频交流。Reddit 是美国最大的社交平台，其流量仅次于 Google、YouTube 和 Facebook，在美国排名第四。其中，WSB 论坛分区作为关注股票、期权、外汇等投资的子论坛，是该网站最具人气的板块，有大量散户进行投资观点分享。其二，一致性的集体行动特征明显。美国最大宠物用品电商 Chewy 的联合创始人 Ryan Cohen 加入 GME 董事会，被认为能够推动 GME 实现数字化转型，使 GME 股价上涨。同时，WSB 上一位名为"DFV"的用户发表看涨观点，呼吁散户买入，并每天公布自己的持仓头寸和收益，吸引越来越多的散户跟风做多 GME 股票。其三，社群规模大幅扩张。在 2020 年新冠疫情冲击下，美国数百万人口失业，加之居家办公政策，美股散户人数大增，WSB 群组成员数量从 2019 年 1 月的 45 万迅速增至 700 多万；在

WSB 的舆论影响下，更多人加入做多队伍。

### 2. 畸高做空率导致 GME 股票成为逼空标的

美国股票市场做空交易发达，对做空机制的限制较少，其中最重要的是对做空规模不做限制，导致循环做空，即空方在一定期限内借入部分股票卖出后再次从买方手中借入这部分股票卖出，"借、卖、买、还"四步循环操作，从股价下跌中获益。截至 2020 年年底，GME 股票空头头寸为流通股的 140%，做空比例超过 100% 意味着该股票存在循环做空。在散户集体做多推动股价上涨时，做空机构需要不断补缴保证金或买股还券止损，特别是股票跳跃式上涨导致做空机构无法补足保证金，会被强制平仓，推动股价进一步上升，引发更多的空头出现更大亏损。

### 3. 期权杠杆效应助推散户逼空

2020 年新冠疫情暴发后美联储迅速将基准利率降至零，并推出包括无限量 QE 在内的一系列政策，使得美股市场快速修复并创出新高，赚钱效应点燃散户的投资热情，也催生加杠杆的冲动。截至 2021 年 1 月末，美股融资余额创下 7 986 亿美元的历史高点；融资账户的杠杆率（融资余额 / 可提取保证金）到达 3.56，亦处于历史较高水平。除了在现货市场买入股票外，散户还买入了大量看涨期权。仅 1 月 28 日当天，GME 看涨期权就交易了 150 万张（对应 1.5 亿股股票），而 GME 的可流通股只有 5 000 万股左右。期权做市商作为交易对手方，在正常的市场行情中通过买卖价差和佣金赚取收益，但在行情剧烈波动的情况下，卖出大量 GME 看涨期权的做市商需要买入 GME 股票控制风险敞口以保证仓位中性，从而被动成为推动股价上涨的"逼空方"。股价快速上涨叠加看涨期权未平头寸还可能引发做市商持股锁定，进一步枯竭流通卖盘，加剧券源紧张。

### 4.限制投资者交易使事件升级

Robinhood 作为在美国证券交易委员会（SEC）注册的经纪商，需要满足美国监管机构的资本要求和清算所保证金要求。Robinhood 公开表示，限制投资者交易正是为了满足结算机构保证金的要求。从美国交易结算机制看，美国股票和相关衍生品（如期权）实施"T+2"清算模式，在这两天内，如果标的及基础资产的价格发生重大波动，未付款或未交付证券会出现信用风险敞口，经纪商需用自有资金向清算所缴纳保证金以抵御信用风险。从保证金计算机制看，股票价格波动率、交易金额、股票价格高低是制定保证金额度的关键因子，上述三个因子越高，经纪商需要缴纳的保证金越高；而 GME 股票同时拥有高波动率、高交易金额和股票价格快速上涨的特征，Robinhood 需要缴纳的保证金迅速攀升，存在自有资金无法满足抵押担保要求的情况，进而可能被限制交易。

## 二、一般机构

一般机构包括国有股东、"三资"股东等，多为上市公司大股东。截至 2021 年年末，A 股一般机构持股金额占比近五成，远高于美欧等发达市场水平。现阶段，A 股的限售股解禁减持制度较为严格，大量国有股东本身减持意愿也不高，较少出现解禁后就大规模减持的情况。若将这些解禁后基本未减持过的原始股东的持股剔除，市场可自由流通的筹码结构将发生变化，一般机构持股比例下降至不足两成。

一般机构也基本采用证券公司结算模式，银证转账是其资金流入和流出股市的主要渠道，占证券市场交易结算资金余额的比例约为一成。据测算，2017—2021 年的近 5 年中，一般机构是市场中各类资金的主要净流出方，累计净流出近 5 万亿元。

一般机构身份特殊，交易行为特殊。总体来看，一般机构在 A 股交易活跃度较低，资金流入股市主要为参与 IPO、定增等融资，而流出股市的渠道主要为前期参与融资的限售股解禁后减持流出、国有股东获得分红后将资金转出等。由于一般机构很少参与 A 股交易，减持及分红的资金大部分在 3 ~ 5 个交易日后便转出 A 股，而不在市场中继续交易。

一般机构并不是投资者一直担忧的"清仓式"减持的主角。投资者一直对限售股解禁减持忧虑较大，认为减持将增加股票供给，抽取市场流动性。市场上对减持规模过大导致市场承压的担忧、对"清仓式"减持行为恶劣影响的担忧，不绝于耳。目前市场中披露的大多为上市公司所有大股东的限售股减持信息，其中既包含一般机构，也包含其他专业机构以及自然人，特别是科创板实施注册制以来，专业机构认购 IPO 金额大幅上升，成为科创板企业的重要股东，也在后续的解禁减持中成为主流力量。利用公开披露的重要股东减持信息测算发现，全市场的减持金额中平均约有四成为一般机构的减持。结合 A 股走势不难发现，无论是上涨还是下跌，一般机构减持的步伐并未受到明显影响，股价上涨幅度较大时减持力度更大，呈现出"逢高减持"的特征；即便在股价下跌时也会减持，只是减持力度较小。

2017 年 5 月，证监会发布减持新规，对减持规模和期限做出明确规定，使资本市场减持规模下降，也减缓了股东减持对市场的压力。2017 年，一般机构减持规模由月均 400 亿元下降至 250 亿元左右。进入 2018 年，A 股震荡下行，一般机构月均减持规模维持在 200 亿元左右。2019—2021 年，A 股震荡上行，月均减持规模维持在 450 亿元左右。在此期间，除 A 股上涨提升减持动力外，科创板开市、注册制试点推广等政策改革也增加了一般机构限售股解禁规模，减持规模随之上升。其中，2020 年 7 月科创板首批投资者限售股解禁，一般机构减持规模上升至

1 500亿元左右。一般机构资金净流出规模与减持节奏基本相当，特别是2019年后净流出加快，到2021年全年净流出近2.5万亿元。

---

**专栏 5-3**

## 减持公司画像

**累计涨幅大的减持意愿强**。统计显示，同一行业里年度涨幅最高的前10%公司，平均减持力度是涨幅靠后10%公司的3.2倍。在不同行业里也出现过类似情况，如2020年表现最好的电气设备板块平均减持力度是表现最弱的地产板块的2.2倍。

**估值高的减持意愿更强，且估值高的公司对减持股价表现更为敏感**。估值水平在历史90分位数以上的公司减持力度是估值在历史10分位数以下公司的5倍。2020年减持规模前200的企业中，高估值公司减持力度更大（见图5-3）。在股价表现上，估值在历史90分位数以上的公司减持前后1个月股价平均下跌约15%，相比之下，估值在历史10分位数以下公司减持前后1个月股价反而出现了上涨。

**机构持股比例高的减持意愿强**。机构持股比例最高的前10%公司减持力度是后10%公司的4倍，减持公司的机构持股占比与减持规模具有一定的正相关性。2020年减持规模前200的公司中，机构持股比例集中在40%～70%，持股比例分布高于全市场水平（见图5-4）。

**减持对投资者心理预期有一定影响**。市场普遍认为，大股东减持释放出不看好公司前景的悲观信号，从而削弱投资者信心。运用事件研究方法分析减持公告发布前后股价变动情况后发现，减持公告发布后5日个股平均累计收益率为−0.26%，与公告发布前5日收益率为正的情形反差明显，表明减持公告的发布对股价总体上有显著的负面影响。

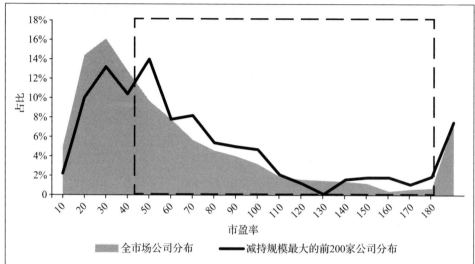

图 5-3　全市场及减持规模前 200 公司市盈率分布

数据来源：万得。

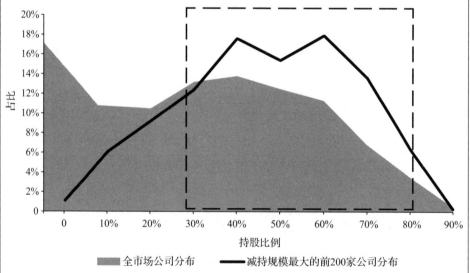

图 5-4　全市场及减持规模前 200 公司机构持股比例分布

数据来源：万得。

　　**减持对个股带来直接抛售压力**。例如，2019 年 11 月 28 日晚间盛弘股份发布公告，因个人资金周转需要，公司股东肖某拟自减持计划公告之日起 3 个交易日至 6 个月内，以集中竞价、大宗交易方式清仓减持其所持有的 400 余万股股票，占公司总股本比例的 3.0%。受此消息影响，隔日盛弘股份大幅跳空低开，收盘下跌 4.4%。无独有偶，金石资源同日晚间也发布公告，其股东金涌泉投资因其合伙公司经营期限即将届满及自身资金安排原因，拟通过集合竞价方式减持公司股份 369 万余股，占公司总股份的 1.5%。隔日股价同样大幅跳空低开，并创 16.65 元的阶段新低，收盘下跌 4.25%。

　　**限售股减持对股指走势有一定下行压力和"抽血效应"，但不会对股指走势产生反转性影响**。实证分析表明，在综合考虑经济基本面、流动性水平、投资者情绪等影响因素后，限售股减持规模对股指涨跌幅存在一定的负面影响，这种影响在股指上涨阶段有平抑上涨的作用，但在股指下跌期间则会加剧股指波动。此外，减持后一周内，减持所获资金基本全部通过银证转账被转出，抽离了二级市场资金。自 2017 年起，年均近 5 000 亿元的限售股减持规模相当于同期沪深两市股票年均融资额的 30% ~ 40%，减持的"抽血效应"明显。但总体来看，由于减持行为在时间和标的上均较为分散，且减持金额占全市场成交额的比例较低，对市场整体走势的影响有限。

# 第三节　专业机构的资金流动

## 一、公募基金

　　公募基金投资门槛较低，追求相对收益，是广大居民重要的投资理财渠道之一。从 2017 年开始，公募基金持股占 A 股市场的比例不断上升，到 2021 年年末已攀升至 7%，为近十年高点，成为 A 股专业机构的中坚力量。

公募基金的平均持股期相对较长，约为 131 天。公募基金净买卖与股指同步同向变动，对股指走势影响显著，且作用程度保持稳定，是市场中枢的决定力量。交易策略以择股为主，对相关行业指数影响显著，净买入居前的行业走势强于大盘同期。择时特征相对较弱，交易仅与当日股指涨跌幅有一定的正相关。

由于基金份额持有人申赎较为频繁，基金经理业绩考核过于强调相对排名，考核周期较短，公募基金交易行为呈现出跟随风格切换、频繁调仓换股、经常扎堆抱团等特点，先后主导金融和地产、消费和医药、科技等板块的轮动，往往导致相关板块估值偏离基本面，并加大股价波动。

从资金流动看，公募基金连续多年成为资金净流入最高的专业机构，其资金进出 A 股市场的渠道为基金的认购与申赎。偏股型公募基金季度净申赎金额与其当季 A 股净买卖金额之间的相关系数达 0.5，申购金额前 10% 的偏股型基金表现为净买入 A 股，而赎回金额前 10% 的偏股型基金则净卖出 A 股，这表明申赎行为是公募基金 A 股交易行为的基础。

过去 20 多年，公募基金行业快速发展，基金规模逐年呈阶梯式增长，承载了我国居民投资转型、养老金体系发展、资本市场进一步成熟等重任。其中，2014—2015 年公募基金规模增幅达 85%。2020—2021 年，在流动性宽松、债市走牛、股市结构性行情等因素的推动下，公募基金新发基金规模呈爆发式增长，还多次出现发行份额超过 50 亿份的"爆款基金"认购规模超上限的现象，2020 年及 2021 年基金新发份额均在 3 万亿份左右。截至 2021 年年末，根据基金业协会公布的数据，公募基金数量为 9 288 只，总规模达 25.6 万亿元，其中股票型基金和混合型基金规模占比超过三成。这表明，越来越多的投资者正通过基金参与 A 股市场。

公募基金的认购受市场行情影响较明显，历史上有 25 个月出现单只主动权益基金募集规模超过 100 亿元的情形，除 2003 年以外，其他时间点均对应万得全 A 指数的快速攀升期或阶段性高点。具体来看，历史上共出现三次"爆款基金潮"：第一次为 2006—2009 年，爆款基金的诞生受基金经理投资经验的影响较小，受基金公司平台、基金主题以及基金销售渠道的影响较大；第二次是 2015 年，市场快速走牛，短期内获取高收益的基金经理成为被追捧的对象；第三次是 2020—2021 年，主打明星基金经理，爆款基金趋于白热化。

在新发产品之外，存量基金的申购也会为公募基金带来资金储备。自 2020 年下半年起，受宏观流动性宽松、A 股行情大涨以及投资者情绪升温影响，存量公募基金连续出现超历史水平的大规模净申购。罕见的申赎行为表明，基民短期仍然"弹药"充足，不仅"赎旧买新"的情况较为少见，而且存量产品中也没有明显的"赎尾买头"。

偏股型公募基金的净值也受到股市行情影响，其规模变化与股指走势基本同步，在股指上涨阶段增加，在股指下跌阶段减少。以 2018 年为例，随着股指下行，偏股型公募基金的净值规模收缩至 10 月末的 2.2 万亿元，较 2017 年年底下降 18.4%，降幅略低于同期上证综指下跌幅度（21.3%）；偏股型公募基金的数量增长也开始放缓，10 月甚至出现停滞；2018 年前三季度偏股型公募基金累计净赎回 934 亿元，资金大幅流出股市。股指下跌时，偏股型公募基金的清盘数量也会出现较快增长。2018 年前 11 个月共有 236 只偏股型公募基金清盘，远超前 4 年总和，占存量偏股型基金数量的 7.3%。除少数保本型基金因监管规则改变选择到期清盘外，大多数清盘的公募基金主要是由于基金持有人大量赎回或基金产品投资亏损，导致连续三个月基金份额持有人数量不满 200 人或基金净值规模低于 5 000 万元，触发清盘条件。进入清盘期后，公募基金快速抛售持有股票，首个交易日净卖出比例超过五成，完成清盘平均用时约40 个交易日，且没有任何买入行为。由于公募基金清盘抛售十分坚决，对相关个股股价的影响较大。

除申赎之外，公募基金的股票仓位水平也会影响其流入 A 股资金的多少。公募基金仓位存在明显的周期性，反映出基金经理的风险偏好程度。过去几轮牛熊周期中，基金权益仓位基本伴随行情波动，牛市中仓位一般较高，熊市则较低。2020 年下半年至 2021 年年末，普通股票型基金仓位基本位于 86% 以上，偏股混合型基金权益仓位波动大致同步于普通股票型。此外，灵活配置型基金的权益仓位周期变化幅度最大，2008 年市场大跌时其权益重仓股占比从 76% 下滑到 57%；在 2015—2016 年市场的下跌中则由 70% 减至 40%；2016 年第三季度后，伴随市场企稳，灵活配置型基金权益仓位同步上行，2020—2021 年权益仓位维持在 60% 左右。

除市场行情外，过去几轮股票基金权益仓位周期均由数个因素共振形成：在权益仓位较高的时间点，几乎都伴随宏观流动性充裕，经济基本面触底上行，上市公司盈利改善。从整体上看，宏观流动性对基金权益仓位的影响大于基本面，非标资产扩张期对权益仓位压制较大；当流动性和基本面无法同时满足时，流动性对权益仓位的影响更大，且流动性溢出环境下可能出现基本面极差但是权益仓位走高的现象，而在基本面向好但流动性一般时，权益仓位的上行趋势多伴随较大波动。

专栏 5-4

# 偏股型公募基金投资回报分析

基金的投资回报关系到资本市场投资功能和财富效应的发挥，关系到基金行业的发展和资本市场投资结构的优化。近年来，偏股型基金规模大幅增长，显示出越来越多的投资者正通过基金参与 A 股市场。在此背景下，"买基金还是买股票""基金赚钱而基民不赚钱"等问题引发广泛关注。

通过分析发现，长期来看，无论是绝对收益水平还是经风险调整后的收益水平，偏股型基金都明显优于股票，基金间收益率的分化程度也低于股票，基金收益的稳定性也较好。这主要得益于基金经理低吸高抛、注重基本面的价值投资行为、良好的风控能力，以及拥有港股、"打新"等多样化的投资渠道，基金经理在特定环境下的"抱团"行为也能起到推高收益的作用。由于基民存在追涨杀跌、追逐热点、频繁申赎等行为，基民投资收益往往低于基金净值涨幅。

## 一、公募基金的收益率明显高于股票，且收益率的稳定性更佳

**偏股型基金长期业绩大幅"跑赢"股票。**2006—2020 年，股票型基金指数[一]和偏股混合型基金指数[二]分别累计上涨 865.1% 和 1 041.0%，明显高于上证综指 199.1% 的累计涨幅；区间年化收益率分别为 16.9% 和 18.3%，高于上证综指 7.9% 的水平。长期来看，基金指数较上证综指的累计收益差持续走阔，呈明显的"喇叭形"（见图 5-5）。

---

[一] 股票型基金指数由万得编制，成分为成立满 3 个月的普通股票型、被动指数型和增强指数型股票基金。

[二] 偏股混合型基金指数由万得编制，成分为成立满 3 个月的偏股混合型基金。

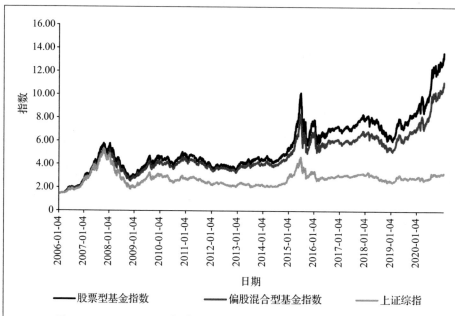

图 5-5　2006—2020 年基金指数与上证综指走势（归一化处理）

数据来源：万得。

**分市况看**，无论是牛市行情还是熊市行情，偏股型基金大都能"跑赢"股票，仅在个别牛市中略低于股票。以股票型基金指数为例，在2019—2020 年的慢牛行情中，该指数累计涨幅为 94.8%，显著高于上证综指 40.9% 的涨幅；在 2006—2020 年的两轮熊市中，股票型基金指数的跌幅均明显低于上证综指；在 2013—2015 年的牛市中，股票型基金指数累计涨幅较上证综指高 0.3 个百分点；但在 2006—2007 年的牛市中，股票型基金指数的涨幅则略低于上证综指 5.7 个百分点（见表 5-1）。

表 5-1　不同市况下基金指数和上证综指累计涨幅

| 市况（时间） | 股票型基金指数 | 偏股混合型基金指数 | 上证综指 |
|---|---|---|---|
| 牛市（2006-01-01—2007-10-16） | 419.0% | 407.7% | 424.7% |
| 熊市（2007-10-17—2013-06-25） | −32.7% | −31.8% | −67.8% |
| 牛市（2013-06-26—2015-06-12） | 164.0% | 144.1% | 163.7% |

（续）

| 市况（时间） | 股票型基金指数 | 偏股混合型基金指数 | 上证综指 |
|---|---|---|---|
| 熊市（2015-06-13—2019-01-02） | −46.3% | −41.4% | −52.3% |
| 牛市（2019-01-03—2020-12-31） | 94.8% | 130.4% | 40.9% |

数据来源：万得、笔者测算。

**分年度看**，2006—2020年的15个年度中，股票型基金指数和偏股混合型基金指数均有10个年度的收益率"跑赢"上证综指，连续"跑赢"上证综指的最长年数分别为3年、4年。

**偏股型基金收益分化程度明显小于股票，且获取正收益的连续性更长。** 分市况看，2006—2020年的几轮牛熊行情中，绝大多数偏股型基金结构分化程度明显低于股票。例如，2019—2020年的上涨行情中，偏股型基金涨跌幅的标准差为55.8%，明显低于股票涨跌幅的标准差120.6%；上涨的偏股型基金数量占比达99.3%，而上涨的股票数量比例仅为70.4%。**分持有期看**，在统计的所有区间内，年化收益率为正的基金占比也明显高于股票。例如，2016—2020年，偏股型基金年化收益率的标准差为7.4%，而股票年化收益率的标准差为15.4%；年化收益率为正的偏股型基金数量占比为91.3%，而年化收益率为正的股票仅占20.1%。此外，偏股型基金连续获取正收益的年数也较股票更长。以2011年前已上市的基金和股票为样本，在2011—2020年的10年内，偏股型基金连续取得正收益的最长年度平均为3.4年，高于股票3.0年的水平。其中，接近六成的偏股型基金能连续4年以上取得正收益，而近七成的A股股票仅能在3年以下连续取得正收益（见图5-6）。

**偏股型基金的收益稳定性总体上好于股票。** 从年化波动率看，基金指数的年化波动率在2006—2015年的牛市和熊市中均明显低于上证综指，在2015—2020年的牛市和熊市中略高于上证综指。划分不同持有

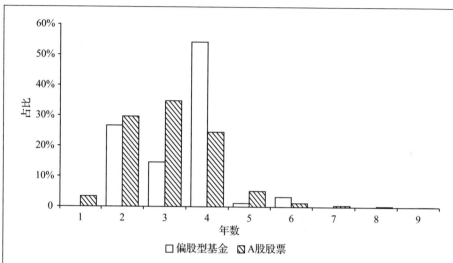

图 5-6 偏股型基金与 A 股股票连续取得正收益的最长年数对比

数据来源：万得。

期统计，基金指数的年化波动率长期来看低于上证综指，在跨度较短的区间内则高于上证综指。从最大回撤看，基金指数在 2006—2020 年的几轮牛熊周期中，最大回撤幅度均明显低于上证综指。划分不同持有期统计，基金指数的最大回撤幅度也大多低于上证综指。从夏普比率（Sharpe Ratio）⊖来看，在过去几轮牛熊周期和不同的持有区间中，基金指数的年化夏普比率均明显高于上证综指，表明经风险调整后的偏股型基金投资收益显著高于股票投资收益。此外，偏股型 FOF（基金中的基金）由于投资标的是基金，表现出了更好的收益稳定性。以 2020 年为例，偏股型 FOF 年化波动率、最大回撤和夏普比率的中位数分别为 17.6%、−12.8% 和 1.7，均明显好于偏股型基金的整体水平。

**公募基金 A 股盈利情况总体优于中小散户。**考虑到公募基金的份

---

⊖ 夏普比率（年化）=（年化后的平均收益率 − 无风险收益率）/ 年化后的波动率，在此无风险收益率取 10 年期国债收益率。夏普比率衡量了每承受一单位总风险产生的超额收益。

额持有人多为中小投资者，测算并对比了公募基金和中小散户的A股投资盈亏，侧面印证了上述主要结论。一是长期来看公募基金的盈利更高，不同阶段略存在差异。2014年10月至2020年年末，公募基金A股投资累计盈利超4万亿元，而中小散户累计亏损超1万亿元。二是公募基金投资收益具有更高的稳定性。统计区间内公募基金月度盈亏金额的变异系数为3.95，明显低于中小散户69.26的水平。三是公募基金盈利更有连续性。统计区间内，公募基金有近70%的时间月度累计收益表现为盈利，且最长能连续10个月盈利，而中小散户仅45%的时间盈利，最长连续盈利时间为8个月。

## 二、基金经理较好的择时择股和风控能力以及多样化的投资渠道是基金业绩的根本保障

基金经理总体表现出"高抛低吸"的左侧交易特点，善于把握行情反转机会盈利。利用基金的买卖和认申赎数据，对主动股票型和混合型基金的择时行为进行了分析。总体来看，基金经理对经济周期、市场拐点的判断更为准确，买卖方向领先于市场走势，且买卖决策受认申赎的影响较小。2018年股指持续下跌期间，在基民累计净赎回1 500亿元左右的情况下，公募基金低位逐步加仓，逆势净买入。2019—2020年的市场上涨阶段，基民净认申购2.4万亿元，公募基金加大净买入力度，得益于前一阶段较低的建仓成本，公募基金获得了可观的投资收益。对比公募基金和中小散户的择时行为，公募基金不仅在拐点的判断上更及时准确，且一旦确认趋势，买入和卖出都更加坚决和迅速，而中小散户往往在行情的中后期才做出反应，表现出"追涨杀跌"的特征，也因此常被"套牢"或忍痛"割肉"。

基金经理挑选基本面好的股票集中持有，为基金带来超额收益。与中小散户追逐市场热点和概念、持股较为分散的特征不同，公募基金偏

好持有业绩好的股票，且持股集中度较高。从公募基金季报披露的情况看，2011年第一季度至2020年第三季度的39个季度中，有25个季度基金重仓前100只股票的当季平均净利润增速高于全部A股平均水平。这些基金重仓股的股价涨幅也明显高于大盘。在39个季度中，有35个季度重仓股票在当季的股价平均涨幅高于上证综指，平均高出10.2个百分点，即使在重仓的次季也有25个季度股价平均涨幅高于上证综指。从持股集中度看，公募基金前100只重仓股的持股金额占公募基金持股总额的比例在30%～80%波动，明显高于中小散户前100只重仓股20%左右的金额占比。可见，基金重仓的确实是市场上最为优质的一批公司，这些股票也给公募基金带来了较好的相对收益。

**基金经理良好的风控意识和手段有助于实现相对较低的净值波动。**一方面，基金经理通常能够严格遵守投资纪律。基金公司通常设定了严格的预警线和止损线，一旦触及立即卖出；部分公募基金还积极运用程序化交易，在一定程度上避免了情绪波动、非理性行为等因素对投资策略和指令执行的干扰。另一方面，公募基金也能利用股指期货等工具进行风险的精细化管理。2018—2020年，随着市场从下跌转向上涨，公募基金从持有股指期货净多仓逐步转变为净空仓，动态调整套保头寸。

**公募基金拥有港股、"打新"等投资渠道优势，进一步提高了收益率。**2014年年末港股通开通后，公募基金积极配置港股标的，偏股型公募基金港股持股市值占其股票投资规模的比重逐步攀升至2020年年末的7%以上，重仓腾讯、美团、舜宇光学等一批代表国内产业升级方向、处于高速成长期的优质互联网和高科技公司。2015—2020年恒生科技指数累计涨幅达113.62%，这些重仓的港股为公募基金带来了丰厚回报。而个人投资者参与港股通存在50万元的门槛，大部分小散户难以分享港股优质上市公司股价上涨的红利。与此同时，参与"打新"也增加了公募基金的收益。得益于 IPO 网下配售向公募基金倾斜的政策，2017 年 7 月至 2020 年年末，公募基金共获配新股 1 326 亿元。从近几年的情况看，在之前的核准制下，主板新股在上市 1 个月左右股价涨至最高，较发行价上涨 400% 左右；注册制下科创板和创业板的新股在上市首日即达股价高点，平均涨幅为 186%。公募基金往往会选择在股价高点卖出绝大部分中签股票，粗略估算"打新"为公募基金贡献了约 3 000 亿元的收益。

**基金经理的"抱团"行为会推高基金业绩，但也加大了阶段性波动。** 我国公募基金公司对基金经理的考核期限较短，且看重业绩相对排名，这导致基金经理的交易行为存在一定趋同性，强化了"羊群效应"。基金经理往往会选择集中持有某一类股票，并形成"抱团股"上涨—基金净值上涨—基民加大申购力度—基金经理继续买入"抱团股"的正反馈。这种"抱团"行为为公募基金带来了阶段性的高净值涨幅。例如，2019—2020 年，公募基金"抱团"白酒、医药等板块，"抱团股"股价及偏股型基金净值均大幅上涨。以"茅指数"来衡量，2019 年年初至 2020 年年末该指数累计上涨 299.53%，显著高于上证综指。值得注意的是，随着公募基金不断吸收筹码，"抱团股"的流动性近乎被"垄断"，股价加速上涨后可能脱离基本面支撑。如果估值泡沫破灭，拥挤的交易将促使公募基金"踩踏式"出逃，导致"抱团股"股价大幅波动，进而引发基金净值波动。2021 年春节后公募基金"抱团瓦解"，"抱团股"股价及偏股型基金净值均大幅下挫。2019—2020 年，股票型基金指数和偏股混合型基金指数振幅分别为 112% 和 159%，明显高于同期上证综指振幅（53%）。

### 三、基民的交易行为削弱个人投资收益

个人投资者持有我国公募基金约一半的份额。尽管公募基金的回报

较高，基民的实际收益却未必如此。第三方基金销售平台天天基金网数据显示，2020 年该平台用户权益类基金持仓的平均收益仅 19.19%，远低于权益类基金 40% 的平均回报。支付宝平台显示，"顶流"基金经理张某管理的易方达蓝筹精选混合近一年净值涨幅为 92.5%，但有 83.9% 的持有用户亏损。造成"基金赚钱而基民不赚钱"的主要原因是基民的申赎行为。

**追涨杀跌、追逐热点等不当行为侵蚀了基民的盈利空间。**基民与股票市场的中小散户有较大范围的交集，往往具有相似的投资行为特征。**一方面**，在申赎时机的选择上追涨杀跌。2015 年第二季度上证综指加速赶顶时，基金份额规模才开始迅速放大，当季净认申购 1.46 万亿份；6 月中旬市场转向下跌，又引发了恐慌性赎回，第三季度净赎回 1.16 万亿份。大规模赎回迫使基金经理被动减仓，导致基金净值进一步大幅下跌。《2021 年一季度基民报告》显示，追涨杀跌的基民收益较基金净值涨幅少 40%。**另一方面**，基民在基金选择上追逐热门基金，容易"高位接盘"。基金业协会 2019 年的调查数据显示，有 36.3% 的投资者在选择基金时主要依据基金公司名气、明星基金经理和市场热门主题。在销售端，由于规模是基金公司及基金重要的考核指标之一，基金公司热衷于根据市场热点确定新基金的名称，鼓励基民赎旧买新，第三方基金销售平台也热衷于展示各种排行榜。这些因素导致基民在选择投资标的时具有一定的随意性和盲目性，经常不加分析就申购阶段性的热门基金。这些基金之所以成为"热门"，往往是因为其净值经过大幅上涨，后续出现回撤的概率较大。以 2021 年 1 月的十大热门基金为例，这 10 只基金 2020 年净值平均上涨 75%，明显高于偏股型基金 45% 的平均水平；2021 年前 4 个月的最大回撤达 21%，也明显高于偏股型基金 15% 的平均最大回撤。

　　**频繁申赎导致基民难以获得长期收益，且付出了更多交易成本。**前文的分析已经表明，基金投资的优势是可以提供长期内相对稳定的超额收益，但部分基民在投资基金时具有明显的短线化思维，买入基金产品后，发现收益下跌或未明显上涨就立刻赎回，转投其他基金。基民的这种行为，一方面丧失了获得长期投资收益的机会，另一方面则付出了更多的交易成本。国内公募基金按不同的持有期收取不同的申赎费率，平均在 0.5%～1.5%。测算不同换仓频率下的交易成本，在 1% 的申赎费率下，月度换仓和季度换仓每年将分别损失 11.36% 和 3.94% 的投资收益；若持有三年再赎回，平均每年需支付的费率仅为 0.33%。基金业协会 2019 年的调查数据显示，有 11.4% 的基金投资者持有单只基金的时间少于半年，34% 的投资者持有时间不到 1 年。《2021 年一季度基民报告》显示，持有期在三个月内的基民中超过七成亏损，而持有期在三年以上的基民中则 95% 都能盈利；频繁买卖的用户较长期持有的用户收益少 28%。

## 二、私募基金

　　与公募基金相比，私募基金投资门槛较高，追求绝对收益，主要面向风险承受能力较强的高净值客户。2013 年，随着基金业协会的成立，私募基金行业开启了在监管下规范发展的新阶段，呈现规模和数量双升的局面（见图 5-7）。截至 2021 年年末，基金业协会已备案私募证券投资基金管理人 9 000 余家，已备案私募证券投资基金 7.7 万只，管理基金规模 6.1 万亿元，较 2020 年增加 60%。

　　我国的私募基金以私募股权和创业投资基金、私募证券投资基金为主，投资标的主要为股票和非上市股权，投资债券、期货等其他资产的规模相对较小。私募股权和创业投资基金的投资退出方式以 IPO 为主，通过将所持股份在解禁后减持实现退出，此外还可以通过并购、转让等方式实现退出。私募证券投资基金专注于二级市场股票交易，其投资限制较少，交易策略也较为多样，包括股票多头、股票多空、市场中性、事件驱动、统计套利等，总体上表现为短线交易特征，平均持股期限不足 30 个交易日。净买卖与股指当日走势显著正相关，正相关系数达 0.7以上。特别是在股指下跌阶段，私募基金净买卖不仅与当日股指涨跌幅正相关性更强，且会根据前日股指涨跌反向交易、高抛低吸，获取较高投资收益。

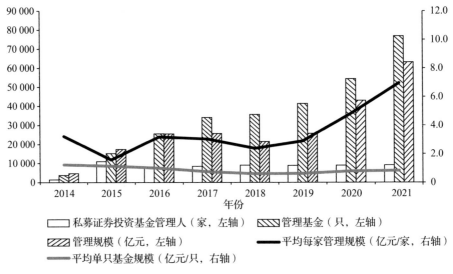

图 5-7 私募证券投资基金市场规模

数据来源：基金业协会。

私募基金的资金来源为向特定投资者募集资金，募集资金越多，可流向 A 股的资金就越多。私募基金进出 A 股的资金流动渠道为银证转账，其银证转账净额与基金新发清盘情况及股指走势均具有一定相关性。

从新发基金数量来看，2017 年发行量呈放量走势，但 2018 年受股市行情持续弱势、资管新规及配套细则落地等因素影响，新发基金数量

有所萎缩。2019 年私募基金新发总量有一定回升，得益于年初股票市场
的强劲势头，市场交易活跃，私募基金纷纷布局新产品，3 月、4 月的新
发基金数量大幅攀升，4 月达到全年顶峰，数量接近 2 月低谷值的 5 倍；
4 月下旬起市场出现回调，而后受多空因素交织影响，股市宽幅震荡，新
发基金数量、基金发行净增量转为相对稳定；12 月股市再度连续上涨，
重回 3 000 点，部分机构提前布局发行新产品，新发基金数量未受临近
年末影响，反而有小幅攀升。2020 年私募基金新发总量增长的趋势得以
延续，且整体发行水平有所提高，年初受新冠疫情影响，1 月和 2 月的发
行数量维持在低位；但随着行情快速反弹，3 月发行数量迅速回升，而后
受海外疫情失控影响，4 月发行数量再次回落；随着国内疫情得到控制，
国外疫情也趋于稳定之后，新发基金数量逐步呈现上升态势。2021 年新
发基金数量创历史新高，除受到春节、五一和十一节日因素影响外，单
月新发产品数量不断创出新高（见图 5-8）。

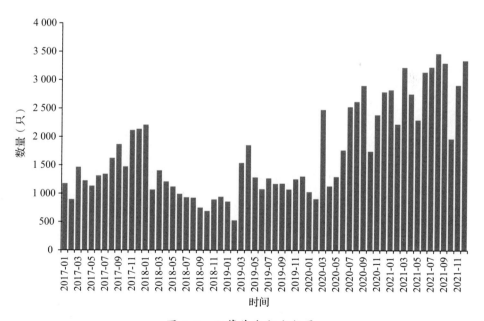

图 5-8　私募基金新发数量

数据来源：万得。

从产品清盘来看，2018 年是私募基金清盘的高峰，随后清盘数量逐年回落，2021 年清盘基金数量已处于近 5 年的低位，并且每年内清盘量的走势均呈前高后低态势。据了解，2018 年有相当一部分私募基金管理人因对后市预期较为悲观，为避免剩余资产受损而选择提前清盘；在清盘期间，私募基金并非一味抛售，而是根据个股走势把握清盘节奏，在部分股价上涨交易日择机买入，并在随后陆续减仓，以减少清盘损失。

## 三、其他资管产品

除公募基金和私募基金外，参与 A 股市场的专业机构还包括基金专户、信托产品、券商资管、期货资管等资管产品。这些资管产品主要面向合格投资者，属于私募类资管产品。从投向上看，除期货资管主要投向期货市场外，上述其他类资管产品主要投向非标资产和债券，投向股市的规模相对较小。从这些资管产品在股市中的交易行为看，券商资管、信托产品与公募基金类似，净买卖与股指同步同向变动，交易策略以择股为主；期货资管则与私募基金类似，短线交易特征显著，交易策略以择时为主，持股期限较短。

自 2012 年起，随着居民财富管理和企业融资需求不断增加，资产管理行业迎来政策放松、业务创新的浪潮，各子行业间壁垒相继打破，大资管格局逐步形成。之后 5 年间，在宏观流动性相对宽松和金融创新的推动下，资管行业迎来飞速发展时期，管理规模不断攀升。但这一时期的创新，大多是分业监管背景下金融机构在监管套利、杠杆套利方面的创新，"创新"之下多层嵌套、通道业务规模扩张，同时在资管行业体系内积聚了大量风险：通道业务底层资产模糊，多层嵌套拉长风险链条，加上分级产品杠杆倍数高企，导致金融脆弱性大大上升，也对国家宏观调控和金融监管造成巨大干扰。

2018 年 4 月 27 日，中国人民银行等部门联合印发《关于规范金融机构资产管理业务的指导意见》(简称"资管新规"),资管行业纲领性文件最终落地,100万亿大资管行业开启"强监管"时代。"资管新规"全文31条,"破刚兑、去嵌套、降杠杆"的精神贯穿始终,对资管行业影响深远。各子行业开始回归投资本质,放弃依赖规模的通道业务,转而侧重机构本身的产品创设、投资管理以及销售服务能力,注重金融机构的主动管理能力。2018年10月,证监会发布《证券期货经营机构私募资产管理业务管理办法》《证券期货经营机构私募资产管理计划运作管理规定》,进一步补齐监管拼图,资管产品全面开启主动管理转型之路。在"资管新规"的约束下,各类资管产品的规模、投向等也开始发生变化。各类经营机构的资管业务规模下滑,权益类资产投资规模大幅下降,流入股市的资金减少。

在"资管新规"及配套政策的影响下,券商资管发行份额大幅下降(见图5-9)。2016—2021年券商集合计划发行份额连续6年下降,2021年发行3 574只集合理财产品,同比下降36%;发行份额为700.7亿份,同比下降26%,相对于"资管新规"落地的前2015年巅峰时期下降81%。券商资管规模也持续压降,业务结构不断优化,2018年起资管业务净收入下降至300亿元以下,2021年虽同比增加6.1%重回300亿元以上,但占营业收入比重持续下降至6.3%(见图5-10),券商资管流入A股的资金量也随着份额及规模的减少逐步下降。

信托产品受监管影响出现较大波动,2018年后连续多年大幅减持、持续净流出股市。2016年6—11月,监管层密集出台多项措施,对券商资管和基金子公司实施净资本约束,压缩结构化资管产品的杠杆倍数。受此影响,通道业务和杠杆资金逐步由券商资管和基金子公司回流信托公司,信托业总资产开始快速增长,其投资A股市场的规模也"水涨船高",除在股指阶段性顶部小幅卖出外,基本表现为持续净买入。随着"资管新规"及规范银信类业务等严监管政策的密集出台,信托业规模增

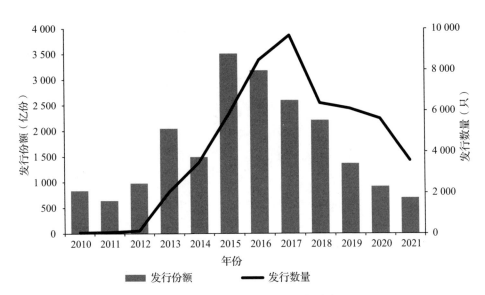

图 5-9 券商理财发行份额和数量变化

数据来源：万得、证券业协会。

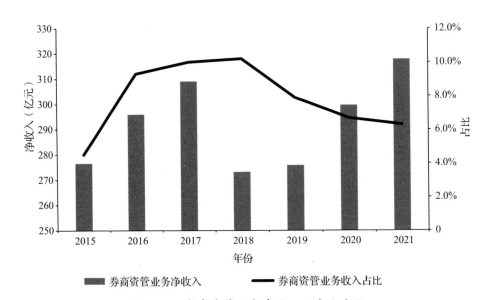

图 5-10 券商资管业务净收入及占比变化

数据来源：万得、证券业协会。

速放缓，投资股票市场的力度也有所下降。2018—2021 年，信托产品已连续多年持续净流出，虽规模不大，但也在一定程度上降低了股票市场的流动性。

## 四、长期资金

A 股中的长期资金主要包括保险资金、社保基金和企业年金等。吸引更多中长期资金入市是"深改 12 条"⊖中的重要组成部分，可见长期资金的流入对于 A 股极为重要。

长期资金交易活跃度低、持股期限长、偏好持有大盘蓝筹股，是践行价值投资的主力。企业年金、保险产品、社保基金等长期资金平均持股期均在 130 天以上，明显高于全市场水平，主要偏好持有金融、消费等行业龙头股，已成为市场的"压舱石"。长期资金往往在市场底部开始加大净买入力度，在市场见顶前转为净卖出，对股指走势有一定指向性意义，也在一定程度上起到平抑股指波动的作用。

长期资金的流动主要受相关政策以及资金本身运营的限制，随着推动长期资金入市的各项政策落地，亟待长期资金突破产品瓶颈，提升 A 股投资比例，这既可以为股票市场提供流动性，又能提升长期资金的投资回报率，实现双赢。

### 1. 保险资金

长期资金中，保险资金持股期限最长，超过 500 天，交易频率低，在股指下跌期间积极建仓，在股指上涨阶段卖出获利，善于提前布局，抓住市场反转行情，"低吸高抛"特征明显，有利于市场长期稳定运行。

---

⊖　"深改 12 条"是证监会于 2019 年 9 月正式提出的全面深化资本市场改革的 12 个方面重点任务。

我国保险资金入市政策持续放松，但实际入市规模还不高。2004年10月25日，我国保险资金首次入市比例上限仅为5%；2007年7月17日上调至10%；2010年8月5日进一步上调至20%；2014年2月19日又上调至30%。2020年7月，该比例继续放开，上季末综合偿付能力充足率为350%以上的保险公司，权益类资产投资余额最高可占其上季末总资产的45%。然而，虽然保险资金权益类配置比例限制不断上调，市场行情也受到短期提振，但保险资金实质上提高入市比例的进程还"不尽如人意"，甚至出现保险资金入市比例在2020年限制松绑后明显下降的现象。根据银保监会统计，2021年年末保险资金运用余额23.23万亿元；其中，银行存款和债券合计占比达50.31%，股票和证券投资基金合计占比达12.70%。根据中国保险保障基金有限责任公司发布的《中国保险业风险评估报告2020》，保险行业中九成公司配置股票比例低于10%。虽然保险资金已经被预期能为股市贡献稳定的增量资金，但2021年年末保险投资股票和基金的比例（12.70%）不仅距离上限较远，甚至与2015年的高点（16%）相比仍存在一定差距（见图5-11）。

图 5-11　保险资金权益配置比例

数据来源：万得。

## 2. 社保基金与企业年金

我国养老金体系是由基本养老保险、企业年金、个人商业养老保险组成的三支柱体系。2020 年，我国养老金整体规模约 9.35 万亿元。其中，第一支柱的基本养老保险占比 72%，是绝对主力，但第一支柱涉及基本民生的兜底，故其对投资风险控制、入市比例限制较为严格；第二支柱的企业年金占比仅 28%，且覆盖率低，虽然投资灵活性较高，但总体规模不大；第三支柱的个人商业养老保险整体规模还很小，2020 年年末第三支柱累计实现保费收入仅 4.26 亿元。与美国、日本等相比，我国养老金三大支柱结构明显失衡，国际上养老金入市的主力军是第二支柱（即企业年金），我国企业年金规模还不大，特别是第三支柱的个人商业养老保险占比明显偏低，造成我国养老金总体入市力度不足。

---

**专栏 5-5**

### 险资举牌

2015 年下半年开始的"宝万之争"，引发广大投资者和监管部门的极大关注，也让"险资举牌"这一现象进入市场研究的视线。

#### 一、险资举牌掀开"宝万之争"序幕

为保护中小投资者利益、防止大股东操纵股价，《中华人民共和国证券法》规定，投资者及其一致行动人持有一家上市公司已发行股份达到 5% 时，应在该事实发生之日起 3 日内，向证券监督管理机构、证券交易所做出书面报告，通知该上市公司并予以公告（俗称"举牌"），并且履行有关法律规定的义务。

在正常情况下，如果保险资金持有的股票继续增加，这意味着保险公司对该股后续上涨持乐观态度，可能会带动市场对投资该股的热情，

从而大概率促进股价上涨。但如果投资者利用保险资金大规模购买上市公司股份，就可能形成控制权变动和股价大幅波动。2015 年 7 月 10 日，宝能系⊖旗下前海人寿保险公司举牌公告，以万能险产品通过二级市场、投入 79 亿元买入万科 A 约 5.52 亿股，占万科总股本的 5%。此后，宝能系持续买入，持股比例于 8 月 26 日达到 15.04%，超过万科原最大股东华润集团，成为万科第一大股东。以王石为代表的万科公司管理层将宝能系增持万科股份认定为恶意收购，随后万科以重大资产重组为由，于 2015 年 12 月 18 日宣布停牌。截至停牌时，宝能系经过 4 次举牌，动用 430 亿元资金购买了 26.8 亿股万科股份，累计持有万科总股本的 24.26%。宝能系动用自有资金约 120 亿元，并综合运用万能险险资、融资融券、收益互换、资管计划、股权质押等多种方式加杠杆，使用外部资金约 310 亿元，借新还旧、滚动续作，杠杆比例达到 1∶3.6。如果穿透资金来源，杠杆率可能达到 10 倍以上。

2016 年 7 月 4 日万科复牌，7 月 5 日—6 日宝能系又耗资 15.5 亿元继续买入万科股份，构成第五次举牌，持股比例超过 25%，进一步巩固其第一大股东地位。7 月 19 日，万科举报宝能系资管计划违法违规，成为反并购策略最重要的一步，破坏了宝能系的资金链。此后，随着万科通过定向增发支付对价的方式引入深圳地铁集团，深圳地铁集团最终成为最大股东，宝能系逐步退出竞争，万科原董事长王石卸任，郁亮接棒，"宝万之争"落下帷幕。

---

⊖ 宝能集团成立于 2000 年，注册资本为 3000 万元，主要包括综合物业开发、金融、现代物流、文化旅游和民用生产等五大板块，下辖宝能地产、前海人寿、钜盛华多家子公司。由于宝能集团以及下属的子公司前海人寿和钜盛华在资本运作中通常为一致行动人，因此被称为宝能系。

## 二、险资举牌动机

### 1. 股市波动后显现低价进场机会

2015 年我国股市出现异常波动，6 月中旬至 7 月上旬沪深两市急剧下跌，不仅投资者失去信心，很多上市公司的估值也处于低位。这对于等待入市的保险资金来说是极好的入市时机，较低股价大大节省投资成本，因此更容易获得较高投资回报。2015 年 7 月 8 日，保监会发布《关于提高保险资金投资蓝筹股票监管比例有关事项的通知》，放宽保险资金投资蓝筹股票的监管比例，其他政策也陆续放宽，为保险公司积极入市拓宽了道路。

### 2. 快速增长的保费收入急需长期稳定的投资渠道

**一是**保费快速增长导致资产配置不足。随着中国经济快速发展，保费也出现快速增长。2015 年，中国人寿、华夏人寿、天安人寿、天安财产保险、前海人寿和安邦保险等公司重点发展可以带来较多现金流的万能险，由于保费最初是通过固定投资渠道分配的，保费的快速增长使得许多公司面临更大的资金配置压力，急需长期稳定的投资渠道。**二是**市场利率低凸显了股权投资的重要性。对保险公司来说，股权投资和债务投资是配置闲置资金的两种主要方式，在市场利率大幅降低的情况下，固定收益类投资的收益率水平不断下降，保险公司增加股票投资比例是大势所趋。

### 3. 突破壁垒协同发展

保险公司投资上市公司有助于突破保险业与实体经济的壁垒，为实体经济发展提供资金支持；保险公司举牌上市公司，也可视为证券、保险的跨界合作，不仅能让更多机构投资者进入证券市场，也能促进两大金融领域的协调发展和利益共享。

### 三、险资举牌特点

#### 1. 市盈率低、股息率高、现金流稳定的企业成为举牌的目标

低市盈率意味着投资者的回报时间缩短，投资风险降低。高股息利率意味着投资者的资本回报率得到了提高。现金流稳定，营运资金高，企业破产风险大大降低。因此，险资举牌的对象大多属于传统行业，估值相对较低，现金流充足，如银行、百货、房地产等行业。

#### 2. 股权相对分散的企业更有可能成为举牌的对象

从多次举牌万科的前海人寿和钜盛华可以看出，万科等股权相对分散的企业是保险公司的重要目标。险资之所以选择这类上市公司，是因为举牌难度相对较小，也更容易以较低的股份获得较高的话语权。

# 第四节　外资的资金流动

境外资金（简称外资）是我国境内股票市场的重要参与者，包括合格境外机构投资者（QFII）、人民币合格境外机构投资者（RQFII）、沪深股通等。随着我国资本市场的日益开放，外资参与 A 股规模、深度不断扩大，正成为 A 股的"风向标"，其资金流动也是市场关注的重点。

2002 年 11 月，我国正式推出的 QFII 制度，是 A 股市场国际化进程的起始标志。自 2014 年起，A 股市场对外开放进入全面提速阶段，沪港通、深港通、沪伦通机制相继建立，A 股成功纳入 MSCI 指数<sup>⊖</sup>、富时罗素指数等国际重要指数，同时 QFII、RQFII 两项制度合二为一，扩大

---

⊖ MSCI 指数是指由摩根士丹利资本国际公司（MSCI）推出的代表全球股票市场情况的指数，2021 年年末全球追踪 MSCI 指数的资产规模超过 10 万亿美元。

投资范围，放宽准入条件，加速 A 股与国际接轨，便利外资交易和流动，也增强了 A 股吸引力。

随着我国资本市场对外开放的深化，外资流入 A 股的规模持续攀升，外资对市场的影响力也越发显著。截至 2021 年年末，外资持有 A 股市值近 4 万亿元，占全市场比例超过 4%，已有与国内公募基金分庭抗礼之势。值得注意的是，外资持仓偏好固定、筹码集中，部分龙头 A 股公司每日成交金额中外资占比已经近半，成为一股具有较强市场"边际定价权"的新势力。

从交易特征上看，QFII 和 RQFII 平均持股期限总体较长，但沪深股通持股期限短于 A 股平均水平，净买卖方向与股指走势基本同步。外资总体上表现出较好的投资收益和风控能力，盈利主要来自择股。

从资金流动上看，由于沪深股通投资者（俗称北向资金）为外资的交易主力，且其资金流动数据可获取，本节将主要探讨沪深股通的资金流动特征和影响因素。2014 年沪股通、2016 年深股通开通至 2021 年，沪深股通资金每年都净流入 A 股，累计净流入超 1.6 万亿元，是重要的股市流动性供给渠道（见图 5-12）。

在 2018 年以前，没有出现外资大量流入或流出的情况，A 股不管是结构还是趋势，很少受到外资的影响。

2018 年，沪深股通资金呈现"逆势而上"特征，累计净流入近 3 000 亿元，净流入与大盘走势明显负相关。这一年正处于中国资本市场逐步开放阶段，A 股陆续纳入国际指数，如 MSCI 指数、富时罗素指数等，外资对 A 股的配置性需求较强，为国内资本市场带来大量的资金流入。因此，尽管 2018 年大盘走低，但沪深股通资金还是源源不断地涌入国内资本市场，被动配置型资金在外资中占主导地位。

图 5-12  沪深股通累计净流入情况

数据来源：万得。

进入 2019 年，沪深股通资金表现出"顺势而为"的特征，累计净流入超 3 500 亿元。2019 年 1—2 月，由于沪深股通资金的大幅入场，吸引散户等增量资金跟随参与，A 股市场出现大涨。但 4—5 月，中美贸易摩擦升级等事件进一步影响境外投资者情绪，沪深股通资金转为净流出，并传染至其他投资者，A 股大盘也出现下跌。可见，经过几年的配置和布局，北向资金的影响力显著提升，资金的净流入与大盘走势高度正相关。北向资金正成为资本市场的引势者，而非顺势者。

2020 年，沪深股通资金流入 2 000 亿元，远不及前几年的流入规模，主要原因为突发疫情持续扰动市场情绪，全球风险偏好降低。这一年外资流动可谓一波三折：第一季度，沪深股通资金在全球市场动荡之下创纪录撤离，紧接着又跟随市场反弹大幅涌入，年中创下历史同期流入新高；到第三季度，北上资金又以罕见的速度持续离场，这导致 1—10 月沪深股通净流入规模甚至不及 2019 年的三分之一；但进入 11 月和

12月，美国大选和疫苗研发相继落地后，沪深股通资金突然大幅流入超1 200亿元，连续创下年内月度流入新高。

2021年，虽然国际指数扩容处于"空窗期"，但外资不但未暂停入场，反而持续大幅增配，连续12个月保持净流入，全年累计净流入超4 300亿元，创下历史新高。

总体来看，在被动配置阶段外资以净流入为主，此后资金流动与A股行情互为耦合，彼此影响。

除股市行情外，外资流动还受较多因素的影响，各类因素相互交错，最终共同导致了外资流动的变化，并对市场流动性产生影响。

## 一、全球宏观流动性

境外资金来源于全球宏观流动性。当境外投资者所拥有的投资资金较为丰富时，会将其资金配置于全球各类市场，其中便会增加对A股资产的需求。因此，在全球流动性宽松的背景下，包括A股在内的新兴市场迎来持续资本流入。与此同时，全球流动性宽松会提升全球投资者的投资热情，市场避险情绪缓解，风险偏好提升，也会进一步加深对A股资产的需求，促使外资流入A股，提升股市流动性。

如前所述，美国作为世界第一大经济体，美元的货币"霸主"地位已经保持70多年，全球已形成美元主导的资金环流体系；叠加欧洲、日本等其他主要经济体央行与美联储同步进行货币政策调整，全球流动性受美国货币政策影响十分明显。

在全球流动性宽松的背景下，美元往往相对弱势，全球资金流入新兴市场寻找更高收益，新兴市场资产价格也随之大幅上涨；当全球流动性紧缩、避险情绪升温时，资金又迅速逃离新兴市场，同步带动资产价格下跌。以2008年全球金融危机前后全球资金流动为例，2007年次贷危机以及 2008 年全球金融危机爆发后，全球流动性大幅收紧，在避险情绪主导下，全球资金持续流出新兴市场，流入美国市场。为应对危机冲击，美联储推出一系列流动性宽松政策，市场恐慌情绪逐步缓解，美元持续走弱，全球资金再度回流新兴市场，抬升新兴市场资产价格。图 5-13 显示，新兴市场资金流入与 MSCI 新兴市场指数有着很强的正相关关系，这说明外资流入对新兴市场的资产价格有着重要影响。

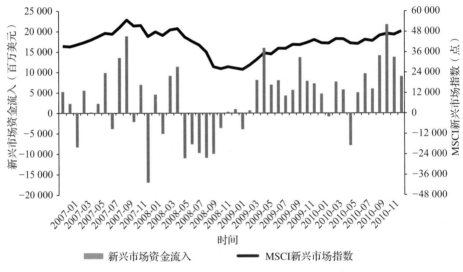

图 5-13　新兴市场资金流入与 MSCI 新兴市场指数变动

数据来源：万得、EPFR。

　　作为新兴市场的重要组成部分，A 股对外开放程度提升，外资流入和流出的节奏与规模受全球流动性的影响正变得更加明显。作为外资流动的主要源头，全球流动性的宽松为外资流入 A 股提供动力源泉。虽然我国资本市场也受到国际流动性紧缩的冲击，但如前所述，A 股市场对外开放起步较晚，大部分时间处于配置型资金流入的阶段，国际流动性紧缩冲击尚未对我国市场资金流动产生巨大扰动。例如，美联储曾在 2017 年 10 月开启缩表，到 2019 年 9 月停止缩表时，美联储总资产减少 0.8

万亿美元，降至 3.7 万亿美元，全球流动性有所收紧；但该阶段沪深股通保持着持续净流入态势，仅在 2019 年 3—5 月净流出近 800 亿元（见图 5-14）。究其原因，是 2017 年美联储开始缩表时，正处于中国境内资本市场扩大开放阶段，沪深股通开通时间不长，A 股开始陆续纳入国际指数，外资对 A 股的配置性需求处于较强阶段，受全球流动性紧缩的影响并不明显。随着外资配置 A 股的阶段性完成，外资将逐步改变持续净流入状态，会更多与全球流动性变化共振。

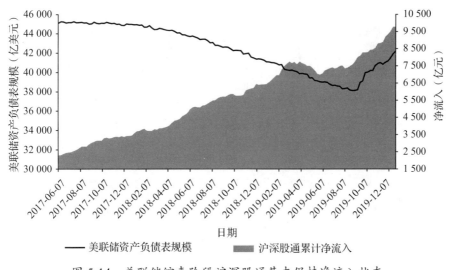

图 5-14 美联储缩表阶段沪深股通基本保持净流入状态

数据来源：万得。

## 二、汇率

人民币汇率变化会直接影响外资投资收益率。当人民币大幅升值或升值预期较高时，外资进入 A 股市场不仅能获得股市上涨的收益，更能享受到人民币汇率升值的收益，综合投资收益率上升驱动外资增配 A 股，吸引外资流入，从而提升股市流动性。外资配置 A 股必然带动人民币汇兑需求的抬升，进一步驱动人民币升值，人民币汇率变动与外资流动是互为因果的。从历史上看，如图 5-15 所示，无论是人民币升值阶段，还是人民币价值较高的汇率区间，往往伴随着更高的外资流入规模和流入概率。

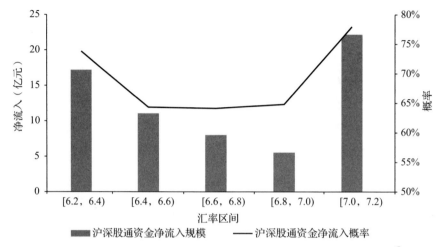

图 5-15 不同人民币汇率区间沪深股通资金净流入规模与概率<sup>⊖</sup>

数据来源：万得。

图 5-16 显示，虽然过去几年外资处于配置阶段，资金总体呈现净流入状态，但在人民币升值阶段（空框区域）外资流入的速度会加快，在人民币贬值阶段（灰色区域）外资流入的速度相对较慢。但在个别时点也会出现外资较大规模流出、人民币贬值的情况。例如，在 2020 年 3 月国际疫情迅速扩散，国际资金回流美国，沪深股通资金净流出近 700 亿元，美元兑人民币中间价由 6.9 升至 7.1。

外资流入是新兴市场渐进开放时曾普遍享受的"制度红利"，现阶段我国资本市场正处于快速开放阶段，从某种程度上来说人民币贬值对外资流入影响有限，仅仅会影响外资流入的快慢而不是流入和流出。更重要的是，我国不仅经济体量庞大，拥有巨大的发展潜力，而且人民币已

---

⊖ 沪深股通开通后，仅有约 10% 交易日美元兑人民币中间价位于 [7.0,7.2) 区间内，其中近七成交易日人民币正处于升值过程中，对外资的吸引力较强，外资流入较多。

于 2016 年正式加入特别提款权价值篮子，国际化程度显著提高，资本市场改革不断推进，我国 A 股正成为全球最具吸引力的市场。

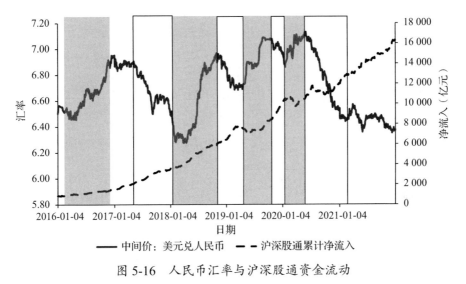

图 5-16　人民币汇率与沪深股通资金流动

数据来源：万得。

## 三、中国资产的性价比

如果说全球流动性是外资流动的源头，那么决定有多少资金流入 A 股而不是流入其他新兴市场的因素便是中国资产的性价比。这与本章第一节中提及的债券、房地产等其他资产价格会影响流入股市的资金的理论一样，若其他国家资产性价比高、风险小，境外资金便会去投资其他国家资产，对 A 股的需求降低，流入 A 股的资金减少；反之，当 A 股的性价比高于其他国家资产时，境外资金将更多地配置 A 股，对 A 股的需求上升，外资加速流入，提升股市流动性。

从估值性价比角度看，A 股估值水平在全球主要市场中依然处于低位，具备较高的投资性价比。截至 2021 年年末，沪深 300 指数估值为14 倍，仅略高于恒生指数（10.7 倍），低于纳斯达克指数（38.6 倍）、印

度 SENSEX30 指数（27.4 倍）、标普 500 指数（26.4 倍）、富时 100 指
数（23.5 倍）、澳大利亚标普 200 指数（23.2 倍）以及法国 CAC40 指数
（21.2 倍）等。在我国经济保持中高速增长、上市公司净资产收益率较高
且相对稳定的大环境中，A 股无论是相对收益还是绝对收益，都非常具
有配置价值。

以美股和 A 股为例，通过观察 2008 年金融危机之后发达市场和新
兴市场估值的走势可以发现，金融危机后美股估值持续走高，估值连续 8
年的持续飙升已经将美股推到历史估值的高位，即使在 2018 年整体估值
回调的情况下，美股也依然很难消化掉前期的估值溢价。相反，A 股作为
新兴市场国家股市的典型代表，在金融危机后股市整体估值水平低位徘
徊，在估值体系对比之下，新兴市场或者说是 A 股的投资价值显而易见，
这也是过去几年外资持续配置和布局境内股市的重要原因（见图 5-17）。

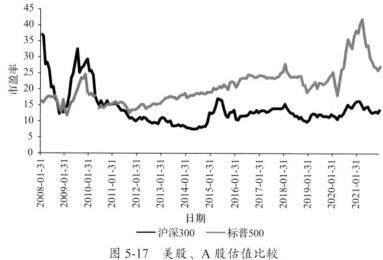

图 5-17　美股、A 股估值比较

数据来源：万得。

## 四、中美利差

中美利差是中国与美国的市场利率之差。中美利差走阔，意味着会

有更多的国际资本为获得更高收益率而流入国内市场，促进国内经济增长，外资对 A 股的需求也会增加，资金流入，提升股市流动性；利差收窄通常会降低国内市场的吸引力，外资甚至转为流出，股市流动性下降。中美利差有长期与短期之分，短期一般用我国 3 个月上海银行间同业拆放利率（Shibor）减去美国 3 个月伦敦银行间同业拆借利率（LIBOR），长期习惯采用 10 年期我国国债收益率减去 10 年期美国国债收益率。其中，使用中美 10 年期国债收益率之差计算中美利差的做法，是更常见的市场分析方法。

图 5-18 显示了 2017—2021 年中美 10 年期国债收益率之差与沪深股通资金流入和流出市场之间的关系。大部分情况下，中美利差保持在 50 ～ 200 个基点，正的利差扩大与外资资金流入紧密相关。中美利差也在 2018 年 10 月至 2019 年 3 月处于 50 个基点以下，呈收窄态势，当时美联储正处于货币政策正常化进程，加息、缩表促使短端收益率上升并逐渐向长端传导，导致美债收益率持续震荡上涨；其间沪深股通先小幅净流出，随后维持净流入态势，中美利差收窄的影响呈现短期化。

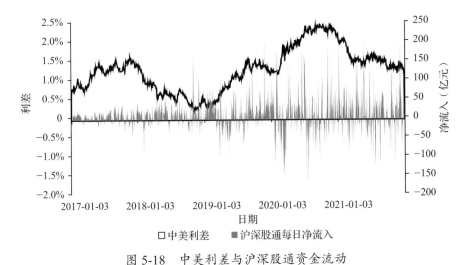

图 5-18 中美利差与沪深股通资金流动

数据来源：万得。

专栏 5-6

# 中美长端国债收益率变动的特征增强

2005 年人民币汇改之后，随着我国经济的快速发展，人民币进入较快升值通道，中美国债收益率走势较为独立，中美利差在较长时间内甚至为负值，如 2005 年 3 月至 2007 年 9 月。但在次贷危机、全球金融危机之后，二者走势表现出明显的同步同向性，在 2011 年后基本保持一定幅度的正向利差。

## 一、2008 年后中美国债收益率同向变化的原因

**全球主要经济体利率变动呈现一定的同向特征。** 近年来，经济全球化与金融一体化使世界主要经济体之间的依存性加强，经济波动和经济周期的联动性也随之增强。在当前国际经济金融格局中，美国作为世界第一大经济体，美元作为全球最主要的储备货币，美联储作为全球最有影响力的央行，美元利率的变化会对各国货币政策和市场利率产生溢出效应，主要经济体货币政策操作的协调性也有所加强，一些国家常常因美国利率政策的调整而被动做出相应调整，表现出经济体之间利率的同步同向变化。比如，西方五大央行会在同一天议息，货币政策变动前后也通常会进行深入沟通，从而引致市场利率的同步同向变化。特别是在 2008 年金融危机爆发后，主要经济体加强协作、共同应对，更加强化了这种利率联动的趋势。

**经济基本面的联系。** 长期来看，经济基本面是决定长端国债收益率走势的重要因素。中美两国的经济体量均非常大，且两国互为对方重要的贸易伙伴、投资伙伴，经济基本面会通过出口、资金等多个渠道产生关联。例如，当美国经济下滑时，中国的外需会受到冲击，基本面因素对两国债券收益率同时产生了向下的作用。这些基本面上的联系也在一

定程度上决定了利率变动的同向性。

**货币政策的联系**。货币政策直接作用于基准利率或流动性总量，并对基本面、市场预期等产生影响。中美货币政策周期的趋同则可能增强国债收益率的同向变动。例如，为应对金融危机，中美两国都采取宽松的货币政策，这也是带动两国债券收益率下行的主要因素。2015—2018年，随着美国经济复苏势头的向好，美联储停止宽松并逐渐转向加息、缩表；而中国从 2016 年下半年开始强调去杠杆、防风险，货币政策立场出现调整，2017 年开始逐渐上调政策利率，中美在货币政策方面有一定的趋同性。

**其他国际市场因素的影响，包括大宗商品价格、国际资本流动和资本比价、市场情绪等**。在大宗商品价格方面，中美都是国际大宗商品的主要需求国，国际大宗商品价格则是影响国内总体物价水平的重要因素。例如，2015 年国际油价下跌，中美都遭遇通缩压力，国内物价下行，中美国债收益率同步走低。在国际资本流动和资本比价方面，根据利率平价公式，当汇率预期稳定时，一国利率会跟随海外利率而变动，这把中美两国的利率联系在一起。在市场情绪方面，投资者会根据预期调整资产配置，从而影响国债收益率。例如，当美国收紧货币政策时，中国国内投资者可能对国内的货币政策调整和资本流动情况产生担忧，从而抛售债券资产，推高债券收益率。

## 二、美债收益率正成为影响我国国债收益率的重要参考因素

2008 年全球金融危机爆发前，经济基本面是利率的重要决定因素，但之后其作用有所弱化，金融监管政策、机构行为以及中美国债收益率的联动增强，导致美债收益率成为需要考虑的因素。正是在这种背景下，投资者和货币当局开始关注中美利差，并预期中美利差应大致处于

一个较为合理的区间。通常，当中美利差扩大时，美债收益率对国内的影响弱化，但当中美利差收窄时，就会出现一定程度的中美利差约束，主要表现在两方面：其一，当中美利差收窄时，国内资本流出和货币贬值的压力会增加。如果货币当局希望稳定汇率，则可能收紧货币政策，提高政策利率，引导市场利率（包括国债收益率）水平上升。其二，当利差收窄时，投资者可能调整对国内利率走势的预期，进而调整资产组合，通过实际的交易行为影响债券收益率。

随着美国疫情期间强力刺激政策退出并开启货币政策正常化、美元进入加息周期，美债收益率逐步抬升，中美利差约束趋紧甚至倒挂，可能推高国内的债券收益率，这不利于股市稳定运行。其一，直接压低股市估值。债券收益率上升意味着股票折现率上升，从而股票价格下降。其二，影响上市公司盈利状况。上市公司是资本市场的基石。非金融上市公司尤其是民营企业融资压力上升，还本付息支出扩大，挤压上市公司利润，从而影响股市稳定运行的基本面。其三，外部环境不佳，国内股市也可能受到波及。随着美债收益率大涨，其他主要经济体（包括德国、日本、欧元区）债券收益率也呈攀升之势，多个市场因此出现"股债双杀"，特别是部分新兴市场国家遭遇货币贬值、资金外流、市场动荡。这可能进一步通过资金流动、情绪传染等渠道影响国内股市。其四，不利于股市融资功能的恢复。股指震荡下行，投资者信心不足，成交清淡，受此影响股票融资也会出现收缩。

## 五、境外市场波动

外资流动与欧美股市特别是美股走势存在一定相关性。美股作为全球头号风险资产，美股的调整往往意味着全球风险偏好的下降。在这个过程中，外资将缩减全球权益类资产的配置，对于A股的需求也会减少，流入 A 股的资金减少，股市流动性降低。此外，欧美外资的主要战场还是其本国资本市场。由于很多机构和资金都采用杠杆投资策略，若欧美市场大跌，会导致很多资金跌过平仓线，如果不补仓就容易被平仓，损失将十分严重。考虑到 A 股流动性很强，很多外资会先从 A 股卖出，抽调资金去救援本国市场，降低 A 股市场的流动性。欧美市场下跌严重时，不仅投资于 A 股的资金大幅抽离，黄金等避险资产也被大幅抛售，有爆发流动性危机的可能。

从 2018—2020 年的情况看，美股大跌时常常出现外资流出 A 股以及外资青睐的消费白马股下跌的情况。比如，在 2018 年 2 月、9 月、11—12 月以及 2020 年 3 月，美股出现大幅回调，都对应沪深股通资金净流出或者流入规模骤降，也带动家用电器和食品饮料行业指数下跌（见图 5-19）。

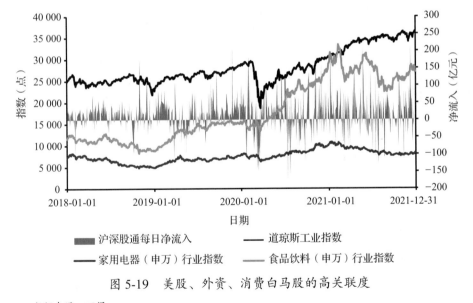

图 5-19　美股、外资、消费白马股的高关联度

数据来源：万得。

此外，外资的入场节奏与 VIX 指数⊖显著负相关。海外市场尤其美股表现较好时，新兴市场都会受益于发达国家市场的"溢出效应"。但欧美市场波动加剧、VIX 指数上升时，外资也会阶段性撤离。2015—2021 年，沪深股通资金流入流出与 VIX 指数 3 个月滚动相关系数平均值为 −0.18，即 VIX 指数上升时沪深股通资金流出。从概率上讲，相关系数大于 0 的时间占比为 17.2%，小于 0 的占比为 82.8%，也就是说，当 VIX 指数上升时，有 80% 的概率外资会流出（见图 5-20）。

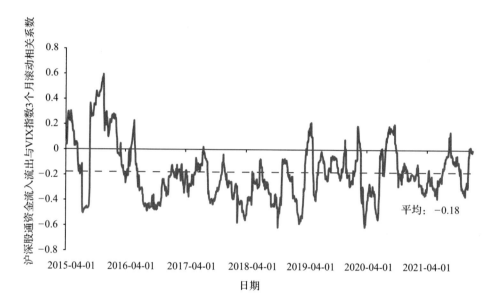

图 5-20　VIX 指数上升时外资流动情况

数据来源：万得。

## 六、监管政策

我国资本市场开放步伐正在加快，各项制度规则逐步完善，为外资更加便利地进出 A 股市场提供了坚实的制度保障，也逐步增强了外资投资者信心，提升了股市流动性。A 股先后纳入 MSCI 指数、富时罗素指

⊖ VIX 指数即波动率指数，又称恐慌指数，用来衡量标普 500 指数期权的隐含波动率。

数、标普道琼斯指数等国际主要指数，并且纳入因子稳步提高；修订后的 QFII、RQFII 监管规则发布，境外投资者投资 A 股的范围和便利性不断提升；沪深港通机制持续优化，沪伦通机制稳定运行，中日 ETF 互通产品运行顺利，深港和沪港 ETF 互通产品正式推出，A 股市场国际化进程加快推进；证券、基金和期货经营机构外资股比限制全面放开，已有摩根大通、瑞银证券、高盛高华等 10 余家外资控股或全资证券基金期货公司获批；期货市场国际化稳步推进，商品期货期权国际化品种增至 9 个，风险管理工具更加多样。

以沪深股通为例。2014 年 11 月，沪股通开通初期对跨境投资额度实行总量管理并设置每日额度：总额度为 3 000 亿元，每日额度为 130 亿元。2016 年 8 月，沪股通取消总额度限制。2018 年 5 月，沪深股通每日额度扩大至 520 亿元。从效果看，2018 年 7 月沪股通累计净流入超过 3 000 亿元，2020 年 2 月沪深股通单日净流入超过 130 亿元。可见，每次额度的开放都便利境外资金双向流动，也提振外资对 A 股的信心。

市场开放是一个渐进的过程，开放过程中也会遇到新的情况和问题。比如，现阶段单只 A 股的全部外资持股比例上限为 30%，而外资偏好集中，持个股比例容易达到上限。2018 年 3 月初，大族激光外资持股比超过 28%，港交所暂停其北向买盘；而美的集团的外资持股比例也接近 28%。随后，MSCI 公告将大族激光从 MSCI 中国全股指数中剔除，同时将美的集团调整因子下调 0.5。尽管 MSCI 表示此次调整不影响后续 MSCI 进一步扩容 A 股计划，但可以预计，随着境外资金进一步增配 A 股，未来会有更多个股触及外资持股上限，而优质个股因持股限制被剔除或下调权重会导致指数成分扭曲，跟踪 MSCI 指数的外资机构无法买到优质标的。这些开放过程中出现的新情况，也必将在市场开放和监管规则调整中找到最优解。

## 七、国际指数驱动

近年来，随着中国资本市场逐步开放，A 股不断融入世界金融体系，"入摩""入富"就是 A 股国际化进程的最好体现。作为最常用的基准指数与投资风向标，MSCI 指数标的股构成及权重发生调整，会引发全球范围内被动投资者资产组合的重新配置，以实现指数追踪误差最小化。2017 年 6 月 MSCI 公布拟纳入 A 股消息，随后一年内沪深股通净买入总规模中约七成是买入 MSCI 纳入的潜在标的股，纳入国际重要指数为 A 股带来大量流动性。值得注意的是，被动型外资是指直接跟踪相关指数的被动型基金产品，对（A 股等）股票的调仓操作往往集中在固定时点。例如，2019 年 5 月 28 日、6 月 23 日、8 月 27 日和 9 月 20 日收盘时均出现沪深股通资金在短时间的集中流入。

A 股纳入 MSCI 不仅有助于吸引增量境外资金流入境内市场，还助力 A 股完善交易制度、规范上市公司行为、提升产品深度。针对全球投资者对境内上市公司自愿停牌所带来的流动性风险担忧，沪深交易所出台停复牌新规，严控停牌时限。那些长期停牌的股票，已被剔除在 MSCI 标的股范围外；随着 A 股纳入 MSCI 的比重扩大，这种"倒逼"效应也促使上市公司规范行为。此前，全球任何交易所、任何金融机构推出包括 A 股在内的金融产品（含与相关指数挂钩的衍生品）需经境内审批，而伴随 A 股纳入 MSCI 的推进，预先审批制度已逐步放宽，这有助于完善金融产品体系，加大衍生品供给，增强 A 股市场的产品深度。

综上所述，境内股票市场正成为全球金融市场的一部分，其流动性变化、市场稳定运行也日益受到全球流动性、境外主要市场变动等更多因素的影响甚至冲击，必须坚守风险底线，在开放中促进市场功能稳定发挥，促进市场健康发展。

专栏 5-7

# 境内外股票市场投资者结构比较分析

## 一、境内外股市投资者结构的主要差异

**从持股结构看，A 股一般机构和自然人占比偏高，专业机构和外资占比偏低。** 截至 2017 年年末，沪市 A 股一般机构持股金额占比为 61.53%，仅低于印度，远高于欧美等发达市场水平，这主要是 A 股上市公司中的国有股东占比较高所致。自然人持股比例为 21.17%，仅低于美国（这可能是由于美国上市公司原始股东多为个人），但明显高于英国、日本和印度市场的水平。专业机构持股比例为 16.13%，而美国、英国和日本市场专业机构持股比例均在 30% 以上，长期资金持股比例也均高于 A 股。外资持股比例仅为 1.18%，而境外市场均为两位数以上水平（见图 5-21）。尽管如此，考虑到 A 股的限售股解禁减持制度较为严格，大量国有股东减持意愿很低，市场上可自由流通的股票结构会有明显不同。若将那些解禁后基本未减持过的原始股东的持股剔除，A 股自然人、专业机构和外资的持股比例将分别升至 45.7%、28.0% 和 6.1%，一般机构持股比例将降至 20.2%。

**从交易结构看，A 股自然人占比过高，外资占比偏低。** 2017 年沪市 A 股自然人交易金额占比为 82.01%，明显高于日本、韩国、中国香港和中国台湾市场的水平；专业机构交易占比为 14.76%，不及日韩和中国香港的水平，但略高于中国台湾市场；外资交易占比仅为 1.30%，与其他市场两位数以上的水平相去甚远（见图 5-22）。需要说明的是，交易结构的比较需充分考虑不同市场间交易机制和市场体系的差异。包括我国在内的多数股票市场实行单一撮合中心的运行机制，交易所撮合成交的订单即为全市场所有交易；而美国等少数发达市场有多个撮合中心，经纪商设有内部撮合池，可以利用其自营账户或其他客户下达的订

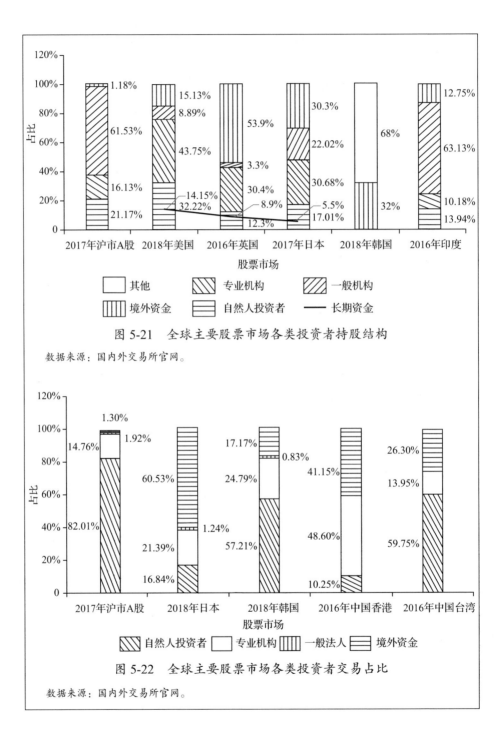

图 5-21 全球主要股票市场各类投资者持股结构

数据来源：国内外交易所官网。

图 5-22 全球主要股票市场各类投资者交易占比

数据来源：国内外交易所官网。

单与客户直接进行交易，从而实现订单内部化处理，但这部分成交不体现在交易所的统计数据中。因此，即便获取到这些国家交易所的交易结构，与 A 股的交易结构也不可比。

**从投资者账户结构看**，截至 2018 年年末，沪市 A 股共开立 2.13 亿户账户，其中机构投资者账户仅 66.2 万户，远不及自然人 2.12 亿户的水平。横向比较，虽然自然人和机构投资者开户数的变化趋势整体相近，2015—2018 年的增速均呈逐渐放缓态势，但前者的增速仍要高于后者，一定程度上也反映出自然人投资者持续参与交易的意愿较为强烈。纵向比较，随着自然人投资者"一人多户"的推行，2015 年之后自然人开户增速（2015—2018 年平均增速为 16.29%）较此前（2012—2014 年平均增速为 9.82%）明显上了一个台阶。由此可见，我国自然人通过自身开立账户，从而直接参与股市配置的倾向并未发生明显的变化。

### 二、投资者结构差异原因分析

**部分自然人投资者借"个人"之名行"机构"之实，使 A 股专业机构占比偏低。**资本市场迈向成熟阶段的一大重要标志便是机构投资者队伍的不断壮大，无论是美国的苹果公司或是日本的东京电子，前十大股东均为机构投资者，相比之下，有些 A 股上市公司前十大股东中甚至仅有一家机构投资者。究其原因，与境外市场相比，我国对私募基金准入、公募基金设立等方面的管理相对较为严格，这可能使一些有意从事但又不符合条件的主体变相开展相关股票投资业务。实际上，有一部分超大户小范围募集资金，并且组建了投研团队，从事"类私募"活动，其交易特征也与私募证券投资基金较为类似。这种情况在一定程度上使 A 股自然人的持股和交易占比被高估，而专业机构的持股和交易占比被低估。从某种角度讲，若将这部分超大户视为专业机构投资者，则 A 股的专业机构持股占比最高将提升约 8 个百分点至 24% 左右，接近英国和日本市场的水平；交易占比最高将提升 17 个百分点至 32%，高于日本和韩国市场的水平。

**我国机构投资者难以参与上市公司治理，制约其长期持股的意愿。**专业机构投资者对于上市公司治理的积极作用是有共识的，成熟市场专业机构投资者往往通过股东大会提案和表决等方式参与公司治理，对公司战略规划、经营决策、管理层监督、绩效改善等方面有举足轻重的影响力，因此有额外的动力长期持股。A 股上市公司由于"一股独大"现象较为普遍，机构缺乏足够的话语权，因此践行股东积极主义的意愿不高。截至 2018 年年末，A 股上市公司第一大股东持股比例平均为 33.8%，较同期美股上市公司高 14.2 个百分点；专业机构持股比例平均为 13.92%，较为同期美股上市公司低 29.8 个百分点。

**社会保障和保险体系的不完善是 A 股长期资金占比偏低的重要原因。**现阶段，我国的社会保障体系和商业保险体系还不够健全，从社会保障体系看，2021 年年末我国养老金余额仅占我国 GDP 的 9%，远低于经济合作与发展组织（OECD）成员国 50% 左右的平均水平。社会保障过于依赖公共养老体系，第二支柱的企业年金、职业年金和第三支柱的商业养老保险发展缓慢，而这两者的风险偏好较高，投资股市的比重往往较高。从保险体系看，2019 年，我国保险深度和密度分别为 4.3% 和 3 045.96 元，远低于发达国家 8% 和 3 500 美元的平均水平。对投资股市限制较少的投连险和万能险产品规模占比过低，而体量庞大的传统寿险产品风险偏好又极低，这使得保险资金投资于股市的比例常年低于规定的上限。

**场内和场外各类风险对冲工具供给不足，不能完全满足长期资金精细化的风险管理需求。**利用期货和期权等金融衍生品进行套期保值或者更为精细化的风险管理，有助于实现长期资金追求稳定收益的目标。从境外成熟市场看，养老资金、保险资金、共同资金等长期资金确实也是衍生品市场重要的参与主体。相比之下，现阶段我国场内权益类衍生品种类较少，已有品种的发展程度也与成熟市场存在差距；而我国权益类场外期权以股指期权和个股期权为主，虽然名义本金规模已超过50ETF期权，但整体上发育程度不足，与场内期权的协同效应尚未完全发挥。总体来看，风险管理工具的相对缺乏在一定程度上制约了长期资金的持股规模和期限。

### 三、对投资者结构演变的几点认识

"机构化"和"国际化"是大势所趋，资本市场改革开放、居民投资理念等是主要影响因素。纵观全球主要股市投资者结构的演化历程，共性特征是专业机构和外资占比的明显提升。但这不是一蹴而就的，短则二三十年，长则半个世纪。在这一过程中，资本市场的改革开放举措以及居民投资习惯的变迁有着举足轻重的影响。美国在20世纪70年代实行的401K计划推动了养老金和共同基金的蓬勃发展，美国股市专业机构持股比例在这一时期快速上升，长期资金持股比例一度超过三成。英国伦敦证券交易所于1986年推行的"金融大爆炸"改革，通过取消固定手续费率、提升交易效率和服务质量等措施，有效增强了英国股市对境外投资者的吸引力，此后外资持股比例明显上升。韩国股市在1992年纳入MSCI指数后，外资交易占比由不到5%上升至接近20%的水平。中国台湾股市于2003年取消QFII，实现了全面开放，至2016年外资交易占比已近三成。总体来看，境外资金的持股和交易占比总体呈上升趋势。日本居民受社会文化的影响，偏好购买房产和国债，沉重的债务负担在一定程度上制约了对股票的配置，而老龄化带来的高储蓄率也使得大量的货币资产藏而不用，这些因素是导致日本股市自然人持股比例持续下滑的重要原因。

**专业机构和外资的占比也并非越高越好，最优的投资者结构应与国情和市情相匹配。**以美国为代表的机构主导的市场长期受到流动性不足的困扰。虽然投资者交易行为总体上更为成熟和理性，市场波动性在正常情况下低于新兴市场，但由于很多机构采用的交易策略趋同，极端情况下可能造成交易拥挤和流动性枯竭，使股价在短时间内出现大幅波动。美股1987年的"股灾"和2010年的"闪崩"便是例证。在A股市场，中小散户的追涨杀跌行为主要表现为在股价下跌初期买入、上涨初期卖出，成为超大户、私募基金等趋势交易者和长期资金的对手方，这些行为虽然容易导致亏损，但客观上也起到了为市场提供流动性和稳定股价的作用。此外，如果市场由大量采用复杂高频算法交易的机构投资者主导，他们通过硬件"军备竞赛"以争取"微秒"的优势，实现瞬间下单、撤单，某种程度上可能对广大中小投资者公平交易造成损害。

与此同时，外资占比过高将带来与全球市场联动共振增强、受国际热钱流动影响加大、经济命脉被外资控制等一系列问题。从近五年的情况看，英国富时100指数和美国道琼斯指数的相关系数超过0.5；在外资大幅流入（流出）期间，英国股市波动明显加大。在中国台湾市场，外资已成为金融和科技行业上市公司的主要股东，对台积电的持股比例更是超过八成，对股价走势和企业经营有很大的影响力。2007年，外资曾采用"吹捧宏达电、遏制联发科"的手法，使宏达电市值超越联发科，进而成为台股的"龙头"。

**A股投资者结构正朝着与我国国情相适应的"机构化"和"国际化"迈进。**A股历经近30年的发展，投资者结构已经发生了一些显著的变化。特别是股权分置改革使大量非流通股转化为流通股，不但增加了股份供给，也使大小股东的利益趋于一致。随着QFII、RQFII制度的建立和沪深港通的开通，外资占比也在逐年提升。但总体来看，A 股仍处于新兴加转轨的发展阶段，投资者结构仍呈现"散户化"的特征，而且可自由流通的股票较少，一定程度上导致市场的波动性较大。

当前，利率市场化改革正在加速推进，未来利率中枢可能进一步下行，"房住不炒"的理念逐渐深入人心。在上述背景下，股票在我国居民大类资产配置中的比重有望不断提升。借此契机，大力培育机构投资者、引导中长期资金入市、扩大资本市场对外开放等举措有望使 A 股专业机构和外资占比加速提升，而国有股划转社保基金等政策也将增加可自由流通的股份，使市场筹码结构得到进一步优化。

| 第六章 |

# 市场流动性的重要性

## 第一节　市场流动性与资产价格走势

研究市场流动性的一个重要意义是分析其对资产价格走势是否有一定的指示性意义或有较为明显的影响。无论是监管部门还是市场机构，对市场资金的流入和流出以及主要投资者的交易行为情况都很关注。在前两章构建的研究基础上，本节对这个问题做一个简要的分析。

在市场流动性的各个渠道中，最能代表投资者交易意愿的是资金的转入转出和买卖行为。一般来说，当投资者看多后市时，往往会把资金转入市场，积极买入；当投资者看空后市时，往往会集中抛售并把资金转出市场。

### 一、主要投资者资金流动对股价的影响

在各类投资者的资金流动情况中，鉴于证券公司客户保证金和公募

基金披露得相对充分，在此主要对这两类资金进行分析。投保基金公司曾按周公布证券公司客户保证金银证转账数据；基金业协会公布每月月末的公募基金份额，每月的份额变动可近似认为是当月投资者净认申赎基金的规模（基金的单位净值一般在 1 左右）。每周银证转账净额的分布以及每月股票型和混合型基金份额变动的分布均呈现尖峰肥尾和右偏的特征，规模主要集中在 −500 亿～ 500 亿元（见图 6-1 和图 6-2）。

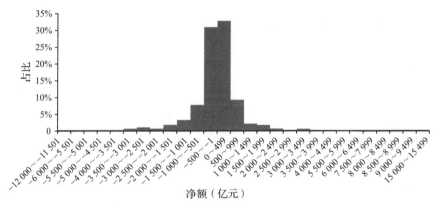

图 6-1　证券公司客户保证金周度银证转账净额分布

数据来源：万得。

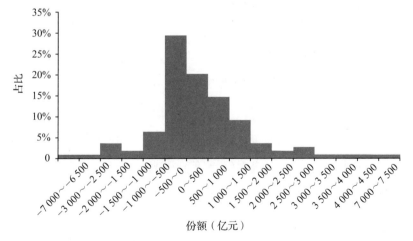

图 6-2　股票型和混合型基金月度份额变动分布

数据来源：万得。

前文已述，证券公司客户保证金的变动主要来自个人投资者（也称自然人）的影响。实际上，公募基金也是如此。专栏5-4提到，个人投资者持有约半数公募基金份额，但其申赎明显比持有基金份额的机构频繁，因此公募基金份额的变动也主要来自个人投资者的影响。个人投资者主要参与的是股票的交易，其资金流向必然与A股走势密切相关。客户保证金的银证转账累计净转入额以及股票型、混合型基金的累计份额变动均与上证综指走势呈明显的正相关关系，二者与上证综指的相关系数分别为0.8和0.6（见图6-3和图6-4）。

图 6-3　银证转账累计净转入额与上证综指走势

数据来源：万得。

2015年A股异常波动是一次典型的由流动性驱动的股市泡沫行情[⊖]。自2014年下半年开始，为应对经济下行压力，货币政策边际趋于宽松，特别是2014年11月下旬至2015年6月，央行2次降准、4次降息，释

---

⊖ 本书第七章从杠杆资金的角度对2015年股市异常波动期间资金流入流出情况进行了详细复盘和分析。

放了大量流动性,Shibor 隔夜利率波动中枢由 2.9% 降至 1% 左右。此外,
彼时房地产调控政策趋严,实体经济投资回报率较低,过剩的资金便蜂
拥进入股市,推动 A 股在基本面没有明显改善的情况下大幅上涨。特别
是 2015 年第二季度,客户保证金银证转账累计净转入 3.7 万亿元,股票
型和混合型基金净认申购 1.5 万亿元,资金入市速度之快前所未有,推
动上证综指加速见顶,随后大幅回调。此外,在 A 股见顶前后,资金大
进大出股市,也给宏观流动性带来了扰动。2015 年 6 月 15—19 日当周,
银证转账净转入 1.5 万亿元,随后一周净转出 1.2 万亿元,其间 Shibor
隔夜利率上升了 24bp。

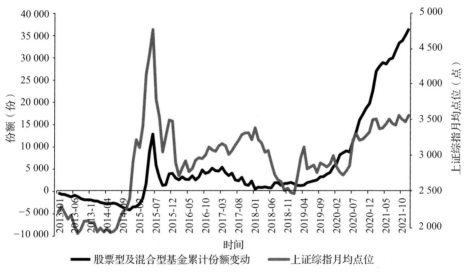

图 6-4　股票型及混合型基金累计份额变动与上证综指走势

数据来源:万得。

从图 6-4 还可以看出,2019—2021 年公募基金获得持续净认申购,
这固然与同期 A 股的上涨行情有关,但也是支持鼓励公募基金发展壮
大的相关政策陆续出台效果的显现。如上一章所述,公募基金已经成为
A 股中规模最大的专业机构,对市场走势有举足轻重的影响力。这不仅

由于公募基金资金体量较大，还由于公募基金主要重仓权重股，经理考核重在相对排名，导致其交易行为有一定趋同性，或者说存在一定羊群效应。

---

专栏 6-1

## 公募基金"抱团"行为研究

公募基金"抱团"是我国股市运行中的一个重要现象，也是公募基金"羊群效应"的表现，对股市和基金市场均造成明显影响，引发市场高度关注，也是研究人员进行市场分析的重要内容。本专栏梳理2005—2020年公募基金四轮主要"抱团"过程发现，公募基金长期存在"抱团"持股行为，曾先后"抱团"持有过金融、地产、消费和科技等几大板块，且多次切换。公募基金"抱团"持股，一方面是基于宏观环境、板块基本面情况做出的主动择股行为，另一方面则是在基金考核机制、产品发行机制等因素下做出的现实选择。从影响上看，公募基金"抱团"推动股市阶段性上涨行情，提升基金业绩表现，但"抱团"瓦解也加大市场短期波动。

### 一、公募基金长期存在"抱团"持股行为，"抱团"板块曾多次切换

持股比重是衡量公募基金"抱团"行为的主要指标。"抱团"最初源于市场持续弱势环境中，公募基金在股票配置上不断集中，集体持有一些业绩确定性高或具有相对优势的板块来取得相对收益、度过"寒冬"。近年来，公募基金的这种行为不再局限于市场弱势阶段，市场上行阶段也常常出现不断加仓某一板块并集中持有的情况。从历史经验看，公募基金在一轮"抱团"形成过程中，往往先后加仓2～3个具有相似特征的行业，最终形成某一类板块（多个行业的组合）的"抱团"。本专栏根据公募基金中报及年报披露的持股信息，以公募基金持有某板

块市值的比重来衡量"抱团"行为，并定义当公募基金持续加仓某一板块至其持仓市值占比接近或超过10%时，"抱团"行为启动；而后在"抱团"行为的强化过程中，加仓行为还将持续多个季度，并最终使得板块持仓市值占比达到高点（通常在25%以上）。此外，考虑到"抱团"是公募基金的主动配置行为，本专栏聚焦于主动偏股型基金（包括普通股票型基金和偏股混合型基金）。

**2005—2020年公募基金大致经历四轮主要的"抱团"历程（见图6-5）。** 第一轮公募基金"抱团"大致开始于2005年下半年，主要"抱团"金融和地产，在2009年6月达到高点，主动偏股型基金持有金融、地产板块的市值占比最高达到42.3%。自2009年下半年起，公募基金大幅减仓金融、地产股票，持续加仓医药生物、食品饮料和家电等行业，形成第二轮消费板块的"抱团"。第二轮"抱团"持续约4.5年，在2013年年末达到顶峰，其间主动偏股型基金持有消费板块的市值占比最高达29.6%。第三轮"抱团"发生于2013—2015年，"抱团"标的为以计算机、电子和传媒三个行业为代表的科技板块，其间主动偏股型基金持有科技板块的市值占比从8.9%提升至26.7%。这一轮科技"抱团"与第二轮的消费"抱团"有一定时间交错，在2013年消费"抱团"的后期，公募基金就已经开始大比例加仓科技板块。第四轮公募基金"抱团"开始于2016年年初，一直持续至2020年年末。第四轮"抱团"最主要的标的是消费板块，主动偏股型基金持有消费板块的市值占比最高达到36.2%。在消费"抱团"强化的过程中，自2019年下半年起公募基金对于科技板块的配置开始持续加大，形成同时"抱团"消费和科技板块的格局。总体来看，每一轮"抱团"都经历了从启动到持续加强再到攀顶的历程，伴随着一轮"抱团"的见顶或瓦解，新一轮"抱团"开始启动。

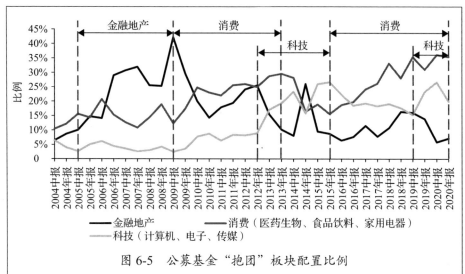

图 6-5 公募基金"抱团"板块配置比例

数据来源：万得。

公募基金"抱团"时倾向于持有大盘股、成长股和龙头股。基金"抱团"某个板块时，并非无差别持有板块中的全部股票。**从市值看，**上述四轮"抱团"行情中，主动偏股型基金持有"抱团"板块中大盘股的比重往往高于50%，且通常呈现出随着"抱团"加强，比重持续提升的趋势。**从股票风格看，**主动偏股型基金在四轮"抱团"行情中持有的成长型股票比重往往在40%以上。实际上，在金融、地产、消费、科技第一次成为"抱团"板块时，它们都是当时最具有成长性的行业。此外，公募基金"抱团"时也更青睐龙头股。2006—2020年，主动偏股型基金持有"茅指数"41只成分股的市值比重长期在15%左右，尤其是本轮"抱团"消费、科技板块的行情中，持股市值比重持续攀升并超过了30%。

公募基金"抱团"强化过程中，总体呈持股集中度升高、换仓比例下降的趋势。从持股集中度看，上述四轮"抱团"行情中，公募基金持股集中度在大多数情况下已处于高位，或呈逐步升高趋势。例如，本轮"抱团"行情中，主动偏股型基金持股前100的集中度从2015年年末的28.6%持续攀升至2020年年末的61.4%。**从换仓比例看，"抱团"加强过程中，换仓比例下降；"抱团"瓦解过程中，换仓比例升高。** 例如，本轮"抱团"行情中，主动偏股型基金持股市值占比前100股票的半年度换仓比例从51%持续降至2019年年中的26%，随后由于科技板块加入"抱团"，换仓比例微升至2020年年末的27%。值得一提的是，在2013—2015年第二轮"抱团"尾声到第三轮"抱团"见顶的过程中，由于消费板块整体减仓不大而科技板块加仓明显，一度出现"抱团"过程中持股集中度下降、换仓比例升高的特殊情况。

**美股历史上也曾出现"抱团"行情，外资公募基金在A股也有"抱团"情况。** 有研究发现，20世纪70年代以来，美股曾出现三次"抱团"行情。第一次是1971—1972年"抱团""漂亮50"。在投资回归理性的背景下，资金纷纷拥抱业绩基本面好的大盘成长股，截至1972年年底"漂亮50"平均市盈率达41.5倍，而同期标普500指数的市盈率为19倍。第二次是20世纪末的"抱团"科技公司。在信息高速公路计划和紧财政稳货币的宏观政策环境下，美国在20世纪90年代实现了高增长、低失业、低通胀的"经济奇迹"。相较于传统行业而言，科技公司显示出较强的盈利韧性，资金纷纷拥抱科技公司。1994—2020年，纳斯达克指数涨幅超过550%，而标普500指数仅涨200%。第三次是金融危机之后的"抱团"科技龙头公司。在流动性泛滥的背景下，资金持续涌向有强劲业绩支撑的五大科技公司"FAANG"（Facebook、Amazon、Apple、Netflix和Google），以及以上述五家公司为代表的科技龙头，2009—2019年包含科技巨头的纳斯达克100指数上涨超过6倍，大幅高于标普500指数。此外，从外资在A股市场上的持仓行为也能看出其参与市场上的"抱团"行情。2013年以来，A股多次出现"抱团"消费和科技板块的现象，QFII 和 RQFII 中的公募基金也持续加仓这两个板块；截至 2020 年年末，消费、科技板块在 QFII 和 RQFII 持股市值中的占比分别达 41.2% 和 13.4%，而金融和地产板块占比从 41.3% 降到了 13.9%。

## 二、公募基金"抱团"持股是宏观环境、板块基本面、基金考核机制和产品发行机制等多方面因素下的现实选择

公募基金作为一类重要的机构投资者，通常拥有相似的决策框架、考核机制和信息渠道，这导致在特定的经济和市场环境下，基金经理在交易行为上具有趋同性，从而形成了"抱团"持有某个板块的现象。

**宏观经济周期转换和板块机遇爆发是公募基金"抱团"的基本逻辑**。2005—2020 年公募基金四轮"抱团"的形成与瓦解、"抱团"板块的选择，背后都有基本的宏观驱动因素和板块发展机遇。**从宏观经济周期看**，经济向好时，倾向于"抱团"进攻性板块；经济下行时则倾向于"抱团"确定性更高的防御性板块。例如，在"抱团"金融、地产板块的前期（2005 年下半年至 2007 年上半年），GDP 增速持续攀升，维持在 10% 以上的高增长；2013—2015 年"抱团"科技板块时，GDP 基本稳定在 7% ~ 8% 的中高速增长区间。在 2009 年下半年至 2013 年、2016—2020 年的两轮"抱团"消费板块的行情中，宏观经济在大多数时间下行压力较大，GDP 增速处于下台阶阶段，工业企业利润增速下行，消费板块由于具有弱周期属性和较强的防御能力，吸引公募基金纷纷涌入。**从行业发展机遇看**，"抱团"板块在形成的过程中都面临着较强的发展机遇。例如，"抱团"金融、地产板块时，初期信贷扩张加速，四大国有银行相继上市，券商市场化重组持续推进，"地产—货币"周期形成，而 2008 年金融危机之后经济刺激政策的实施再次推动金融和信贷扩展。"抱团"科技板块时，智能手机、移动互联网浪潮正在兴起，

并购重组市场也持续火热。而在两次"抱团"消费板块时，则分别出现城镇化加速和消费升级的趋势。

**板块业绩持续表现优秀是吸引公募基金"抱团"的重要因素。** A股市场短期投资氛围相对较浓，常常出现上市公司短期内的业绩波动（不及预期）引起投资者抛弃的情况，导致股价明显回调；而公募基金在择股时对业绩的重视程度较高，业绩持续表现优秀的板块必然会吸引公募基金争相买入，最终出现集中持有的现象。2005—2020年，公募基金每次"抱团"的板块都是区间内业绩增速位于前列且持续性较长的板块。例如，2005年下半年至2009年上半年"抱团"金融、地产板块的行情中，金融、地产板块净利润同比增速持续走高，最高时达109.6%，明显高于A股整体水平。2009—2010年，随着金融、地产板块业绩增速回落，并逐渐被消费板块超越，"抱团"逐渐转向消费板块。本轮"抱团"行情中，消费板块的业绩也是持续好于A股整体，科技板块业绩向好也逐步获得公募资金的增配。

**基金经理的考核机制和基金产品的排名机制加剧公募基金的"抱团"行为。** 从考核机制看，目前国内基金经理都有定期的考核机制，无论是从绝对收益还是从相对收益考核，考核期限大多数都偏向于短期。这导致基金经理如果没有买入、重仓一个表现持续向好的行业，就很难获得好的考核成绩。从产品排名机制看，市场上充斥着大量的产品业绩排名（年度、季度、月度），基金销售渠道在营销和推广时倾向于将资源给排名靠前的产品和基金经理，而规模又是机构投资者最重要的考核指标之一，这就导致只有争取到尽量高的排名才能持续扩大基金规模。在考核机制偏短期和排名机制的作用下，基金经理必须为管理的基金在短期内争取尽量高的业绩。因此，公募基金的最优策略就是买入业绩最好的行业，这最终导致公募基金在少数行业上的持仓越来越重。

　　"抱团"行情后期往往会受到"抱团—申购"机制的推波助澜。对于单家基金公司，当某一类型的基金产品能够连续排名靠前时，其基金经理可能被列为重点营销对象，发行新产品或者管理更大规模的存量产品。基金经理为保持管理业绩、持仓风格的稳定性或由于存在路径依赖，对于新产品、新申购和新管理的资金往往会继续买入原有产品的持仓。这时就可能形成基金业绩好—认购新产品和老产品净申购—买入原有持仓—业绩更好—发行更多产品的正反馈。当买入某一类型产品成为业内共识时，即公募基金的"抱团"行为已经形成时，上述机制在公募基金整体层面就会表现为"抱团—申购"机制："抱团股"上涨—基金净值上涨—基民加大认申购力度—继续买入"抱团股"。例如，在本轮"抱团"消费板块行情中，2016—2018年主动偏股型基金持有消费板块的市值占比从16.4%升至28%，但股票型和混合型基金的份额整体无明显增减，到后期尤其是2020年基金份额开始明显增加，而后主动偏股型基金持有消费板块的市值占比持续攀升至35%左右，一定程度上印证了"抱团—申购"机制的存在。

### 三、公募基金"抱团"推动股市形成阶段性上涨行情，但"抱团"瓦解初期加大了市场短期波动

　　**公募基金"抱团"推动相关板块的上涨。**由于市场缺乏合适的板块指数，因此从行业层面对"抱团"与股价的关系进行研究。将2005—2020年的四轮"抱团"拆分到行业看，基金对行业"抱团"的强弱与相关行业指数的涨跌呈正相关。在"抱团"开始并持续强化到顶峰的阶段，主动偏股型基金持有"抱团"行业的市值比重平均升高约9个百分点，峰值达到16.4%，其间行业指数点位平均累计上涨199.3%，相对上证综指平均收益率高170.2个百分点（见图6-6）。从换手率看，"抱团"加强期间，行业指数日均换手率的均值为1.78%，高于上证指数

0.71% 的水平，成交活跃度明显升高。可见，公募基金的"抱团"行为显著推动行业板块股价的上涨。"抱团"板块中重仓股票的股价也明显上涨，例如 2019—2020 年万得的基金重仓指数累计上涨 121.1%，远高于上证指数 39.3% 的涨幅。

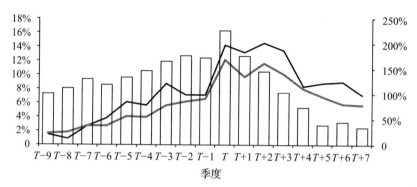

图 6-6 公募基金"抱团"与板块指数走势

数据来源：万得。

注：T 期为公募基金持有"抱团"行业市值占比最高季度。

**公募基金"抱团"强化过程往往与市场上涨相互推动。**2005—2020 年的四轮公募基金"抱团"过程中，随着"抱团"板块持股比例的升高，上证综指均出现阶段性上涨行情。例如，2005 年下半年至 2009 年上半年"抱团"金融、地产板块期间，上证综指持续上涨，并在 2007 年创下 6 124 点的历史高位；2013—2015 年抱团科技板块期间，上证综指也一度上涨至 5 178 点。进一步的统计分析发现，在"抱团"形成初期，即公募基金持续加仓"抱团"板块的阶段，上证综指上涨态势较为明显，通常在 T-3 期达到初期累计最大涨幅（44%）。接下来，在"抱团"板块持股比重经历大约 2 个季度的稳定期后，公募基金再次大幅加仓使得"抱团"板块持股比重达到最高点，上证综指涨幅也相应地经过 2 个季度的回调后加速冲高，在 $T+1$ 期达到整个"抱团"过程中的累计最大涨幅（49%）。

**"抱团"瓦解时板块波动率相对较高。** 从完整经历加强到瓦解的几轮行业层面"抱团"情况看<sup>⊖</sup>，整个过程中"抱团"行业指数的平均年化波动率为 25.2%，高于同期上证综指的年化波动率（20.6%）。分阶段看，"抱团"强化过程中的平均年化波动率为 28.7%，低于瓦解阶段 31.0% 的水平。在"抱团"强化阶段，公募基金的加仓行为通常是渐进的，引起股价波动的幅度相对较弱，而在瓦解期，公募基金集中减仓，板块配置仓位大幅下降，股价也从前期高点快速下行，形成"踩踏式"下跌，加剧行业指数乃至大盘的波动。

平时我们在股评或财经报道中经常能听到某股票获得主力资金买入、某板块遭游资减持等说法，这里的"主力资金"一般指公募基金、保险资金等专业机构投资者，游资一般指快进快出的"热钱"，主要是资金实力较为雄厚的个人投资者以及部分私募基金。主力资金和游资的资金量大、交易较为集中，会对股价产生较大影响。一般来说，主力资金主导的行情持续时间长、累积涨幅大；游资主导的行情持续时间短、股价波动大，且常伴有拉涨停、封涨停等操作手法，相关股票也往往会因涨跌幅及成交量较大而登上"龙虎榜"，成为市场关注的热点股票。我们可以通过股票交易软件的盘口信息跟踪主力资金及游资的动向。机构席位对应着主力资金，而游资则潜藏在成交量较大的券商营业部中。跟随主力资金或游资进行交易固然是一个可以考虑的交易策略，但也要避免盲目追高而成为"接盘侠"。例如，当一只获主力资金持续买入的股票估值明

---

⊖　不包括截至 2020 年年末仍处于加强阶段的食品饮料、医药生物行业"抱团"。

显高于所在行业板块平均水平，或明显高于其过往的估值水平，缺乏足够的基本面支撑时，再跟进买入就不是一个明智的选择。又如，很多"涨停板敢死队"<sup>⊖</sup>出身的游资，惯用"打板"手法人为制造市场热点，目的就是引诱小散户跟风炒作，从而顺利实现高位退出。

## 二、领先股指走势的资金流动指标

在 A 股市场中有预见性的"常胜将军"可谓凤毛麟角，但总体来看，以下几类投资者的交易行为对股指走势有一定指向性意义，属于"聪明钱"。

一是两融投资者。两融投资者由于加了杠杆，对股价变动更为敏感，一有"风吹草动"便会迅速行动，融资买入和融券卖出在股指阶段性拐点前具有一定的领先性。例如，2019 年 4 月 15—26 日，股指由涨转跌，其间融资买入量先增后减，领先股指 1 个交易日变动；融券卖出量在拐点前 1 日大幅增加。这里介绍一下俞红海等（2018）<sup>⊜</sup>的研究结论。该研究的样本为 2011 年 12 月 6 日至 2015 年 8 月 3 日期间所有融资融券标的股，研究方法为在每个交易日按过去 5 个交易日融资交易量（融券交易量）占比将股票五等分，分别持有五个投资组合 20 个交易日，以每只股票的总市值为权重计算出投资组合的未来日度平均收益率。结果显示，投资组合的未来收益率随融资量的增大而增大，随融券量的增大而减小。也就是说，过去 5 日融资量越多的投资组合，其未来表现越好；过去 5 日融券卖空量越大的组合，股票未来的表现越差。

二是中长期资金。保险、社保、企业年金、QFII 和 RQFII 等中长期资金对市场走势的判断相对较为准确，具有"左侧交易"的特点，往往

---

⊖ 由几个客户组成，聚集大量资金，在季末、年末或相关衍生品结算日等敏感期进行蓄意拉抬或打压股价，通过虚假申报影响开盘价等异常行为，被戏称为"涨停板敢死队"。

⊜ 俞红海，陈百助，蒋振凯，等 . 融资融券交易行为及其收益可预测性研究 [J]. 管理科学学报，2018，21（1）：72-87.

在市场底部开始加大净买入力度，而在市场见顶前转为净卖出，连续 3 日及以上净买入（净卖出）后股指上涨（下跌）的概率在 70% 以上。

三是沪深股通。沪深股通的成分较为复杂，进一步研究发现，沪深股通渠道下有超过 200 万个投资者，其中绝大部分都是个人投资者，机构包括基金、基金管理人、自营等。从交易规模看，自营占比达 80%，特别是境外证券公司自营部门多采用程序化方式频繁进行日内交易，导致沪深股通整体上表现得像一类中短期资金。但沪深股通渠道下程序化交易日内买卖规模大致相当，基本不保留隔夜头寸，沪深股通资金的净流入／流出主要反映的是境外基金的资金流动。此外，由于沪深股通资金持续大幅净流入，市场影响力日益增强，加之其资金流动对股指走势有一定领先性，投资收益相对较好，且资金流动净额在盘间实时披露，因此逐步成为 A 股的"风向标"，越来越多的投资者（主要是中小散户）开始模仿和跟随沪深股通交易，这进一步放大了沪深股通资金流动的市场影响。一旦沪深股通净买卖规模短期大幅增长，其示范效应对股指的影响将持续几个交易日。

## 第二节　市场流动性与投融资平衡

研究市场流动性的另一个重要意义是分析市场的投融资平衡，即市场有效配置资金的问题。融资和投资是资本市场最基本的功能：融资对应的是对资金的需求，投资对应的是资金的供给。理想状态下，融资和投资相对均衡、相得益彰。若融资过度，意味着资金的需求大于供给，往往给市场带来一定下行压力。反之，若投资过度，意味着资金的供给大于需求，往往会催生资产价格泡沫。市场流动性能够反映市场资金的来龙去脉，提供观察资金供求的"全景视图"，监管部门据此可以对市场的资金供求情况进行监测，在供求失衡的情况下采取相应措施促使投融资趋于均衡；投资者也可分析市场运行状态，寻找投资机会。

股市的融资规模与宏观经济运行、市场价格走势、发行审核制度等因素相关。一般而言，经济较为景气时，企业的融资需求较强；经济较为萧条时，企业的融资需求较低；牛市中股票发行价格水涨船高，企业融资意愿较强；熊市中发行价格水平会有所下降，企业融资意愿较弱；在发行制度采用审批制或核准制的情形下，发行审核时间相对较长，发行节奏较慢；注册制下的发行审核时间相对较短，发行节奏较快。

投资者参与股票融资，多数以财务投资为目的，在新股上市或限售期期满后减持获利退出；少数以战略投资为目的，长期持有股票，参与公司治理和经营决策。除此之外，投资者主要进行二级市场交易。从短期看，投资所需资金量的变化主要与市场走势相关，牛市中交易意愿高涨，资金转入股市；熊市中交易意愿低迷，资金转出股市。从中长期看，它还与居民储蓄投资意愿的转化、投资理财习惯的变化和资本市场改革开放的进程相关。

除了投融资外，还有一些特殊的渠道会影响股市资金的供求<sup>○</sup>。比如，交易产生的税费、佣金，包括两融交易的利息等，是对转入场内资金的损耗，也可以看作对资金的需求。这部分资金量随股市成交金额涨落，每年的规模大致为 4 000 亿～5 000 亿元。上市公司的现金分红和股份回购可以看作公司将一部分资金返还给投资者。现金分红金额与上市公司净利润正相关，近年来，随着 A 股上市公司净利润的持续增长，加之鼓励现金分红的政策陆续出台，现金分红规模也逐年攀升，每年达到 1 万多亿元。需要说明的是，由于国有股东持有约半数的 A 股股份，其获得现金分红后一般会转出市场上缴财政，因此纯交易者通过现金分

---

○ 交易产生的税费、佣金可以看作资金从市场的流出，现金分红、股份回购等为资金流入市场的渠道，具体内容可参见第四章。

红补充交易资金的规模是相对有限的。上市公司股份回购一般用来作为市值管理的一种手段，其规模与股价走势负相关，每年约有 1 000 亿～2 000 亿元。当然，也可以把上述渠道看作投资股市相关的资金流动"副产品"，但在投融资平衡的监测分析中，应把这些资金流动纳入考量。本节将基于股市流动性，分别从融资端和投资端研究其对市场运行的影响。

## 一、融资端：股票融资对股价走势的影响

股票融资，特别是 IPO 发行节奏对市场运行的影响历来是 A 股投资者关注的一个焦点。之所以关注，本质上是担忧股票供给增加改变股票供需格局，进而给股价带来下行压力。在 A 股历史上，由于各种原因，监管部门曾经 7 次较长时间暂停新股发行，也影响了股市融资功能的发挥。因此，平衡好股票发行节奏与市场承受能力之间的关系，是股票发行注册制改革的一个关键问题。股票融资对二级市场的影响体现在当期和未来限售股解禁减持两个时段，因为限售股的主要来源是 IPO 和定向增发，因此可以认为解禁减持是此前股票融资的后续影响。

### 1. 股票融资对二级市场运行的影响渠道分析

股票融资主要通过抽离市场资金和压制市场情绪两个渠道影响市场走势。

**从 IPO 情况看**：2011 年以来<sup>⊖</sup>，IPO 累计融资 2.03 万亿元，其中网上和网下融资规模占比分别为 70.74% 和 23.41%。网下获配投资者直接通过银行账户缴款，资金不参与股票二级市场循环，理论上不存在"抽血效应"。相对而言，网上个人投资者的资金实力较弱，更容易出现被迫卖出股票筹集打新资金的情形。2015 年 11 月新股申购预缴款制度取

---

⊖ 研究的时间区间为 2011 年至 2021 年 5 月。本章后续提到的"2011 年以来"，也均为此研究区间。

消前，投资者需将其拟认购金额对应的资金预先存入其资金账户中，配售结果确定后只收取中签金额对应的资金。由于投资者特别是网上投资者申购热情较为高涨，其打新资金需求量较大，存在不少卖出股票筹集打新资金的情形。以 2015 年 6 月发行的 48 只新股为例，平均每只新股有 170 万名网上投资者参与申购，户均冻结资金 9.2 万元，进一步测算发现，其中约两成资金是通过抛售股票筹集而来的。在新股密集发行期，卖股票打新股的规模可占 A 股成交金额的 3%。预缴款制度取消后，由于只需按中签金额缴款，网上打新所需的资金量大幅下降。同时，注册制下新股定价权交给了网下投资者，为使其权责对等，相应提高了网下配售比例，网上发行比例仅占三成左右，远低于核准制下约 75% 的网上发行比例，这进一步减少了网上打新的资金量。以 2021 年 5 月首发上市的 41 只新股为例，平均每只新股有 9 万名网上投资者中签，户均中签金额仅为 1.45 万元，这一资金需求并不多。测算结果显示，仅有约 8% 的网上中签资金来源于卖出二级市场股票<sup>○</sup>（见表 6-1），卖出规模占 A 股成交金额的比例仅为 0.01%，市场影响可忽略不计。

表 6-1　预缴款制度取消前后网上打新资金来源分布

| 阶段 | 户均冻结资金规模（万元） | 账户存量资金占比 | 转入资金占比 | 卖出股票获得资金占比 | 其他资金来源占比[1] | 占比合计 |
|---|---|---|---|---|---|---|
| 取消预缴款前（2015 年 6 月） | 9.23 | 29.36% | 49.18% | 21.46% | — | 100% |
| 取消预缴款后（2021 年 5 月） | 1.45 | 41.76% | 24.88% | 8.13% | 25.23% | 100% |

数据来源：笔者测算。
[1]　由于早期数据资源不足，无法测算其他资金来源。

---

○　根据行为金融学理论，人们会按照资金的来源、用途等对资金进行归类，形成"心理账户"，并分别做出决策。投资者在打新过程中也存在资金"专款专用"的倾向。据此，假定投资者在缴纳中签资金时会优先使用资金账户的存量资金，或通过银证转账转入资金，当上述两项资金来源不足时会卖出股票筹集资金，若仍不足则会动用其他资金。按此方法可测算出打新资金来源的分布。

尽管如此，由于对 IPO "抽血效应"的担忧始终存在，特别是融资规模较大的 IPO 发行公告发布后，一些投资者会趋于谨慎，选择观望甚至暂时离场，从而通过情绪面对市场运行产生一定不利影响。在此对 2011 年以来的 IPO 样本进行事件研究，以 IPO 审核（或注册）通过公告日为事件日（T 日），计算事件日前后 5 个交易日区间的上证综指平均累计涨跌幅，通过对比事件日前后（不含事件日）的涨跌幅变化分析事件对情绪面的影响。结果显示，在募资总额最高的 100 个 IPO 审核（或注册）通过公告日（事件日）后 3 个交易日内，上证综指平均累计下跌 0.33%，明显有别于全部 IPO 事件日后上证综指整体小幅上涨的情形（见图 6-7）。

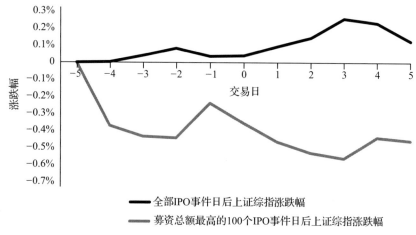

图 6-7　IPO 审核（或注册）通过公告日前后上证综指累计涨跌幅

**从定向增发情况看**：2011 年以来，A 股再融资规模合计 8.66 万亿元。其中，定向增发 8.35 万亿元，占再融资总规模的 95% 以上；配股和公开增发占比分别为 2.88% 和 0.68%。与 IPO 网下申购类似，参与定增的合格投资者也是通过银行账户直接将认购资金转给上市公司，因此理论上不存在 "抽血效应"。但定增事件仍然会使投资者出现一些负面情绪。2011 年以来的定向增发预案公告日（事件）后 5 个交易日，定增个股相对于上证综指平均累计下跌 0.79%，与预案公告日前 5 个交易日相对上证综指持续上涨的情形反差明显（见图 6-8）。

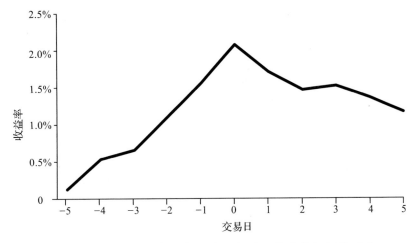

图 6-8　定向增发预案公告日前后定增股票累计超额收益率

**从限售股解禁情况看**：2011 年以来，限售股累计解禁 27.95 万亿元，其中首发限售股和定增限售股占比分别超过 50% 和 30%，它们是限售股的两大主要来源。限售股解禁会增加流通股的供给，因而会使投资者产生担忧情绪。由于绝大部分限售股解禁的时间都是事先确定的，投资者的担忧情绪在临近解禁时会有所加强，解禁后"利空出尽"，担忧情绪消退。2011 年以来，在解禁日（事件日）前 5 个交易日，个股相对于上证综指平均累计下跌 1.1%，解禁日后个股价格相对于上证综指开始逐步回升。值得注意的是，定增限售股解禁后股价相对于上证综指的走势要明显弱于首发限售股，这可能是由于这两类限售股股东的减持意愿不同。首发限售股股东多为公司创始人或实际控制人，解禁后的减持意愿相对较低；而定增限售股股东多为财务投资者，解禁后的减持意愿往往更加强烈（见图 6-9）。

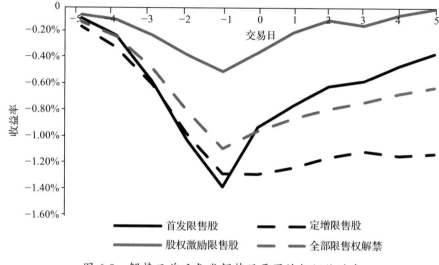

图 6-9 解禁日前后各类解禁股票累计超额收益率

**从减持情况看：** 2011 年以来重要股东月均减持规模约 130 亿元<sup>○</sup>，占 A 股成交总额的 0.15%，占比较低，对股价的直接冲击不大。如上一章所述，大股东减持对二级市场存在"抽血效应"，但由于减持行为在时间和标的上均较为分散，且减持金额占全市场成交额的比例较低，对市场整体走势的影响有限。沪深交易所的问卷调查结果显示，不同类型大股东减持资金的用途不一，但大多会流出二级市场，从而对资金面产生一定压力。其中，实业公司、控股集团及控股股东的减持资金主要用于满足企业日常经营所需，有些还用于慈善和公益事业；资管产品及投资公司的减持资金主要用于向投资人支付本金、收益和红利；自然人股东的减持资金多用于改善生活和个人自用，也有部分用于其他投资、偿还债务或慈善事业；境外股东减持资金基本均汇出境，未用于境内再投资。统计发现，大股东在减持后一周内，基本将减持所获资金通过银证转账全部转出。在对情绪面的影响上，除担心减持的"抽血效应"外，大股

---

○ 数据来源于万得收集的重要股东减持公告。由于绝大多数公告仅披露了减持的时间区间，假定减持时段内每日的减持规模是相同的，据此得到每个重要股东每日的减持金额。

东减持往往被认为是不看好公司前景的悲观信号。2011年以来，减持公告日（事件日）后5个交易日个股相对于上证综指平均上涨0.77%，较公告前5个交易日的超额收益率下降1.8个百分点（见图6-10）。

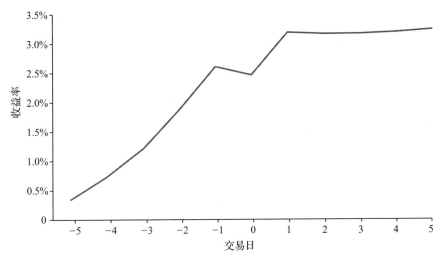

图6-10　重要股东减持公告日前后被减持股票累计超额收益率

### 2. 股票融资对股指走势影响程度的定量分析

限售股解禁只在理论上增加了流通股数量，但若解禁后不被减持，实际中股份流通的数量并没有变化。因此，在下文分析股票融资的市场影响时，主要考虑IPO、再融资和减持三个因素，暂不考虑限售股解禁这一因素。

### （1）初步的实证分析

研究选取的变量有上证综指涨跌幅、IPO金额、再融资金额、重要股东减持金额、换手率、制造业PMI、M1－M2、融资余额变动、沪深股通净流入。数据来源于万得，所有变量均为月频度；除融资余额变动及沪深股通净流入外，其他变量的时间范围为2011年1月至2021年5月

（见表 6-2）。

表 6-2　变量说明

| 变量名称 | 单位 | 频度 | 说明 |
|---|---|---|---|
| 上证综指涨跌幅 | % | 月 | 上证综指月度涨跌幅 |
| IPO 金额 | 亿元 | 月 | 按发行日计，每月新股发行总额合计 |
| 再融资金额 | 亿元 | 月 | 按发行日计，每月定向增发、公开增发和配股规模合计 |
| 重要股东减持金额 | 亿元 | 月 | 按实际发生月份统计，跨越月份的情况将期间减持总额平摊至各月 |
| 换手率 | % | 月 | A 股每月市值换手率，为当月每日换手率的加总求和 |
| 制造业 PMI | % | 月 | 采购经理指数，用于反映宏观经济基本面，具有一定领先性 |
| M1-M2 | % | 月 | M1 同比增速减去 M2 同比增速，表示资金活化程度，反映宏观流动性，具有一定领先性 |
| 融资余额变动 | 亿元 | 月 | 流入股市的杠杆资金，通常领先股指 1 个交易日变动，直接反映股市资金面 |
| 沪深股通净流入 | 亿元 | 月 | 流入股市的境外资金，直接反映股市资金面，连续流入流出对下一交易日股指走势有指示作用 |

经过数据处理、相关性检验和 ADF 单位根检验后，通过向量自回归（VAR）分析和格兰杰因果关系检验发现，IPO 金额、再融资金额和重要股东减持金额均不是影响上证综指涨跌幅的显著原因，但上证综指涨跌幅是重要股东减持的原因，这体现出重要股东"逢高减持"的特点。脉冲响应⊖分析表明，IPO 金额、再融资金额、重要股东减持金额对上证综指涨跌幅的冲击均具有暂时性，总体冲击不大，并不断衰减、收敛，特别是重要股东减持金额的变动对上证综指在第 1 期有正向冲击，随后冲击快速减弱（见图 6-11）。

**（2）进一步的模型检验**

上述分析揭示了 IPO 金额、再融资金额、重要股东减持金额对二级市场股指走势的影响，但并未充分考虑新股发行预缴款制度取消前打新

---

⊖ 通过脉冲响应分析变量之间的动态影响，可以衡量随机扰动项的一个标准差冲击对系统中各变量当期和未来取值的影响轨迹，直观刻画变量之间的动态交互作用。

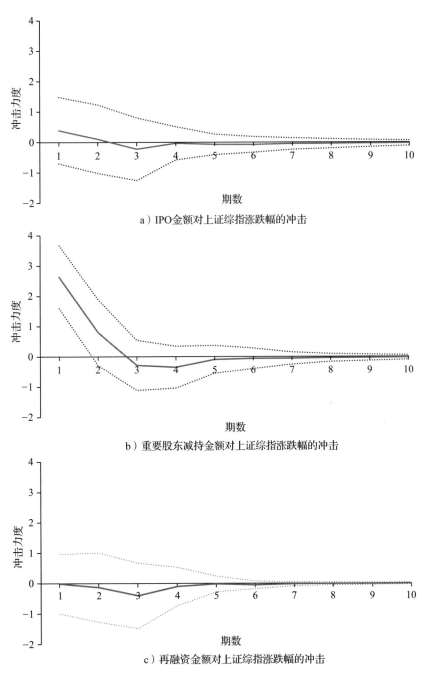

a）IPO金额对上证综指涨跌幅的冲击

b）重要股东减持金额对上证综指涨跌幅的冲击

c）再融资金额对上证综指涨跌幅的冲击

图 6-11　上证综指涨跌幅的脉冲响应

资金冻结对市场资金面乃至股指走势的影响。此处以 2015 年 11 月预缴款制度取消为分界点，分段构建时间序列模型，对股指走势的影响因素进行定量分析。除了向量自回归模型中使用的变量外，二级市场走势还会受到宏观经济基本面、股市资金面、投资者情绪等多重因素影响。因此，在模型中引入相关控制变量，以便减少内生性问题。

### 1）预缴款制度取消前

模型结果显示，IPO 金额对上证综指涨跌幅有显著负向影响，在其他条件不变的情况下，新股发行每增加 1 亿元，上证综指涨跌幅下降 0.02%；重要股东减持金额对上证综指涨跌幅也有显著负向影响，在其他条件不变的情况下，减持规模每增加 1 亿元，上证综指涨跌幅同样下降 0.02%；再融资金额对上证综指涨跌幅影响不显著，未纳入模型。此外，换手率、PMI 和 M1-M2 均对上证综指涨跌幅有显著正向影响，反映了宏观经济基本面和股市资金面对股指走势的支撑作用。

### 2）预缴款制度取消后

模型结果显示，IPO 金额对上证综指涨跌幅影响不显著，这主要是由于投资者只需缴纳中签资金，所需要的资金规模大幅减少，对二级市场的"抽血效应"减弱。同时，重要股东减持金额对上证综指涨跌幅影响不显著，这可能是由于减持新规的实施规范了重要股东减持行为，对市场的短期冲击不明显。此外，换手率和 PMI 依然对股指有正向拉动作用。

### （3）总体结论

综上所述，IPO、再融资、限售股解禁和减持等股票融资环节会影响股指走势。事件研究结果显示，这四个环节都会通过情绪面产生影响；进一步的测算表明，IPO 金额和减持金额还会通过资金面产生影响。VAR 模型结果显示，减持金额对股指变动的冲击最大，IPO 金额次之，再融资金额最小。预缴款制度取消前，IPO 金额、重要股东减持金额对上证综指涨跌幅的负向影响较为显著，在其他条件不变的情况下，IPO 规模和减持规模每增加 10 亿元，将使当月上证综指额外下跌 0.2%；同时，再融资金额的影响不显著。预缴款制度取消后，"抽血效应"明显减弱，减持新规的实施也平滑了重要股东减持金额带来的冲击，IPO 金额和重要股东减持金额对上证综指走势的影响也不再显著。

虽然 IPO、再融资以及由此产生的限售股解禁减持会通过资金面和情绪面对个股乃至股指走势产生阶段性的影响，但这种影响在时间层面较为离散，在股票层面也较为分散，对市场运行的总体冲击较小。特别是新股申购预缴款制度取消以及减持新规实施后，IPO 金额及重要股东减持金额对股指走势的影响进一步减弱，从统计和计量结果上看已不再显著。

总体来看，影响股指走势的因素众多，股票融资和限售股解禁减持只是其中相对次要的因素，有时仅会在某个时间段居于相对重要的影响位次。因此，对于 IPO 发行节奏，可综合考虑未来一段时间再融资及限售股解禁减持的规模和市场影响，同时配合舆论引导和投资者教育，阐明股票融资市场影响有限的客观事实和规律，缓解投资者对股票融资和解禁减持的担忧情绪。

## 二、投资端：推动中长期资金入市

引导中长期资金入市和培育机构投资者是资本市场改革的重要突破口，是资本市场实现高质量发展的核心所在，也是维护投融资平衡的重要举措。首先，推动中长期资金入市有助于提升市场内生稳定性。如上一章所述，中长期资金投资风格以价值投资、长期投资为主，相对稳健理性，其低吸高抛的交易行为总体上起到了平抑股价波动的效果。其次，推动中长期资金入市是注册制改革的必然要求。注册制改革的本质是将对股票的价值判断交给市场，这需要一个以专业机构和中长期资金为主体的成熟投资者群体与之相匹配。最后，推动中长期资金入市有助于提高上市公司质量。成熟市场专业机构往往通过股东大会提案和表决等方式主动参与公司治理，对公司战略规划、经营决策、管理层监督、绩效改善等方面有积极促进作用。

## 1. A 股投资端存在的主要问题及成因

### （1）居民在股票上的配置相对不足

**一是资产配置重储蓄、轻投资**。我国居民储蓄率在全球处于较高水平，城乡居民储蓄存款余额已超过 80 万亿元。过去 20 年我国居民部门储蓄率维持在 40% 左右，2010 年后开始下降，近两年稳定在 35%。2020 年央行城镇储户问卷调查显示，储户增加储蓄行为远高于增加资本市场投资行为。

**二是投资配置重房地产投资、轻金融投资**。根据中国人民银行调查统计司城镇居民家庭资产负债调查课题组 2019 年年末的调查数据，我国城镇居民家庭总资产以实物资产为主，占比为 79.6%，其中住房是家庭实物资产的重要构成；相较而言，金融资产的占比明显偏低，户均金融资产占比仅为 20%。反观境外，以美国为代表的境外经济体居民金融资产配置较高，2020 年美国居民家庭资产配置中金融资产的配置占比近 70%，房地产在美国居民家庭资产配置中的占比约为 22%。

**三是金融投资重类固收投资、轻股权投资**。根据中国人民银行调查统计司城镇居民家庭资产负债调查课题组调查数据，在投资意愿方面，居民选择通过银行进行理财的比例远高于通过基金信托理财或直接投资股票，意味着我国居民高度依赖银行信用，相当一部分有投资意愿的资金对参与资本市场的意愿并不大。

造成我国居民储蓄难以向股票投资转化的原因主要有以下三方面。

一是中国传统文化注重储蓄节约，金融投资以债务和借贷为主，股权投资文化较为欠缺。忧患意识和崇尚节约是中华民族的传统美德，自古以来我国居民就有储蓄习惯。投资文化上，我国历史上很早便出现类似于现代银行的间接金融服务机构，如钱庄、票号等，但股权投资文化偏弱，"所有权"意识淡薄。相较公司制和股权融资在西方有悠久的历史，公司制在19世纪才被引入我国，股权融资和"所有权"的概念也在近代才逐渐被中国人熟知。

二是我国以房养老的传统观念叠加房市多年长牛，导致居民资产过多聚集在房地产市场。相比金融资产，我国居民更相信不动产有保值增值的作用。我国房市多年长牛，百城住宅价格指数显示一线城市住宅平均价格近10年翻倍，核心城区涨幅更高。虽然近年来一直强调"房住不炒"，但居民投资房地产的热情仍然较高。2021年央行储户问卷调查显示，认为未来房价将下降的反馈者占比仅约10%，而认为未来房价将基本不变或上涨的反馈者占比接近80%，这意味着绝大多数居民仍然将房地产视作保值增值的重要配置标的。

三是A股"牛短熊长"、波动较大的运行特点难以给投资者带来长期稳定的回报。1990—2019年，A股每轮牛市和熊市平均分别持续2.4年和3.1年，尤其是从2011年以来的两个牛熊周期看，"牛短熊长"的特征十分明显。上证综指在牛市期间的累计涨幅平均为440%，在熊市期间的累计跌幅平均为300%，回撤幅度很大。专业机构如果长期持股，不仅多数时间内可能处于亏损状态，而且很可能突破与客户约定的最大回撤要求。1900—2019年，美股每轮牛市和熊市平均分别持续11.8年和2.09年，呈现出"牛长熊短"的特点；道琼斯指数在牛市期间的累计涨幅平均为669%，在熊市期间的累计跌幅平均为44%，回撤较小。此外，A股的短期波动也明显高于成熟市场，这使得在A股长期持股的收益－

风险比相对较低。2006—2019 年，上证综指不同频度的夏普比率<sup>⊖</sup>均明显低于道琼斯指数的水平（见表 6-3）。

表 6-3 A 股和美股市场运行特征对比

| 市场运行特征 | 上证综指 | 道琼斯指数 |
| --- | --- | --- |
| 牛市平均时长（年） | 2.40 | 11.80 |
| 熊市平均时长（年） | 3.10 | 2.09 |
| 牛市平均上涨幅度 | 440% | 669% |
| 熊市平均下跌幅度 | 300% | 44% |
| 夏普比率 - 日度 | 1.29 | 1.94 |
| 夏普比率 - 周度 | 1.34 | 2.05 |
| 夏普比率 - 月度 | 1.18 | 2.54 |

数据来源：万得。

### （2）中长期资金和外资占比偏低

如上一章所述，从持股结构看，A 股一般机构和自然人占比偏高，专业机构和外资占比偏低；从交易结构看，A 股自然人占比过高，外资占比偏低。此外，从持股期限结构看，境内专业机构和个人的持股期限均明显短于境外，境内外个人持股期限的差距大于专业机构的差距。根据全球主要股票市场的市值、成交量和投资者结构数据，对各市场的持股期限研究测算发现，2015—2019 年 A 股的平均持股期限为 70 天，而境外主要市场的平均持股期限为 286 天，其中，美股最短，为 156 天；印度股最长，达 588 天。从投资者看，境内专业机构的平均持股期限为 90 天，约为境外主要市场专业机构平均水平的 25%。在境外市场中，美国专业机构的持股期限最短，为 214 天；中国香港专业机构的持股期限最长，达 600 天。境内个人的平均持股期限为 28 天，约为境外主要市场

---

⊖ 夏普比率 =（期间累计收益率 - 无风险利率）/ 收益率的标准差，用以衡量风险调整后的收益率水平。

个人平均水平的16%。在境外市场中，韩国个人的持股期限最短，为92天；印度个人的持股期限最长，达243天（见表6-4）。

表6-4 全球主要股市2015—2019年平均持股期限 （单位：天）

| 国家/地区 | 中国境内 | 中国香港 | 中国台湾 | 美国 | 英国 | 日本 | 韩国 | 印度 | 境外市场平均 |
|---|---|---|---|---|---|---|---|---|---|
| 专业机构 | 90 | 600 | 417 | 214 | 323 | 274 | 231 | 499 | 365 |
| 个人 | 28 | 239 | 167 | 128 | 194 | 135 | 92 | 243 | 175 |
| 市场整体 | 70 | 410 | 278 | 156 | 221 | 188 | 162 | 588 | 286 |

数据来源：世界交易所联合会，笔者测算。

导致A股中长期资金和外资占比偏低的原因较为复杂，具体可以从上市公司、专业机构、市场环境和对外开放四个层面进行分析。

### 1）上市公司层面

**我国上市公司持续盈利能力不强，值得长期持有的优质标的不多。**与成熟市场相比，我国上市公司质量总体有待提升。不少公司追逐热点、盲目扩张，导致财务风险加大；还有一些公司偏离主业、脱实向虚，核心竞争力却迟迟得不到提升。加之我国经济尚处于转型升级的进程中，行业集中度较低，强者恒强的"马太效应"还不明显。上述因素导致我国上市公司持续盈利能力不强。2015—2019年A股上市公司的每股收益平均为0.52元，仅为同期美股上市公司平均水平的十分之一；每股收益连续5年高于1元的公司有53家，占A股上市公司家数的比例仅为2%，同期美股上市公司这一占比达47%。2015—2019年投资者在这53只股票上的平均持股期限为162天，明显长于同期A股70天的平均持股期限，这一数据对比表明，投资者有强烈意愿长期持有优质标的。此外，大量科技龙头企业赴海外上市，进一步减少了境内投资者可长期持有的优质标的数量。

**我国上市公司回报投资者的力度不够，难以提供长期持股所要求**

**的现金回报率**。近年来，我国上市公司现金分红的比例、连续性和稳定性都明显提升，但高股息率和高股利支付率的公司相对较少。2018 年 A 股实施现金分红的上市公司中，股息率超过 5% 的公司家数占比仅为 3.81%，同期美股上市公司的这一占比达到 23.84%；股利支付率超过 50% 的公司家数占比为 20.05%，也不及同期美股上市公司 36.27% 的家数占比（见表 6-5）。同时，我国股份回购制度虽已得到完善，但回购力度还不够大。历史上美股上市公司股份回购和现金分红规模大体相当，近年来股份回购金额持续超过现金分红金额，2018 年回购金额达 1 万亿美元，对股价提振作用明显。究其原因，部分上市公司回报股东的意识不强，还有部分股东更倾向于将利润用于再投资，做大公司规模。

### 2）专业机构层面

**公募基金产品净值波动大、分红较少、费率较高，管理人的考核与激励机制不够健全**。2015—2019 年，我国股票型基金净值收益率的标准差平均为 3.43%，明显高于美国股票型基金 2.19% 的平均水平。同期，我国股票型基金中仅有 9% 进行了分红，分红的基金中平均每只每 3 年才分红 1 次，单位分红金额仅为 0.24 元；而美国股票型基金中超 96% 进行了分红，分红的基金中平均每只每年分红 1.46 次，单位分红金额达 7.55 美元。与此同时，我国公募基金费率偏高。所有非货币公募基金产品的平均最高申购费率在 0.7% 左右，平均最高赎回费率在 1.3% 左右，由于大多数个人投资者投资单只基金的金额不大，期限也不超过一年，加上每日计提的管理费、托管费和销售服务费，投资公募基金的成本高达 2% 以上，远高于美国公募基金费率。此外，我国基金经理的业绩考核过于强调相对排名，考核期较短（一般为按季考核），且缺少将基金经理与持有人利益绑定的激励机制。成熟市场基金经理考核主要关注相对于业绩基准的表现，考核期短则一两年，长则七八年，且普遍采用持基计划和股权激励等制度安排，实现基金公司、基金经理和持有人三方的共赢。上

表6-5　A股与美股2018年股息率和股利支付率分布

| 股息率 | <1% | | 1%~2% | | 2%~3% | | 3%~4% | | 4%~5% | | 5%~10% | | >10% | | 合计 | |
|---|---|---|---|---|---|---|---|---|---|---|---|---|---|---|---|---|
| | 数量(只) | 比例 | 数量(只) | 比例 | 数量(只) | 比例 | 数量(只) | 比例 | 数量(只) | 比例 | 数量(只) | 比例 | 数量(只) | 比例 | 数量(只) | 比例 |
| A股 | 1335 | 48.07% | 750 | 27.01% | 344 | 12.39% | 158 | 5.69% | 84 | 3.02% | 92 | 3.31% | 14 | 0.50% | 2777 | 100.00% |
| 美股 | 246 | 12.14% | 471 | 23.25% | 410 | 20.24% | 266 | 13.13% | 150 | 7.40% | 309 | 15.25% | 174 | 8.59% | 2026 | 100.00% |

| 股利支付率 | <10% | | 10%~20% | | 20%~30% | | 30%~40% | | 40%~50% | | 50%~60% | | >60% | | 合计 | |
|---|---|---|---|---|---|---|---|---|---|---|---|---|---|---|---|---|
| | 数量(只) | 比例 | 数量(只) | 比例 | 数量(只) | 比例 | 数量(只) | 比例 | 数量(只) | 比例 | 数量(只) | 比例 | 数量(只) | 比例 | 数量(只) | 比例 |
| A股 | 477 | 17.18% | 544 | 19.59% | 586 | 21.10% | 366 | 13.18% | 247 | 8.89% | 137 | 4.93% | 420 | 15.12% | 2777 | 100.00% |
| 美股 | 384 | 18.95% | 252 | 12.44% | 273 | 13.47% | 228 | 11.25% | 154 | 7.60% | 134 | 6.61% | 601 | 29.66% | 2026 | 100.00% |

注：统计口径为2018年实施现金分红的公司。

数据来源：世界交易所联合会，笔者测算。

述差异导致我国基金经理任职时间较短，投资普遍短视化，追逐热点，"抱团取暖"⊖。统计显示，我国基金经理平均任期不足 3 年，明显低于美国基金经理 6 年多的平均任期；临近季末考核时往往会集中调仓换股，买入近期强势股，卖出获利较多的股票，以提升业绩排名。

**我国保险业发展尚不成熟，以传统寿险为主的产品结构及偿付能力监管要求导致险资入市比例常年显著低于上限。**我国保险业仍处于改革发展中，面临行业竞争不充分、产品有效供给不足、居民保险意识不强等问题。2020 年我国保险业资产总规模为 23.3 万亿元，仅占我国金融业总资产的 6.5% 左右，远低于发达国家 25% ～ 30% 的水平。结合入市情况看，2015—2019 年我国保险机构权益类资产的配比平均为 12.6%，远低于 30% 的上限。一方面，这可能与我国保险产品的结构有关。传统寿险是我国保险产品的"绝对主力"，但规定的股票投资上限仅为 5%；投向限制较少的万能险和投连险⊜规模占比偏低。相比而言，美国寿险产品中具备投资功能的独立账户配置股票的比例平均达到 80%，而且其规模占美国寿险总资产的近四成，从而大幅推升了美国寿险公司配置股票的总体比例（达 30% 左右）。另一方面，我国现行监管对保险公司增加权益投资仍有较为严格的约束。虽然 2020 年出台的《中国银保监会办公厅关于优化保险公司权益类资产配置监管有关事项的通知》将权益类投资上限提升至 45%，但明确规定投资单一上市公司股票的股份总数不得超过其总股本的 10%，并明确七档权益类资产监管比例，对于综合偿付能力充足率在 200% 以下的，权益投资上限将由过去的 30% 下调。根据保险行业 2021 年二季度偿付能力报告，80 家人身险公司中 51 家权益投资上限不足 30%，83 家财产险公司中 19 家权益投资上限不足 30%。

**我国养老金规模相对不足，且存在一些入市瓶颈。**如上一章所述，

---

⊖ 相关内容在上一节专栏 6.1 中已有详细分析，这里不再赘述。
⊜ 我国规定万能险投资股票的比例不得超过该产品总资产的 80%，对投连险则无限制。

我国的社会保障体系过于依赖公共养老保险，私人养老保险发展缓慢。其中，基本养老金缴费率较高，使民企无力再承担企业年金的费用；第三支柱的商业养老保险试点刚刚起步○，虽有很好的发展前景，但税收递延优惠力度小，且受制于贫富差距扩大的现状，形成规模还需要一定时间。结合入市情况看，2021 年年末社保基金和企业年金股票配置的比例分别约为 35% 和 12%，已有明显提高，但仍低于其权益类资产的配置上限（分别为 40% 和 30%）。其中，基本养老金存在统筹层次过低、储备时间短、归集难度大等问题，据估计仅有一半可进行市场化运营。对企业年金而言，与企业的隶属关系和工作性质导致年金理事会有较强的风险厌恶，从而使受托人的投资风格也较为保守；不同年龄阶段职工的年金使用同一账户管理，也导致受托人无法根据生命周期和风险承受能力的不同进行差异化投资选择，投资效率较低。

### 3）市场环境层面

**市场法制体系不完备导致违法违规行为较多，使投资者长期持股的信心不足。**我国还没有类似浑水这样的做空机构，集体诉讼制度尚未建立。此外，监管部门对违法违规行为举报的奖励力度不大○，对举报者的保护措施不全面，界定举报信息受理范围以及不予奖励、虚假和滥用举报情形不明确，使得市场主体检举揭发的积极性与效率不高。我国缺乏自下而上的有效的监督制衡机制，一定程度上导致 A 股的违法违规行为和市场乱象屡禁不止，投资者因担心"踩雷"而不敢长期持股。

**场内权益类衍生品供给不足，缺少能让专业机构有效对冲长期持股风险的标准化工具。**利用期货和期权可以进行套期保值或者更为精细化

---

○ 2022 年 4 月 21 日，《国务院办公厅关于推动个人养老金发展的意见》印发，第三支柱个人商业养老保险进入新的发展阶段。

○ 中国证监会的奖励金额不超过 30 万元，美国证券交易委员会的奖励金额为罚款额的 10% ～ 30% 且不封顶。

的风险管理，从而有利于投资者长期持有标的资产。从大类品种看，目前我国场内权益类衍生品仅有股指期货和 ETF 期权两类品种，与美国相比还缺少 ETF 期货、个股期货、个股期权等品种。即便是上市时间相对较长的股指期货，发展程度与成熟市场相比也还有差距。截至 2022 年 9 月末，我国只有沪深 300、上证 50、中证 500 和中证 1000 四个股指期货品种，即便在 2015 年没有限仓时，日均成交量⊖占现货市场的比重也不到万分之一。尽管自 2018 年 12 月开始股指期货已陆续几次"松绑"，但仍有机构反映其套保仓在移仓换月时摩擦成本较大。美国有 11 个股指期货品种，2015—2019 年日均成交量占现货市场的比重平均为万分之四，明显高于我国。

**场外权益类期权市场发育迟缓，专业机构管理长期持股风险的个性化需求难以得到满足。**与场内的标准化期权合约相比，场外期权可根据机构自身的需求"灵活定制"。当前全球权益类期权的发展趋势是场内为主、场外为辅，二者相辅相成、相互促进，场内期权是场外期权定价的基准，场外期权的发展会提升场内期权的流动性。我国权益类场外期权以股指期权和个股期权为主，虽然名义本金规模已超过 50ETF 期权，但总体来看发育程度不足，与场内期权的协同效应还没有发挥出来。**一是**股指期权和个股期权没有相对应的场内品种。**二是**由于缺乏相关业务指引等原因，公募基金、保险等几类重要机构难以参与场外期权交易。**三是监管过于严格**。由于有投资者适当性管理做保障，成熟市场监管部门对场外期权普遍采用适度监管的原则。虽然 2008 年金融危机后的监管力度有所加大，但主要是通过引入中央对手方清算、提高市场透明度、完善双边交易抵押等市场化手段化解场外期权风险。我国监管部门于 2018 年 5 月出台场外期权业务监管新规，对券商进行分层管理，大幅提高交易对手方门槛，虽然抑制了部分市场乱象，但也在一定程度上制约了场

---

⊖ 股指期货成交量的单位为手数，股票现货成交量的单位为股数。

外期权业务的发展。

### 4）对外开放层面

**全方位、立体式的资本市场开放格局尚未完全形成，使 A 股外资占比提升速度较慢。** 从境外市场经验看，一国资本市场的国际化水平通常可分为三个层面，即上市公司国际化、证券经营机构国际化和投资者国际化。除了投资者国际化外，前两个层面的国际化也有助于提升投资者中的外资占比。海外上市公司登陆本地市场，那些外籍原始股东不仅可以提升本地市场的外资持股比例，这些公司所在国的投资者也倾向于前来交易这部分股票，从而提升外资的交易占比。在美国和英国上市的公司中，海外公司家数占比分别为 11% 和 30%，以在美国上市的中概股"BAJ"⊖为例，这三家公司的股份分别有 30%、17% 和 54% 被美国境外投资者持有。国际证券经营机构进驻本地市场，也会带来部分海外客户，这些客户既能通过外资券商的经纪业务直接参与本地市场交易，也可通过购买外资资管机构发行的产品间接配置本地股市。此外，外资券商的自营、做市等部门也会深度参与本地市场的交易。对 A 股而言，投资者国际化进展较快，证券经营机构的外资股比限制刚刚放开，而上市公司国际化的力度还远远不够，一定程度上导致 A 股外资占比提升的速度不够快。

## 2. 推动中长期资金入市的政策建议

### （1）促进居民储蓄向股票投资转化方面

**一是** 培育直接投融资文化，特别是股权投资文化。鼓励居民储蓄向投资转化的关键是打破刚兑，让个人承担的风险和收益间的关系更加清晰，降低无风险和低风险的收益率。第一，厘清直接金融与间接金融的

---

⊖ BAJ 即百度（B）、阿里巴巴（A）、京东（J）。

界限，打破刚性兑付，降低无风险和低风险的收益率，引导社会资本投资的高效化。第二，丰富直接融资工具供给，促进信贷向直接投融资工具的转化。第三，加强投资者教育和投资者适当性管理，树立"买者自负"的资本市场文化，特别是股权投资文化，明确投资者自己是其收益与损失的第一责任人。

**二是**坚持房住不炒，降低房地产的投资属性。房地产市场调控政策要更多地从房屋作为耐用消费品的特征出发，制定相应的统计口径、税收机制和交易制度安排等，并不断完善住房供给体系，构建多主体供给、多渠道保障、租购并举的住房制度，引导居民逐步降低房地产的配置比重，提升金融资产，尤其是权益资产的配置比重。

**三是**改善资本市场环境，提升市场投资吸引力。提升资本市场投资吸引力，增强居民投资的获得感是引导居民加大股权投资的直接推动力。第一，要完善法律体系和监管体系，为打造健康的资本市场生态奠定基础。第二，借助完善退市制度、强化信息披露和公司治理来提高上市公司质量，增加资本市场的优质资产。第三，推动中介机构提升专业能力，当好资本市场的"守门人"。

### （2）提升中长期资金和外资占比方面

**对于公募基金：**一是全面提升资产配置能力，满足个人与机构投资者多元化需求。主动管理方面，更加重视建设专门的投研部门，组建科学专业的投资团队，形成特色鲜明的投资风格及构筑协同紧、联动强的投研体系。被动管理方面，进一步丰富规模、行业及主题型指数基金产品，重点发展 Smart Beta，为投资人提供更多的配置工具。二是加大分红力度，同时探索改革收费模式，进一步由前端收费向后端收费转变，在一定程度上将管理费与业绩挂钩。三是强化管理人长期业绩导向，鼓励管理人参与股权激励计划和持基计划，促使其交易行为的长期化。四是加大与养老金和保险资金的合作，全面放开公募基金作为养老金和保险资金的委托管理人，为长期资金提供更为优质全面的委托投资服务。

**对于保险资金**：一是优化保险产品结构，大力发展财险。财险负债久期短，期限匹配要求低，配置的资产流动性强，相比寿险，其对现金及现金等价物、股票和基金等流动性更强的资产投资比例更高。二是完善对保险资金投资运用的精细化管理。建议将保险资金投资范围依据投资者的资金来源性质进行相匹配的监管：若投资者资金为保险性质资金，则依据《保险资金运用管理办法》及《保险资产管理产品管理暂行办法》展开投资；若投资者资金为非保险性质资金，则按照与投资人约定的产品合同及相关法律文件执行。

**对于养老金**：一是进一步丰富第一支柱的资金来源。加快国有资本划转充实社保基金的节奏，有序做大社保基金作为保障性基金的规模；加大地方政府对基本养老的资金供给，明确地方财政支出中基础养老支出的比重，合理降低企业在第一支柱中的支付比重，为第二支柱的发展创造基础。二是提高第二支柱的参与率。可考虑在第二支柱中引入"自动加入"机制，建立"合格默认投资工具"，提高第二支柱的参与率。自动加入机制实为"委婉的强制性制度"，对扩大年金制度来说效果十分明显。合格默认投资工具主要是指"生命周期基金"和"生命特征基金"，前者主要是"目标日期基金"，后者主要是"目标风险基金"。三是做大第三支柱。对于个人税延型商业养老保险来说，应尽快出台提高税延额度的税收优惠政策，简化优惠方式，扩大优惠政策适用对象。养老目标基金也应借鉴税延型养老保险的经验教训，积极制定相关税收优惠政策。从具体做法看，可以建立个人养老金账户，将发展第三支柱的思路从以产品为中心切换到以账户为中心。

**其他方面**：一是进一步提高上市公司质量，鼓励和引导国有上市公司注重投资者回报，适度加大现金分红和股份回购力度。二是加大法治供给，推动建立证券集体诉讼制度，完善违法违规举报制度，大幅提高违法违规成本。三是完善市场做空机制，丰富场内权益类衍生品品种，允许优质券商拓展场外权益类衍生品业务，满足长期持股的风险管理需求；扩大融券券源，提高融券便利性，促进融资融券业务均衡发展。四是研究设立国际板的可行性，提升上市公司的国际化以增加对外资的吸引力。

| 第七章 |

# 杠杆资金

杠杆资金不仅是市场流动性的重要组成部分，还是影响股市波动、股价走势的重要力量。杠杆资金的持续、大规模涌入与流出，加速推动股市的"潮起"与"潮落"。在我国资本市场的发展历程中，曾多次出现杠杆资金助涨助跌的现象。因此，研究分析杠杆资金是把握流动性规模、开展市场分析的重要内容之一。

## 第一节　股市杠杆资金基本情况

### 一、我国股市杠杆资金的发展和种类

长期以来，质押贷款一直是我国仅有的杠杆融资手段，但由于手续烦琐、质押率低等原因，通过这种方式"借钱炒股"的规模一直较小。2007年7月，分级基金业务启动，但随后股市出现大幅下跌并陷入长期低迷，影响了该项业务的进一步发展。2009年以来，伴随着新一轮金融

创新热潮的兴起，股市的杠杆融资渠道日趋多元化：2009 年结构化信托开始出现；2010 年 3 月融资融券业务正式推出；此后证券公司、基金公司和期货公司资管业务陆续放开，分级资管产品逐步兴起；2013 年证券公司股票质押式回购及收益互换业务先后启动，进一步丰富了杠杆融资的形式；2014 年前后，互联网金融及分仓技术的出现进一步降低了杠杆融资的门槛，场外配资开始全面向股市渗透（见表 7-1）。

具体来说，我国股市现有或曾经存在的杠杆产品主要可分为以下六种：

### 1. 融资融券

满足一定资产和投资年限要求的投资者可与券商签订合同，开立独立的信用交易账户，由券商向该账户转入资金和证券后开展交易。该业务属于场内业务，使用标准化的合同和流程，透明度高，风险可控程度高。但业务规模在 2015 年突破万亿后，不可避免地对市场形成了一定影响，对券商的风控能力提出了较高要求。

### 2. 股票质押式回购

股票质押式回购一般由对资金有较大需求且在二级市场持有一定规模股票的投资者参与，以上市公司大股东、董监高为主。该业务属于场内业务，融资期限最高可达 3 年，有补充质押、解除质押等灵活操作手段，并且没有强制平仓要求，受市场的影响有限。但由于集中度高，即使不平仓，相关消息也可能对市场情绪造成影响。

### 3. 偏股型单账户结构化资管产品

偏股型单账户结构化资管产品简称单账户结构化资管，主要是证券期货经营机构、信托公司、保险公司等持牌金融机构发行的投向股市的股票型或混合型结构化资产管理产品，其主要特征是存在一级份额以上

表 7-1 各类杠杆融资情况简介

| 融资场所 | 场内 | | | 场外 | | | | |
|---|---|---|---|---|---|---|---|---|
| 融资方式 | 融资融券 | 股票质押式回购 | 分级基金 | 股票收益互换 | 单账户结构化资管① | 伞形信托 | 场外配资 | 股票质押贷款 |
| 推出时间 | 2010年 | 2013年 | 2007年 | 2013年 | 2009—2014年 | 2009年 | 2005年 | 2000年 |
| 融资渠道 | 证券公司 | 证券公司 | 基金公司 | 证券公司 | 信托公司、证券公司、基金公司及子公司、期货公司及子公司 | 信托公司 | 配资公司 | 银行 |
| 融资方 | 以个人为主 | 大股东、机构 | 以个人为主 | 机构 | 私募机构、大户自然人 | 私募机构、大户自然人 | 以个人为主,包含大量中小投资者 | 个人、机构 |
| 期限 | 最长6个月,可展期 | 平均为7个月,最长3年 | 无 | 1年左右 | 1~3.5年 | 1年左右 | 多为1个月,不超过3个月 | 最长1年 |
| 融资成本 | 8.5%左右 | 8%~9% | — | 8%~9% | 7%~9% | 9%~10% | 15%~18%,甚至超过20% | 4%~6% |
| 平均初始杠杆数 | 2.7倍 | 2.3倍 | 2倍 | 2倍 | 3倍左右 | 平均3倍左右 | 最高达10倍 | 约2倍 |
| 平均动态杠杆数 | 1.7倍 | 1.5倍 | 2倍 | 2倍 | — | — | | — |
| 资金来源 | 券商自有资金、债务融资(银行同业贷款、证金公司贷款、发债) | 券商自有资金、券商资管资金 | A级份额持有人以机构为主 | 券商自有资金、债务资金(银行同业贷款、发债) | 银行理财资金、向高净值客户发行信托计划/资产管理计划募集 | 银行理财资金、信托高净值客户 | 银行理财资金(间接)、P2P产品募集资金、发行私募基金募集、配资公司股东 | 银行信贷 |
| 投资门槛 | 50万元 | 无 | 2016年为30万元 | 3000万元 | 1000万元 | 300万元 | 5000元至上百万元不等 | 无 |

① 它包括分级资管产品和结构化信托。

的份额（通常称为"劣后级"）为其他级份额（通常称为"优先级"）提供一定收益的风险补偿，收益分配不按份额比例计算，而是由资产管理合同另行约定。单账户结构化资管的融入方以高净值自然人和私募等机构投资者为主，融出方以银行理财为主，准入门槛高，资金量较大，投资风格也多偏向短线炒作等偏激手法，对市场影响较大。

### 4. 分级基金

分级基金是我国金融市场上的一大创新，是极少数合法合规、参与门槛低的场内杠杆产品。分级基金依托于公募基金的形式，将母基金份额拆分为分级 A 和分级 B。其中，分级 A 的收益固定，分级 B 则承担市场波动风险与分级 A 收益的偿付，分别满足不同风险偏好的投资者。母基金的净值为分级 A 和分级 B 的净值之和，其中，分级 A 净值基本不变，分级 B 净值根据市场波动而变化。为保证分级 A 的约定收益和分级 B 净值不归零，分级基金会在合约中约定基金折算。其中，上折是指母基金净值上升到一定水平时，将分级 A、分级 B 的净值重新归 1，超出 1 的部分转化为母基金份额；下折是指分级 B 净值低于一定水平时，将分级 A、分级 B 的净值重新归 1，分级 B 的份额按照净值跌幅进行缩减，除与分级 A 相对应的份额外，其余份额直接转换为母基金份额。

### 5. 股票收益互换

股票收益互换的基本原理是交易者在并不持有某种股票或股指的前提下，以另一种资产的收益从互换对手处换得该种股票或股指的回报，节省了投资成本。目前国内最基本的形式是挂钩某一股票或股指的收益，与一个相同货币为基础的固定收益的相互支付。股票收益互换属于证券公司柜台业务，灵活度较高，融入方包括各种自然人和机构，融出方为证券公司自有资金。由于业务完全处于证券公司风控管理下，加之规模有限，对市场的影响并不大。

## 6. 场外配资

本书所称"场外配资"，是指 2012 年后逐渐形成的，以资产管理公司、金融中介为平台，通过 P2P 等互联网平台批量对接融入方，通过持牌机构发行的资管计划投资于股市的"流水线"型专项资金借贷行为。场外配资的融入方种类繁多，既包括高净值和普通自然人，也有企业、私募等机构，对投资者适当性的要求基本为零，融出方为银行理财和社会闲散资金。场外配资串联线上线下、银行、证券、保险等多个环节，隐蔽性高，并且大部分融入方投资知识不多，配资公司等中介机构也缺乏专业能力，导致风险极易放大并扩散。

由于场外的各类杠杆资金难以准确测算，因此计算全部杠杆资金的规模难度很大，整体杠杆资金倍数也很难准确计算。2015 年股市异常波动前，各类杠杆资金规模达到峰值，杠杆倍数较高，此后随着各类监管政策的迅速出台，"去杠杆"效果明显，大部分场外的杠杆资金被清理，杠杆资金的规模逐渐下降；场内的杠杆资金也受到规范，融资融券成为杠杆资金的主体。2018 年两会期间，全国政协委员、中国证监会信息中心主任表示，我国市场杠杆资金规模下降，2017 年年末股市杠杆资金规模是 1.9 万亿元，较 2015 年 6 月最高规模下降了 60%，其中融资融券余额由 2.27 万亿元降至 1 万亿元；市场估值水平合理回归，2017 年年末 A 股动态市盈率为 21.4 倍，较 2016 年年初下降 20%。因此，股市本身风险有所缓解，内在稳定性明显提升，抵御风险能力显著增强。

目前，以可以精确统计的场内杠杆融资融券交易为例，截至 2021 年年末，A 股的融资融券余额为 1.83 万亿元，占流通市值的 2.45%；两融交易额占 A 股成交额的比重整体保持在 7% ～ 11%。

专栏 7-1

# 债市、衍生品市场中的杠杆资金

## 一、债市中的杠杆资金

债市杠杆与股市杠杆有一定的相似性，都是财务杠杆，主要分为场内和场外两种加杠杆方式。场内主要是债券回购，银行间债券市场的杠杆资金供给主要来源于银行资金，交易所债券市场的回购资金供给则来源于股市剩余资金；场外主要是通过分级/结构化产品，主体是银行委外资金，形式多为通过信托计划、基金通道进行产品合作，约定固定收益率。

债券市场加杠杆的通常方式是所谓的"回购养券"。在债券市场中，短期资金拆借主要通过债券回购的方式来进行。债券投资者可以将其手中的债券通过回购的方式质押出去，从而借入资金。利用借入的资金买入债券后，可以将新购入的债券再通过回购质押出去，借入更多资金。如此过程可以进行多个循环，让投资者购入数倍于自有本金的债券量，建立起很高的杠杆率。

在这个过程中，债券投资者的收益来自买入的长期债券所产生的收益率，而成本则是通过回购借入短期资金所需支付的短期利率。换言之，投资者可通过回购养券收获长短期利率之间的利差。

## 二、衍生品市场中的杠杆资金

衍生品市场中的杠杆资金与股市、债市杠杆资金在性质上有较大的不同。通常来说，股市、债市中的杠杆是财务杠杆，指通过融资进行股票或债券交易。衍生品市场中所说的杠杆则指交易杠杆，即保证金交易，投资者利用小额的资金（保证金），即可进行数倍于保证金的投资，这可以使投资者获得相对于投资标的本身波动数倍的收益率，抑或发生数倍亏损。由于保证金的增减不以投资标的波动比例来变动，因此风险很高。

## 二、境外股市杠杆资金的发展

**境外市场杠杆资金兴起于经济发展较快、宏观流动性泛滥和监管宽松的环境**。杠杆资金在境外成熟市场的出现时间较早，并从诞生之初就经历了快速发展。美国在 19 世纪就出现了融资融券交易，20 世纪初期融资融券和场外融资交易规模开始急剧扩大。日本的信用交易制度早在 19 世纪末就已具雏形，但直到 1951 年日本才正式采用融资融券制度，在证券金融公司的参与下，融资融券规模快速扩大。中国台湾地区在 1962 年股市建立之时就存在融资融券业务，但直到 20 世纪 80 年代，包括融资融券在内的杠杆资金才真正进入快速发展通道。中国香港地区的股票融资交易被称为"孖展"，20 世纪 70 年代就开始盛行，但卖空机制则是在 1994 年才正式建立，随后卖空交易持续发展，主板卖空交易额从 1997 年的 455.3 亿港元升至 1.31 万亿港元，占市场成交额的比重也从 1.2% 升至 6.1%。

从兴起的背景看，尽管各成熟市场的杠杆资金初期快速发展的时间不同，但其所处的市场环境呈现出一些共性。一是宏观经济正处于快速增长阶段。例如，美国杠杆资金快速发展时美国正处于工业体系逐步建立、经济快速增长的黄金年代；日本杠杆资金快速发展的时间也是其战后重建、经济高速增长的 20 世纪 50 年代至 60 年代。二是市场流动性泛滥。经济快速发展创造的大量货币资金急需找到投资标的，例如，中国台湾地区股市杠杆资金快速发展的 20 世纪 80 年代，正经历着本币升值的强烈预期以及外围资本的大量涌入，为杠杆资金进入股市提供了流动性基础。三是监管政策相对宽松或持支持态度。例如，美国在杠杆资金兴起时几乎没有监管措施；中国香港卖空交易的建立和快速发展也受到了监管部门的大力支持。

**境外市场杠杆资金兴起时存在场内场外多种类别。** 在境外股市场内杠杆资金兴起的同时，由于监管较为宽松，流动性泛滥和资金需求旺盛，也催生了各种渠道来源的大规模场外杠杆资金。美国和中国台湾地区是两个典型的例子。20 世纪初美国股市杠杆资金兴起时，投资者除了能够在证券经纪人处开立信用交易账户进行场内融资融券交易外，还能从银行融资入市交易。同时，银行也能向证券经纪人提供资金，之后再由证券经纪人将贷款发放给客户。到 20 世纪 50 年代，银行以外的金融机构（如保险公司、共同基金公司等）、商业组织（如保理机构、房地产融资与经济部门等）甚至个人也陆续介入了美国股票融资领域，成为不受监管的出借人。在中国台湾地区，20 世纪 80 年代至 90 年代是杠杆资金规模快速扩大的时期，股市中不仅存在场内融资融券交易，还存在以"丙种资金"为主的场外融资。据估算，1988 年中国台湾地区有超过 800 家地下钱庄，存款规模达到 3 000 亿圆○新台币，民间金融规模达 6 288 亿圆新台币，这些资金成为中国台湾股市场外融资的主要来源。

**境外杠杆资金的兴起对市场产生了积极和消极两方面的影响。** 从积极方面看，一是有利于增强市场流动性。成熟市场经验表明，融资融券使得市场换手率和交易量显著提升，盘活了市场流动性。例如，中国台湾地区在推出融资融券交易后的 26 年中换手率增长 100%，交易量共增加约 60 倍。二是有利于抑制市场过度的波动性。由于双向交易机制的存在，在股市被严重低估和高估时，融资融券发挥了促使股价回归的积极作用。例如，在中国香港正式推出卖空机制前的 4 年中，恒生指数一直呈上升态势，且在卖空机制出台前 3 个月涨幅达 55%；但在卖空业务推

---

○ "圆"简作"元"。

出后，恒生指数结束了长达 4 年的单边上涨行情，开始回调，卖空机制有效防止了市场泡沫的进一步膨胀，而当市场适当调整后，恒生指数稳定性有所增强。三是在一定程度上促进了经济发展。第二次世界大战后，日本为了迅速恢复经济，金融机构的资金主要投向实业，导致证券公司资金短缺，无力承担融资融券业务。为此，日本设立了专业的证券金融公司，向证券公司提供资金和券源，以解决融资融券业务开展时自有资券不足的问题，这推动了证券市场发展，与实体经济形成互动，对战后日本经济的重建和恢复起到了重要作用。

从消极方面看，由于杠杆率高、规模巨大，杠杆资金对市场变化敏感，容易放大风险，尤其是在场外杠杆资金过度参与的情况下，更容易激发市场泡沫并引发股灾，甚至经济危机。例如，1990 年中国台湾地区的股灾很大程度上就是前期大量场外融资造成的；而在美国市场，1929 年"大萧条"爆发前夕杠杆资金大量存在，信用交易泛滥，银行信贷被不加以限制地进入资本市场，全社会投资杠杆率也没有明确限制，38% 的股民付少量保证金就可以从事股票投机，杠杆率高达 1 ∶ 10，直接导致泡沫急剧放大，造成了美国 1929 年的股灾。

时至今日，境外股市的杠杆资金均已得到有效监管和规范发展，成为股市运行的重要力量。

## 三、境内外股市杠杆资金对比分析

目前，境外成熟股票市场中的杠杆资金主要以融资融券资金为主，A 股市场在经过对场外配资的清理后，股市杠杆资金也集中到融资融券交易上。因此，对当前境内外股市杠杆资金的对比以融资融券为主。

**境内外主要市场融资融券业务模式存在差异。**由于经济发展水平、社会经济制度和历史发展过程的差异，各个国家和地区形成了各具特色的融资融券制度。成熟市场的融资融券制度可以概括为三种典型模式：一是以美国、中国香港地区为代表的市场化分散授信模式。以美国为例，其信用交易高度市场化，参与主体、融资的资金来源和融券来源都较为广泛，只要是资金拥有者都可以参与融资，只要是证券的拥有者都可以参与融券。证券公司在融资融券交易中处于核心地位，融资和融券都必须通过交易经纪公司来进行，这使得无论是银行资金还是民间资金，其杠杆交易均被置于监管之下。二是以日本为代表的专业化集中授信模式。日本专业化的证券金融公司在融资融券业务中处于核心地位，严格控制信用交易的规模和节奏。虽然投资者也向证券公司申请融资融券，但证券公司不是业务的核心，而是由证券金融公司为证券公司提供资金和转融通业务，证券金融公司可通过短期资金市场、日本银行和一般商业银行来筹措资金或股票。此外，受欧美国家影响，21世纪以来，在日本的证券借贷市场上，除了以证券金融公司为代表的集中市场外，由外资银行主导的场外市场日益流行。三是以中国台湾地区为代表的"双轨制"模式，即取得融资融券业务许可的券商可以办理融资融券业务，当其自有资金和证券出现不足时，可以向证券金融公司申请转融通；未取得许可的券商则只可代理证券金融公司的融资融券业务。对比来看，A股的融资融券业务主要借鉴了日本和中国台湾地区的经验，监管部门核准的券商可以自有资金和证券办理融资融券业务；当自有资金和证券不足时，可向证券金融公司申请转融通。

**A股融资融券规模在境内外主要交易所中居前，但融资与融券业务发展严重不均衡。**从规模对比看，截至2021年年末，A股的融资融券余额为1.83万亿元，占流通市值的2.45%，低于纽约证券交易所4.06%的占比水平，但高于东京证券交易所0.53%和台湾证券交易所0.72%的占比水平，表明A股市场内杠杆规模在全球主要交易所中已处于较高水平（见图7-1）。从融资与融券结构对比看，2021年年末，A股融券余额与融资余额之比为 7.02%，而纽约证券交易所、东京证券交易所和台湾证券交易所分别为 23.62%、19.28% 和 11.25%；与成熟市场相比，受出借证券的主体限定较严、融券流程较为烦琐等因素的限制，A 股融券业务的规模一直明显低于融资业务，融资与融券规模严重失衡，处于"跛腿"状态（见图 7-2）。

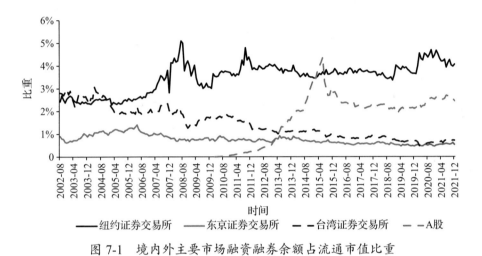

图 7-1　境内外主要市场融资融券余额占流通市值比重

数据来源：万得、相关交易所网站。

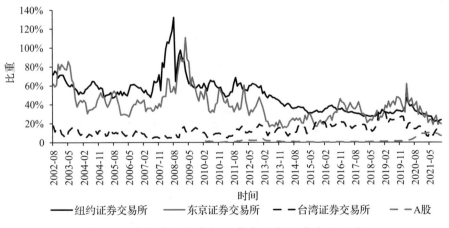

图 7-2　境内外主要市场融券余额占融资余额比重

数据来源：万得、相关交易所网站。

　　**境内外市场杠杆资金均有利于增强市场流动性，但 A 股市场助涨助跌作用更加明显**。引入杠杆资金，可以使投资者以超出自身实力的资金进行交易，从而维持足够的交易量，活跃市场，提高市场的效率。但由于杠杆效应的存在，也在一定程度上加大了市场波动。对于境外成熟市场，由于交易制度完善、以机构投资者为主、融资与融券业务发展相对均衡，杠杆资金的"助涨助跌"作用并不明显。但从 A 股市场看，由于投资者羊群效应明显、融资与融券规模严重失衡，市场波动极易被放大。

## 第二节　杠杆资金的交易特征及影响因素

### 一、杠杆资金的总体交易情况

　　2010 年以来，A 股杠杆资金的交易情况大致经历了三个阶段（见图 7-3）。

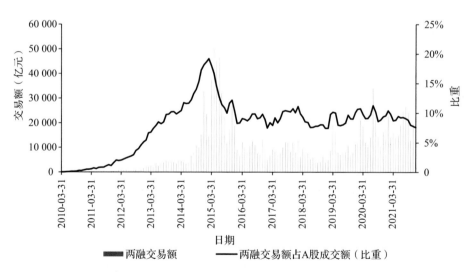

图 7-3　两融交易额及其占 A 股成交额比重

数据来源：万得。

第一阶段为 2010—2015 年股市异常波动之前。在此期间，股市中杠杆资金的交易规模持续攀升。据估计，全市场各类杠杆资金最高可占 A 股成交额的三成；以场内杠杆融资融券交易为例，自 2010 年两融业务推出以来，其交易额占 A 股成交额的比重从 0 持续攀升至 2015 年 2 月底的 19.2%。

第二阶段为 2015 年股市异常波动后的 6—12 月。在此期间，不合理的杠杆资金被快速清理，交易规模快速收缩。在当年 6 月异常波动发生前，两融交易规模虽仍在升高，但占 A 股成交额的比重已经掉头向下，这一收缩趋势伴随着异常波动和随后的 "去杠杆" 措施，一直持续到 2015 年 12 月。

第三阶段为 2016—2021 年。2016 年之后，杠杆资金交易整体保持平稳。两融交易额占 A 股成交额的比重一直相对稳定，整体保持在 7% ~ 11%，月均占比水平为 9.1%。

## 二、杠杆资金的交易特征

**一是短线交易、快进快出**。杠杆资金通常是市场上交易最为活跃的资金类型，其换手率一般数倍于非杠杆资金，交易方向也会在短期内切换。例如，从 2021 年 A 股融资净买入额（融资买入额 – 融资偿还额）的日度序列看，连续净买入最多持续 9 个交易日，连续净偿还最多持续 10 个交易日，多数情况下是周内，甚至是 1 ~ 2 个交易日就完成了净买入与净偿还的切换（见图 7-4）。

**二是喜欢热点、追逐热点**。杠杆资金通常是市场上最喜欢追逐热点板块的一类资金，板块阶段涨幅越高，越容易吸引杠杆资金参与交易。在申万一级行业指数中，2021 年涨幅最高的行业也是两融交易额占比最高的行业。例如，电力设备行业指数全年上涨 47.9%，该行业的两融交易额占比达 11.65%，在各行业中位列第一（见图 7-5）。

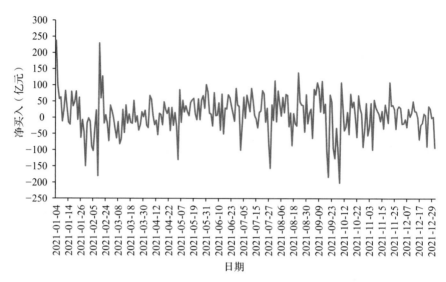

图 7-4　2021 年 A 股融资净买入情况

数据来源：万得。

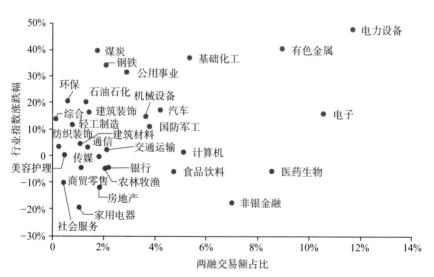

图 7-5　2021 年 A 股分行业两融交易额占比与行业指数涨跌幅

数据来源：万得。

　　**三是偏好于交易主板与科创板、大盘股和中高市盈率股票**。近年来，两融资金交易股票的特征相对稳定。分板块看，主板融资融券交易额占两融总交易额的近 80%，交易偏好系数[一]为 1.07。此外，科创板的交易偏好系数为 1.19，表明两融资金也倾向于交易科创板。从流通盘看，融资融券资金中大盘股的交易额占比约为 87.21%，交易偏好系数为 1.20，明显高于中小盘股票[二]。从市盈率看，融资融券资金中高市盈率、中市盈率股票的交易额比重分别为 33.12% 和 36.93%，偏好系数分别为 1.01 和 1.04，均高于低市盈率股票的情况，表明两融资金更偏好于中高市盈率股票（见表 7-2）[三]。

表 7-2　融资融券资金交易偏好情况

| 维度 | | 两融交易额比重 | 交易偏好系数 |
| --- | --- | --- | --- |
| 板块 | 主板 | 79.94% | 1.07 |
| | 创业板 | 15.24% | 0.72 |
| | 科创板 | 4.82% | 1.19 |
| 流通盘 | 大盘股 | 87.21% | 1.20 |
| | 中盘股 | 11.46% | 0.55 |
| | 小盘股 | 1.32% | 0.21 |
| 市盈率 | 高市盈率 | 33.12% | 1.01 |
| | 中市盈率 | 36.93% | 1.04 |
| | 低市盈率 | 29.95% | 0.95 |

数据来源：万得、笔者测算。

---

　[一]　交易偏好系数等于某一类别股票两融交易额占比与该类别股票在 A 股成交额的占比之比值，大于 1 表示偏好交易该类别股票。

　[二]　选取 2021 年 12 月 31 日数据，将所有股票的市值从高到低排列，按照 30%、40%、30% 的比例划分为大盘股、中盘股和小盘股。

　[三]　选取 2021 年 12 月 31 日数据，将所有股票的滚动市盈率从高到低排列（剔除市盈率为负的股票），按照 30%、40%、30% 的比例划分为高市盈率股票、中市盈率股票和低市盈率股票。

### 三、股市杠杆资金的影响因素

影响股市杠杆资金规模、结构、交易特征的因素众多，主要分为市场运行环境和市场体制机制两大方面。

#### 1. 市场运行环境

**市场行情**。市场行情通常会影响杠杆资金的进出和多少，行情向好通常吸引杠杆资金入市，杠杆资金规模持续攀升，又促进行情持续向好；而行情不佳往往会导致杠杆资金规模收缩，流出市场，这又促进行情下行。例如，2020年6—8月上证综指累计上涨19%，融资融券余额从不足1.1万亿元持续攀升至近1.5万亿元。

**投资者结构**。我国股票市场中个人投资者居多，但大多数个人投资者缺乏价值投资、长期投资理念，表现出投机性强、跟风性强和炒作性强的行为特征，进一步放大了杠杆交易本身的投机性。例如，2015年股市异常波动期间，个股价格普遍上涨，为获取短期收益，个人投资者纷纷入市，融资交易为满足条件的投资者提供了放大收益的机会，未能满足条件的投资者则通过分级基金、结构化资管产品乃至场外配资参与其中。投资者快速大规模加杠杆后，股市估值严重偏离正常区间，潜在风险增大，当市场由涨转跌的拐点出现时，杠杆资金则迅速卖出股票、逃离市场，中小散户的杀跌更进一步造成市场踩踏效应。

**市场产品结构**。一方面，金融衍生品较少，难以满足不同风险偏好的投资者。金融衍生品采取保证金交易制度，使投资者可利用小额保证金进行原始资金数倍规模的投资，即可进行高于保证金数倍规模的衍生品交易，同时也就获得相对投资标的数倍的收益率，能够满足高风险承受能力投资者的需求。金融衍生品采取双向交易制度，使得金融衍生品能更好地发现金融资产价值，优化资金配置，转移分散风险，在为投资者提供套利机会的同时，有助于市场平稳运行。但目前，国内金融衍生品较少，大部分投资者只能在现货市场交易。当市场上涨时，仅有少部分投资者能通过两融、分级基金等合法渠道获取高收益，大部分投资者不得不通过场外配资等非法渠道入市。这使得股市杠杆资金规模不断扩大，但其结构将变得不尽合理，放大了杠杆资金的风险水平。另一方面，股票类衍生品缺失，制约了两融业务平抑波动作用的发挥。证券公司开展融券业务的券源主要来自自购券源，为对冲市值波动风险，需要配置相应的衍生品。目前，股市的衍生品种类少，难以覆盖全市场的融券标的，也难以完全对冲风险。境外成熟市场不仅有股指期货，还有个股期货和个股期权类产品，这使得机构对冲风险更具针对性，不仅在一定程度上增强了融券的积极性，还增强了市场运行的稳定性。我国股票衍生品市场发展相对滞后，特别是个股期货和期权尚未推出，导致信用交易成为投机者唯一的选择。

## 2. 市场体制机制

**监管力度**。2009—2013 年，我国出现两轮放松金融监管的过程，随之带来了明显的金融自由化和创新浪潮。银行表内信用快速扩张，并逐步从表内向表外延伸，改变了金融市场上资本流通受限、杠杆率相对较低的情况，过往的"藩篱"被渐渐拆除，投资资金的可获得性越来越高。具体到股市上，金融自由化和创新浪潮为"融资炒股"提供了更大便利，股票杠杆资金来源中的分级基金、结构化信托、融资融券、股票质押式回购、收益互换等业务以及场外配资也多在这一时期出现并发展起来，为股市带来大量流动性。

**监管协调水平**。杠杆融资涉及众多机构和业务，分属不同部门管理，形成资金跨部门、跨体系流动的格局，给分业监管体系带来极大挑战，监管协调不力会导致监管套利和监管空白。例如，在 2018 年银保监会合并之前，结构化信托和股票质押贷款业务归属银监会监管，结构化保险资管产品归属保监会监管，相关信息证监会基本不掌握。同时，部分激进的投资者往往通过多产品嵌套实现"杠杆上加杠杆"（比如某只分级资管产品的劣后级可能为结构化信托），风险隐患较大，但由于各部门监管信息尚未联通，很难发现这一类情况。此外，在资管新规出台前，不同部门对同类业务的监管标准不一，常出现"按下葫芦浮起瓢"的局面。例如，2016 年银监会和证监会先后出台结构化产品的监管新规，其中，证监会规定偏股型分级资管产品的杠杆倍数不超过 1 倍（优先级规模 / 劣后级规模），但银监会规定偏股型结构化信托的最高杠杆倍数可达 2 倍，随即出现杠杆资金由分级资管产品向结构化信托转移的趋势。资管新规出台、银保监会成立后，这种监管协调不力的情况已有所改善，股市杠杆资金的动态已基本纳入监管之下，杠杆资金的规模和风险都明显收缩。

**监管规则**。场外配资监管规则的缺位曾纵容杠杆资金的非理性增长。美国历史上也曾出现券商以外的证券融资无序发展、引发股市崩盘的情况，为了避免相关风险再度发生，美国制定并逐步完善对场外配资进行监管的 U 规则。该规则以信息披露为抓手，将所有证券未担保的融资行为纳入监管，其核心内容包括：一是杠杆率控制，即购买股票的最大贷款额度与担保证券的价值比值不超过 1∶1；二是信息披露要求，证券融资的出借人和借款人都负有信息披露的义务，以便监管者从宏观上把握证券融资的总体规模。目前，我国对股市场内杠杆融资的相关信息掌握得较为充分，监管手段较为完备，但对场外杠杆融资，特别是民间配资缺少监管规则，难以进行及时有效的监测监控。例如，收益互换为事后报备，且部分监管信息填报不完整；民间配资交易记录不留痕。这些信息和监管规则的缺失增加了对杠杆水平、投资者适当性及是否存在操纵市场等违法违规行为的监管难度，纵容了场外杠杆资金尤其是场外配资的非理性增长。

**业务规则**。我国融资融券业务中，融券"跛足"的现象十分明显，这与业务机制不完善有一定关系。一是券源渠道不通畅，当前以自有券源为主、融入券源为辅的结构无法满足融券客户在券源种类、数量及期限方面的多样化要求。二是融券的综合成本较高。这两者导致融券业务出现"券商不愿借、客户没券借"的局面，还滋生互换融资、民间融券等场外变相融券业务，这些场外的业务模式由于不透明、高杠杆、不实名，可能对市场带来新的危害，同时也进一步挤压场内融券业务的空间。可以说，在缺乏空头制衡的情况下，资产价值易被高估，市场有效性降低，价格发现功能受阻，一旦股市回暖，极容易吸引杠杆资金入市从而推动市场单边上涨，导致风险不断积累。

**投资者适当性**。投资者适当性管理制度的不足导致杠杆资金不合理入市。我国现行投资者适当性管理制度存在多方面问题。一是法律制度体系尚不健全，缺乏顶层设计，投资者适当性的相关要求和制度分散在证监会规则制度、交易所和行业协会的自律规则中，未予以统一规范，法律效力不足，强制约束和威慑力有限。二是客户分类和产品匹配较为随意。金融机构对于投资者的基本情况、相关投资经历、财务状况和诚信状况等进行的评估不深不透，投资者分类和识别机制重形式、轻实质，评测与产品风险等级评估脱节，造成部分风险承受力不高的投资者参与高风险投资产品的交易。三是责任划分不清晰，当投资者合法权益受到侵害时，受法律规定、调查手段等多方面因素的制约，投资者后续主张民事赔偿的成本较高，往往得不到补偿或补偿有限。投资者适当性管理制度不足，风险评测不达标的投资者也得以进入杠杆市场，这不但增加了自身和整个杠杆市场的风险，还由于缺乏善后机制而产生了二次负面影响。

# 第三节　杠杆资金对市场运行的影响

## 一、主要影响机制

### 1. 杠杆资金直接影响股市涨跌

杠杆资金不仅是流动性的重要组成部分，其本身也会通过影响市场流动性规模而影响股市涨跌。无论是融资融券、分级基金、结构化资管，还是场外配资，从机制上都鼓励更多的投资者利用更大规模的资金参与交易。在股市上涨时，这将扩大成交规模，缩小买卖价差，提高市场流动性，从而使得充裕的股市资金流向相对有限的股票标的，推高市场价格；在股市下跌时，杠杆资金又会迅速逃离，成倍抽干市场流动性，导致市场价格下跌。

以融资融券为例。融资交易可以显著放大股票市场交易量，带来资金和证券的双向流动，从而增加市场流动性。具体作用机制是，当某些股票价格被低估或者处于超跌状态时，理性投资者会发现这些股票的投资价值，使用自有资金买入这些股票，随着股票价值的回归，部分风险偏好较高或以投机交易为主的投资者会通过融资买空的交易方式借入资金来买入股票。这种融资交易行为将放大对标的股票的市场需求，进一步推高股价。随着股价上涨到一定程度，当融入的资金到期交割后，投资者会卖出所持有的股票偿还借款本金及利息，这一卖出行为增加了股票的供给，抽出市场中的资金，从而导致股价下跌，市场进入新一轮的循环。

融券卖空交易机制从供给方面提高市场的流动性，当到期卖券归还时，再从需求方面提高市场的流动性水平。它与融资买空交易的作用机制方向相反。具体来说，当投资者发现市场中某股票价格偏高时，投资者会通过融券卖空交易来借入股票并卖出，这一行为增加了市场上的股票供给量，抽出市场中的资金，进而导致股价回落；当融券卖空交易者需在市场中重新购入股票并归还融入的股票时，将增加市场对股票的需求，表现为入市资金的增加。

## 2. 杠杆资金通过情绪面影响股市涨跌

情绪面是杠杆资金影响股市涨跌的第二大机制。杠杆资金的交易具有信号意义：当杠杆投资者大量融资买入股票时，会向市场传递股票价格被低估的信号，激发其他投资者的乐观情绪，从而使得更多投资者加入做多行列；当股市开始下跌时，杠杆投资者融券卖出或加速卖出，会向市场传递股票价格被高估的信号，使得更多投资者转向悲观，加入卖出行列。

此外，作为信息传递的重要途径，券商机构的研究报告和媒体报道也会进一步加大杠杆资金情绪面的影响，杠杆投资者的乐观或悲观情绪会在信息的传递过程中不断放大。比如，在牛市期间"一万点不是梦"等夸张言论将投资者情绪带向极度亢奋，投资者纷纷加杠杆跑步进场，从而推高市场泡沫；熊市中媒体又鼓吹悲观观点，这极易加重投资者对股市下跌的恐慌心理，并可能引发连锁反应，使投资者持续抛出融资买入的股票甚至融券做空，从而加剧市场下跌。

## 3. 杠杆资金交易行为影响股市波动

杠杆投资者普遍具有顺周期交易和短线操作特征，杠杆资金的交易机制为其提供了跟风追涨的渠道。加杠杆阶段，大量的融资买入造成股价暴涨，随后的去杠杆则导致崩盘风险上升，也就使得波动率增大。如果市场有足够多的理性投资者在融资到期前卖出股票，归还融来的资金，或者融券做空，就能防止股价的过度上涨。但如果市场上的非理性投资者过多，大量的融资买入势必造成股价暴涨；卖空交易者也会在股价下跌时持续加大融券卖空力度，从而进一步增加股市下跌风险。

## 二、2015年股市异常波动中的杠杆资金

2015年A股的大幅上涨及其后的异常波动，是我国股市首次经历的杠杆资金推动的牛市和熊市。回顾这段经历，分析杠杆资金的潮起潮落，有利于更好地促进资本市场健康发展。

### 1. 杠杆资金掀起入市大潮

2014年下半年，伴随着A股逐步走出底部，杠杆资金开始大规模涌入市场，其背后有着复杂的经济社会背景，是需求与供给共振，并同时叠加技术刺激的结果。

**流动性宽松叠加"资产荒"激发出股市杠杆融资的巨大需求。**全球金融危机爆发之后，为应对危机对我国实体经济造成的冲击，我国货币政策总体趋于宽松。特别是2014年11月起，央行多次降息降准，向市场注入大量的流动性，2015年上半年M2与GDP的比值升至200.65%。与此同时，实体经济的投资收益不断下滑，2015年上半年非金融上市公司投入资本回报率降至仅2.17%。这导致闲置资金急需寻找新的投资领域，在多个资产端转换配置。受前期调控政策影响，2014年楼市出现回调，此时已在底部徘徊多年的股市投资价值逐步显现，加上对改革效果的期待及舆论的大力宣传，投资者逐渐形成对股市将持续上涨的一致预期，"借钱炒股"的需求激增。此外，商业银行利润因不良率攀升而不断被侵蚀，迫切需要较高的投资收益进行对冲；为扩大理财产品规模而维持较高的理财收益率也加大了其资产端的配置压力。股票配资优先级风险低，收益相对较高，恰好满足商业银行资产配置的需求。

**分仓技术的出现大幅降低配资行业的门槛，互联网的发展充分发掘了中小投资者的配资需求。**场外配资早在2005年就已出现，但由于账户

数量有限且无法及时止损，发展较为缓慢。随着分仓技术的出现，配资公司通过与其对接，可将一个证券账户拆分成众多独立的子账户，且对每个子账户均能自动平仓，从而实现了配资的规模化和标准化，极大促进了场外配资的发展。同时，互联网配资平台能够在线上获得更加广泛的融资客户群体，配资门槛低，流程便利，吸引了大批中小投资者参与。

**差异化竞争是各类杠杆融资方式均实现快速发展的原因。**各类杠杆融资的优势和劣势差别较大，满足了不同配资客户多样化的需求。融资融券业务虽然成本相对较低（8.5% 左右），但杠杆倍数也较低，且标的范围仅覆盖了 A 股约 1/3 的股票，同时还有一定的门槛（自然人资产规模需要超过 50 万元），难以满足中小投资者以及对非标的股的杠杆融资需求。股票质押式回购和质押贷款具有零门槛、资金用途灵活、融资期限相对较长等优势，但杠杆水平较低。分级基金无期限限制，杠杆倍数也较高，但 B 级份额持有人无法操控基金资产，只能被动分享投资收益。收益互换相对于分级资管产品而言，具有手续简单、资金到账快等优势，但个人尚无法参与。场外配资具有门槛低（互联网配资门槛最低仅 5 000元）、杠杆高、投资标的无限制、配资手续简便等特点，能够满足多数非合格投资者的融资需求。值得一提的是，还有一部分较为激进的投资者利用多项杠杆业务层层嵌套，实现多重加杠杆，杠杆水平成倍放大。

在这样的背景下，各类杠杆资金伴随着股市的上涨开始"跑步入场"，规模快速膨胀。清华大学国家金融研究院公开的研究报告——《完善制度设计，提升市场信心——建设长期健康稳定发展的资本市场》指出，截至 2015 年股市异常波动之前，各家机构估计 A 股杠杆资金规模在高峰时期大约有 5 万亿元，其中包括两融业务 2.27 万亿元，收益互换业务4 121.99 亿元，伞形信托等结构化产品规模约 1.8 万亿元，民间配资规模接近 1 万亿元，合计占到股市异常波动前 A 股总市值和自有流通市值的 7.2% 和 19.6%。

### 2. 杠杆资金推动股市在短期快速上涨

2014 年 7 月至 2015 年 6 月 12 日，A 股大致经历了"恢复性上涨—加快上涨—过快上涨"三个阶段（见图 7-6）。

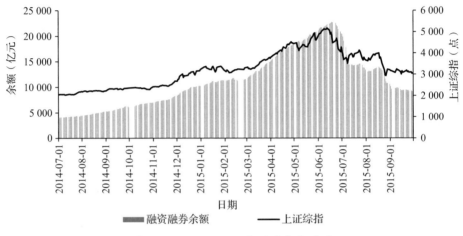

图 7-6　2014—2015 年股市杠杆牛市

数据来源：万得。

第一阶段：2014 年 7 月上证综指开始走出底部区间，逐步恢复上涨，各类杠杆资金"闻风而动"，基本上以相似的节奏买入 A 股。以融资融券为例，两融余额从 2014 年 7 月的日均 4 500 亿元左右爬升至 11 月日均 7 600 亿元左右的水平。在杠杆资金的助推下，上证综指期间累计涨幅 19.74%。

第二阶段：从 2014 年 11 月下旬开始，A 股市场开启了新一波快速上涨，大致持续至 2015 年 1 月初。其间，两融余额站上 1 万亿元，与此同时，分级基金规模开始迅速扩大，为股市杠杆资金增添了新的力量。2014 年 11 月 21 日至 2015 年 1 月 7 日，上证综指累计上涨 37.56%。2015 年 1 月中旬至 3 月上旬，A 股"中场休息"，在 3 000 ～ 3 300 点之间箱体震荡，其间股市中各类杠杆资金入市的步伐稍有放缓，整体规模相对稳定。

第三阶段：进入 2015 年 3 月中旬，A 股市场开启了本轮牛市的过快上涨行情。其间，融资融券规模开始新一轮快速增加，每日两融余额从 1.2 万亿元左右迅速攀升至超过 2 万亿元；分级基金、场外配资、分级资管产品等其他类型的杠杆资金也加入入市资金的大流之中，且规模迅速放大。这些资金最终将 A 股市场推向牛市最后的"疯狂"，2015 年 3 月 12 日至 6 月 12 日，短短三个月，上证综指累计上涨近 57%，市场泡沫达到顶峰。

### 3. 杠杆资金迅速离场导致股市大幅下挫

2015 年 6 月 13 日午间，证监会发布消息，要求证券公司对外部接入进行自查，对场外配资进行清理。自此，杠杆资金掉头转向，纷纷出逃，杠杆资金推动的牛市也戛然而止。

在 2015 年 6 月 15 日开始的第一波下跌中，以场外配资为首，杠杆资金纷纷斩仓出逃，大幅卖出股票，市场开始持续多日剧烈下跌；随之而来的则是场内融资、质押式回购遭遇强行平仓，分级基金发生下拆。尽管监管层面开始出台救市措施，但杠杆资金的迅速离场一度引发市场流动性枯竭，2015 年 6 月 15 日至 7 月 8 日，上证综指累计跌幅达到 32.11%，出现"千股齐跌""千股跌停"的历史罕见局面。

2015 年 7 月中旬至 8 月中旬，A 股市场似有企稳迹象，但好景不长，市场迎来第二波下跌。在各类杠杆资金进一步卖出的影响下，8 月 18 日至 8 月 26 日上证综指累计下跌了 26.70%，直到 9 月，市场才阶段性筑底企稳。

# 第四节　股市杠杆资金压力测试

杠杆资金对股市运行有着助涨助跌的作用，容易推波助澜，放大市场波动，在市场下跌期间可能会给各类投资者造成重大损失，发生诸如2015年股市异常波动的情形。从资本市场监管和投资者保护的角度看，对股市杠杆资金开展压力测试就显得尤其必要。在此，分析提供两种对股市杠杆资金进行压力测试的方法，以供参考。

## 一、静态压力测试方法

2015年股市异常波动后，国内部分机构对股市杠杆资金进行了压力测试，这些压力测试主要是基于静态情景做出的测算。例如，清华大学国家金融研究院公开的研究报告——《完善制度设计，提升市场信心——建设长期健康稳定发展的资本市场》从量价关系对上证综指下滑到3 000点时的场外配资总规模进行预测，并测算市场下跌到何种程度会引发系统性金融风险；同时，从场内资金角度，测算股权质押和两融业务引发市场危机的情况。

在静态压力测试下，主要对两个方面开展测试：一是杠杆资金的平仓规模，二是平仓对券商和银行的影响。

### 1. 股市杠杆资金平仓规模分析

对平仓规模开展测试，基本的前提假设是资金融入方未提前偿还负债或追加担保品。首先，设定三种不同的市场压力情景，例如，可以基准日起短时间内（如1个月）上证综指下跌10%、20%和30%分别作为轻度、中度和重度压力情景。然后，依据各类杠杆业务或产品的杠杆水平、期限分布及个股相对于上证综指涨跌幅的价格弹性，计算三种压力情景下低于平仓线的账户或合约对应的负债和作为担保品的流通股规模，计算出的流通股规模即作为平仓规模。最后，对模型测试结果进行校正，得出修正后的理论平仓规模，具体来说，应将以基准日进行静态压力测试获得的结果，与相应区间内实际发生的负债偿还、补充担保品及强行平仓行为进行比对，分析模型测算结果与实际情况产生差异的原因，进而对模型结果进行修正。

### 2. 股市杠杆资金平仓对券商和银行的冲击

在市场流动性枯竭的假定下，在三种压力测试情景下，依据计算的负债规模测算银行和券商等资金融出方面临的风险敞口，并根据历史上类似情形下的担保品处置的损失率测算可能的损失，进而评估对金融机构稳定性的影响。股市杠杆资金平仓对券商的冲击，主要按照融资融券维持担保比例分布、股票质押式回购履约担保比例分布以及自营业务历史建仓成本估算；对银行的冲击主要以结构化资管产品单位净值和仓位分布、股票质押贷款履约保障比例分布以及入市资金历史建仓成本估算。

试举一例，对于融资融券造成损失的估算，可以根据个股相对上证综指的价格弹性，分别测试不同压力情景下维持担保比例低于100%的投资者对应的负债和修正后的理论平仓金额，然后按照一定的损失率（如20%）计算流动性枯竭的极端情况下未完全平仓给资金融出方造成的损失。

### 二、动态压力测试方法

静态压力测试是直接设定极端情景下市场累计下跌程度对资产规模的冲击，不存在压力传导节奏问题，容易出现与现实状态有较大差异的情况。因此，如果在数据允许的情况下开展动态压力测试，能更好地评估股市杠杆资金在市场极端下跌时对资金融出方的冲击。

### 1. 压力情景设计

压力情景为证券价格单日大幅下跌。考虑将历史模拟法和专家法相结合，首先基于每只证券历史涨跌幅数据，将 0.1% 和 0.01% 显著性水平下的跌幅作为轻度和中度压力情景。然后，结合专家对股市的判断，设定重度压力情景。

### 2. 压力传导机制

动态压力测试旨在还原"平仓—价格变化—进一步平仓"中每一步的具体情况，因此从压力情景出现的 T 日开始，每一日都会形成"投资者资产损失"和"市场下跌程度"两种结果，直到不再存在平仓压力，形成一个时间序列式的动态结果。

第一步，假设证券市值在 $t$ 日收盘时下跌一定幅度 $X_t$，计算 $t$ 日"市场—投资者"传导路径下维持担保比例低于平仓线的每个投资者的资金缺口 $I$，由于实际平仓与待平仓规模不一致，设定平仓比例 $Y$，得到每个投资者的实际平仓金额 $T=YI$，同时计算资不抵债的投资者造成的损失 $L$，将 $I$、$T$、$L$ 分别汇总，得到市场总体资金缺口、实际平仓金额和资不抵债损失金额。

第二步，计算因实际平仓造成市场下跌的程度。**一是平仓顺序**。因平仓并不卖出全部证券，需考虑卖出证券的顺序。这里假设按照流动性优先原则，优先卖出最近 1 个月换手率最高的证券。若投资者 a 持有的首只证券 s 的数量为 $Q$，$t$ 日收盘价为 $P$，若 $QP>T$，则卖出 s 的数量为 $T/P$；若 $QP \leqslant T$，则卖出 s 的数量为 $Q$，剩余的平仓金额为 $T-QP$，依次卖出其他股票弥补。**二是卖出手法**。实践中，融出方需要考虑如何利益最大化，如拆单卖出还是大笔跌停卖出等。这里假设直接将所有平仓股票以跌停价卖出。**三是证券流动性**。证券流动性决定平仓行为对证券价格的实际影响，需要考虑平仓前的存量买单和平仓过程中的增量买单情况。考虑到平仓行为为非市场行为，因此假定平仓中不增加新的其他买单和卖单，仅考虑存量买单。首先，计算每只证券在起始日前一个月期间每日低于前收盘价期间的委托买单总量的日均数 $A$；其次，假设平仓过程中的委托买单量以每1%跌幅为一档（共10档）平均分布，则每档买单总量为 $q=A/10$，根据实际需要卖出的证券数量 $Q$，计算卖出行为所吸收的买单量，得到卖出完毕后的证券跌幅 $X_t+1$（$X_t+1=1\%,2\%,\cdots,10\%$）。

第三步，根据计算得到的每只证券的跌幅 $X_t+1$，继续重复第一步至第二步的计算。最终，得到每日的 $I$、$T$、$L$。

以融资融券来尝试说明如何采用动态压力测试来测算上证综指出现短期大幅下跌时，区间内投资者每日受到的损失。假设上证综指在轻度、中度、重度压力情景下下跌时，因投资者持有股票市值下跌，造成投资者担保比例变动，进而每天产生一定的资金缺口、实际平仓金额和资不抵债金额。资金缺口是指担保比例低于平仓线时，实际资产价值距离平仓线水平的差值；实际平仓金额是指担保比例低于平仓线时，融出方实际卖出的证券市值；资不抵债金额是指融入方资产小于负债时，即使全部平仓也无法弥补负债，给融出方造成的损失。据此，有

$$资金缺口 = 负债 \times 130\% - 实际资产$$
$$实际平仓金额 = 资金缺口 \times Y$$
$$资不抵债金额 = 负债 - 资产$$

## 第五节　杠杆资金的监管

### 一、股市异常波动后对股市杠杆资金的监管措施

**场外配资和融资类收益互换得到清理整顿**。2015年7月，证监会发

布《关于清理整顿违法从事证券业务活动的意见》，明确对违反账户实名制、未经许可从事证券业务的活动予以清理整顿，并督促证券公司清理涉嫌违规的账户。截至 2015 年 11 月初，证券公司已基本完成场外配资清理相关工作，共清理场外配资账户 5 754 个。此后，证监会逐步使用大数据等科技手段对场外配资进行监控。同时，证券业协会要求证券公司停止新增融资类收益互换，不得通过场外衍生品业务向客户融出资金，以降低市场风险。由于融资类收益产品存续期限大多为 1 年，存续的产品也基本于 2016 年年末全部到期。

**两融新规实施后对两融余额上限实现有效控制**。2016 年 12 月，沪深交易所修订《融资融券交易实施细则》，调整可冲抵保证金证券折算率标准，将静态市盈率在 300 倍以上或者为负数的股票折算率下调为 0%。在旧规则下，随着股价上升，担保股票能支持的两融余额上限会持续上升；而在新规则下，随着股价上升，静态市盈率触及 300 倍阈值的股票将会被调出担保证券名单，能支持的两融余额上限的增速将逐渐放缓，并趋近一个确定的上限。因此，新规的实施对两融余额总量起到了较好的调控作用，也维持了杠杆水平的稳定。

**私募基金新规出台，结构化资管产品杠杆水平下降**。2016 年 7 月，《证券期货经营机构私募资产管理业务运作管理暂行规定》正式实施，提出严格控制结构化资管产品的杠杆风险，明确规定新设立的偏股型结构化资管产品的杠杆倍数不超过 1 倍。新规出台后，随着新产品的设立和存续产品的陆续到期，结构化资管产品的整体杠杆水平持续下降。当时，有部分高杠杆的结构化资管产品绕道信托，出现结构化资管与结构化信托"此消彼长"态势。但资管新规出台后，结构化资管和结构化信托的杠杆要求进一步得到统一，杠杆水平实现下降。

**分级基金逐步退出历史舞台**。2017 年 5 月 1 日，沪深交易所发布的

《分级基金业务管理指引》正式实施，要求申请开通分级基金相关权限的投资者在权限开通前 20 个交易日其名下日均证券类资产不低于 30 万元。新规实施后，偏股型分级基金净值规模和交易活跃度均明显下降。资管新规推出后，明确要求公募产品不得进行份额分级。2020 年 12 月 31 日，在所有存续的分级基金纷纷转型或清盘后，分级基金已正式退出历史舞台。

## 二、境外成熟市场对杠杆资金的监管经验

从境外成熟市场的经验看，杠杆资金从兴起时的快速壮大、无序发展，甚至引发市场大幅波动，到目前规范运作、稳定发展，其背后既有监管措施强化的因素，也得益于市场机制的逐步完善。

**限制场外杠杆发展，完善场内杠杆监管**。一方面，禁止场外杠杆交易，严控场外杠杆发展。例如，我国台湾地区曾出台银行修正案，严厉打击场外融资配资行为，并取缔违法地下投资公司。另一方面，加强对场内杠杆交易的监管。这主要包括五个方面的具体措施：一是客户资格管理。美国相对宽松，在满足合法年龄的前提下，证券公司可以自己决定客户资格；日本在满足年龄要求的前提下，客户需要经过面谈审查才能进行信用交易开户；而中国台湾则将信用账户的开立条件与现金账户、财产证明等挂钩。二是证券资格管理。各成熟市场都对参与融资融券的证券资格做了或多或少的限定。例如，日本信用交易证券局限于在第一板交易市场交易的证券，同时经证券主管机关指定。三是保证金管理。作为杠杆交易监管的核心，监管机构利用保证金比例调节证券市场供需平衡，控制杠杆水平，促进证券交易的顺利进行和价格稳定。例如，美国长期执行 50% 的初始保证金比例，交易所可根据自身情况设定，纽约证券交易所要求初始保证金比例 50%，融资维持担保比例 25%，融券维持保证金比例 30%（股价在 5 美元以上）或 100%（股价在 5 美元以下）。

四是资金和证券来源管理。例如，美国杠杆交易体系的资金来源和融券来源较为广泛，但融资和融券都必须通过交易经纪公司进行，这将原来游离在监管之外的场外资金都纳入统一平台，提高了杠杆资金来源的透明度，提升了资金监管效能。五是卖空管理。成熟市场监管机构对卖空的管理主要包括完善价格规则、限制裸卖空及强化信息披露。例如，日本、美国都制定了不同程度的报升规则，即卖空的价格必须高于最新的成交价格，以防止金融危机中空头打压导致暴跌。其中，日本执行无条件的报升规则，美国则规定当单只股票在单个交易日内下跌10%或更多时，卖空价必须高于当时全国最优买方报价时才允许卖空。美国在2009年通过了204T规则，永久禁止裸卖空；2008年颁布的10a-3T规则要求大型机构投资者在规则规定期间内从事卖空交易的，必须以SH表格<sup>⊖</sup>形式向美国证券交易委员会报告，并引入公众监督机制，对违法违规行为进行重点打击。

境外证券市场场内融资方便，在吸引投资者参与场内融资的同时也有效控制了场外杠杆发展。经过长期发展，境外成熟市场形成了较为便利的融资机制，在融资融券门槛较低的同时，还可以满足不同投资目的和风险偏好的需求，有效规避投资者通过场外配资加杠杆的行为。例如，美国融资融券开户资金最低为2 000美元，这使得普通投资者也能通过正规渠道进行杠杆交易。美国投资者可以开立现金账户、Reg T账户和投资组合保证金账户。现金账户不能使用杠杆；Reg T账户规定杠杆为1∶1，日内交易最高可达1∶3；投资组合保证金账户杠杆最大可达1∶5。此外，由于境外成熟市场没有涨跌幅限制，单只股票可以瞬间涨跌超过80%，如果通过配资进入，极可能遭遇未及时平仓便全盘皆输的情形，这种极大的配资风险也有效避免了投资者通过场外配资入市。

---

⊖ SH表格的报送内容包括卖空交易的时间、投资机构代码、证券发行人的名称和代码、卖空交易开始的日期、交易当天卖空证券的总体数量、当天结束时的卖空头寸等。

**机构投资者逐步成为市场主要投资者，抑制了场外配资行为。** 在境外成熟股市中，伴随市场的不断发展，技术革新加速，交易策略、交易机制日趋复杂，使境外市场中的个人投资者直接参与股市的动机减弱，机构投资者占比逐渐增加，"去散户化"趋势明显。机构投资者具备较强的分析研究能力，且受到严格交易体系的约束，在投资市场上更多地充当价值投资者的身份，从而抑制了通过场外配资进行投机行为的大量出现，使得市场的运行更加理性。

## 三、完善股市杠杆资金监管的建议

**进一步加强监管协同，防范监管套利。** 股市杠杆资金难以有效监管，一定程度上与分业监管体系下各监管部门重机构监管、轻功能监管，各部门信息共享不足，监管规则协调性较弱有关。这导致在对复杂的杠杆融资业务监管时，往往难以穿透资金来源，也难以摸清资金在部门间、体系间的流动，这导致各部门监管效率不高，很难在宏观层面把握系统性风险。2017 年 11 月国务院金融稳定发展委员会成立，2018 年银保监会成立、资管新规出台，为推进金融监管部门协调、提高防范和化解系统性金融风险迈出了坚实的一步。未来要继续加强监管部门间的沟通协调，推动监管部门间的信息共享，搭建相互连通的信息平台或统一的金融信息平台，实现各类监管信息间的关联，逐步实现功能监管。

**规范发展场内杠杆融资，严控场外杠杆融资，探索将场外杠杆融资逐步纳入监管。** 对杠杆资金的监管应遵循"完善场内杠杆融资、抑制场外杠杆融资"的总体原则，采取"疏堵结合"的监管思路。一是发挥好科技监管的作用，构建对杠杆资金全方位的监测体系，加强分析研判和风险预警能力。二是结合账户实名制管理，提升对民间场外配资的甄别能力，一经发现坚决查处。三是从长远发展着手，通过扩大标的股票范围、适度降低投资门槛、将杠杆水平与资金规模挂钩等措施，允许中小投资者参与两融交易，降低其对民间配资的需求；同时，可借鉴境外经验，将银行资金、民间资金等场外杠杆资金来源接入证券经纪公司，从而将场外杠杆融资逐步纳入监管。

**完善杠杆资金逆周期调节机制，将杠杆资金规模控制在合理区间。**杠杆资金的规模变化及买卖方向基本与股指走势同步，顺周期特征十分明显，成为股指波动的"放大器"。为抑制杠杆资金"助涨助跌"，需进一步完善杠杆资金的逆周期调节机制。鉴于融资融券是目前最主要的杠杆融资方式，且各项指标均可充分监测，可在融资融券业务规则中考虑逐步探索逆周期调节机制。这主要包括：一是将担保折算率与股指走势或市场估值水平等指标挂钩。当市场趋热时调低折算率，降低可融入资金规模，市场偏冷时则可适度上调。二是设置调节保证金比例和融资利率的机制。在市场过热时，提高保证金比例和融资利率，提升融资成本，市场偏冷时则可降低，进而达到控制杠杆规模的目的。三是将偿还融券的起始日与市场变化情况挂钩。当市场趋热时，将融券偿还起始日设为T+0，增强空方力量；市场偏冷时则改为T+1，抑制空方力量。同时，注意尽量采用动态平滑的调整方式，避免因连续变化形成断点，导致担保券价格出现波动。

**提高融券便利性，改变融资融券失衡的现状。**我国融资融券业务中融券"跛足"的现象十分明显，加之其他杠杆融资方式均为满足投资者做多的需求，导致杠杆融资多空严重失衡。在缺乏空头制衡的情况下，杠杆资金推动市场单边上涨，风险不断累积，形成了"强杠杆、弱套期保值"的局面。目前，融券日内回转交易已被禁止，其在股市下跌时可能产生的助跌效应已得到有效控制，还必须完善融券机制，提升融券业务效率，完善市场做空机制。一是有序放开出借人准入门槛，扩大融券券源，建立市场化的转融券费率价格和期限形成机制，完善法律法规关于证券出借的相关规定；二是降低券商参与转融通业务相关成本，调整转融券期限模式，允许提前还券；三是扩大转融券业务的标的证券范围，开发与出借标的匹配的衍生品，以用于对冲风险；四是允许证券公司依法使用融资融券担保资产；五是完善转融通业务平台。

**大力发展股票衍生品，构建风险层次分明、运行有效的股票及其衍生品市场**。我国股票衍生品市场发展缓慢，高风险承受能力的投资者缺乏可投资的衍生品工具，券商机构缺乏融资融券业务的对冲工具，这导致大量风险积聚到现货市场，而不能有序释放。未来，应探索股指期权、个股期货、个股期权等各类股票衍生品工具，参考成熟市场制定相应品种的交易规则，择机逐步推出，完善市场风险层级，实现高风险承受能力投资者的分流、风险对冲工具作用的有效发挥。

**加强投资者适当性管理，加大投资者教育力度**。以融资融券为代表的杠杆交易具有"双刃剑"性质，并非所有投资者都适合参与，应通过投资者的管理和教育，改善投资者结构，推动市场从散户化向机构化转变。需进一步加强投资者适当性管理，为投资者提供杠杆交易产品之前应详细了解其基本情况，特别是要准确评估其风险承受能力和风险管理能力，再提供与之匹配的服务。同时，应加强投资者教育和风险揭示工作，引导投资者专业投资、理性投资，提升风险防控意识，避免过度投机。此外，券商机构也需加强客户管理，根据客户风险管理原则，定期或不定期对客户资产结构、负债结构、交易习惯、行为特征、信用状况等方面情况进行分析，探索为不同客户提供差异化的杠杆交易服务，审慎控制客户参与杠杆交易的规模。

# 第三部分

# 微观层面流动性

| 第八章 |

# 资产流动性

资产流动性是指在几乎不影响价格的情况下迅速达成交易的能力。它不仅能够反映某类资产的变现能力，还是衡量金融市场质量的重要指标，是市场生命力所在。股票资产流动性为投资者提供转让股票的机会，也是筹资者得以筹资的前提。因此，提高股票资产流动性不仅能够保证市场的正常运转，还有利于促进资源配置，提升投资者信心。反之，当股票资产流动性恶化乃至枯竭时，易出现流动性风险，并往往与市场风险、信用风险等相互交织，甚至可能引发系统性风险和金融危机。因此，在股市流动性形成后，准确测度市场中各类资产流动性的水平、研究影响资产流动性变动的因素以及资产流动性与资产价格的关系，不仅是市场监管者需要关注的重要方面，也是投资者分析研究的重点。

## 第一节　资产流动性的测度

很多学者专家已就资产流动性的测度做了大量研究，但至今尚未形成统一的标准，部分原因在于交易成本、交易等待时间和交易规模等流动性三方面属性之间互相冲突，无法找到一个统一的指标来全面测度流动性的综合特征。

## 一、流动性的四维

Harris 在 1990 年提出的"流动性四维理论"从市场宽度、深度、即时性和弹性等四个维度刻画资产流动性，是目前衡量流动性水平的主流测算框架，图 8-1 清楚地展示了订单驱动资产的流动性四维。

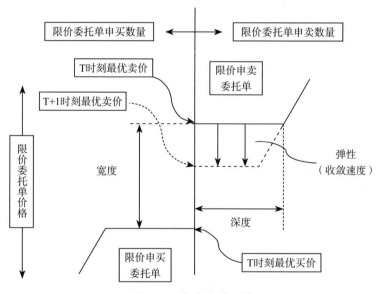

图 8-1　流动性的四维

**市场宽度**是用来衡量流动性中交易成本的因素，最常见的指标是买卖价差，当买卖价差足够小时，市场宽度大；当买卖价差很大时，市场缺乏宽度。它一方面反映流动性获得者为使交易得到立即执行而支付的流动性升水（溢价）和交易成本，另一方面也反映流动性提供者为弥补其成本和潜在的风险所要求的补偿。在订单驱动市场，它由限价订单簿上当前时刻的限价买入价格和限价卖出价格构成。买卖价差越大，交易成本就越高，那么部分交易者的交易需求将可能得不到满足，从而影响证券的流动性。因此，买卖价差越小，市场的宽度越大，资产流动性越好。在理想的无摩擦市场上，买卖价差为零，市场宽度无穷大，流动性达到最好。

**市场深度**是指在不影响当前价格下的最大可能的成交量，或在某一给定时间点委托单上的委托交易数量。在订单驱动市场，市场深度可直接通过某一时刻在限价订单簿上的报单量来观测。市场深度反映流动性交易量层面的信息。市场深度越大，其吸收大额交易的能力越强，大额订单能够得到立即执行而不会对市场价格造成较大的影响，资产流动性越好。

**即时性**是指交易完成的速度，衡量资产可以快速完成投资者交易意愿的能力，用于衡量完成一笔交易所需要的时间，也就是交易成交的速度。在订单驱动的市场上，流动性是由交易者提交的限价订单提供。在流动性好的资产市场中，交易者产生的交易需求总是能够在较短的等待时间内得到满足。

**市场弹性**是指由交易引起的价格波动消失的速度，或者说订单簿上买单量与卖单量之间不平衡调整的速度。通过计算由交易的发生而引起的买卖价差的扩大和买卖价差恢复到交易发生前的水平所需要的时间，可以计算出市场价格的恢复速度。弹性衡量的是流动性潜在交易需求层面的信息，通过对现有交易需求和潜在交易需求的综合衡量，能够更好地认识资产流动性。如果由交易引起的价格波动在很短的时间内消失，买卖价差能够很快恢复到交易前的水平，那么资产具有弹性，其执行大额订单的能力较强。

沪深交易所每年都会发布报告，分析沪深两市市场运行情况，其中资产流动性状况作为衡量市场质量的重要方面，成为报告的重要内容。

沪深交易所从微观角度，使用价格冲击指数、流动性指数刻画股市的流动性，使用买卖价差、有效价差测算股市流动性宽度，使用订单深度刻画股市资产流动性深度。具体指标见表8-1。

**表 8-1 交易所资产流动性测度指标**

| 测算方法 | 指标名称 | 指标定义 |
|---|---|---|
| 价格法 | 买卖价差 | 最佳（高）买价和最佳（低）卖价之差 |
| | 有效价差 | 订单实际成交均价和订单到达时买卖价差中点之间的差额 |
| 交易量法 | 订单（市场）深度 | 最佳五个买卖报价上所有买卖订单合计金额和最佳十个买卖报价上所有买卖订单合计金额作为订单深度的代理指标 |
| 价量结合法 | 流动性指数 | 使价格发生一定程度（1%）变化所需要的交易金额 |
| | 价格冲击指数 | 交易一定金额股票对市场价格的冲击程度 |
| | 大额交易成本 | 买卖300万元股票的价格冲击指数 |

## 二、直接指标与间接指标

按照计算方法的不同，资产流动性衡量指标可分为直接指标和间接指标，以日内高频数据来计算的指标称为直接指标，例如买卖价差、订单深度等。由于日内高频数据存在滞后且难以获取，相对于直接指标而言，基于市场微观结构理论而使用低频数据作为估计资产流动性的间接指标在实际研究中的运用非常广泛。在已有文献中，往往应用如换手率、Amihud流动性比率等指标来反映资产流动性的某一特定维度；在国内股市资产流动性问题的研究中，也常采用类似的间接指标作为流动性的度量。使用间接指标度量流动性的前提是这些指标与直接指标具有高度相关性，但理论上间接指标可能会受其他市场变量的影响。在我国市场中，收盘买卖价差、Amihud流动性比率和换手率等间接指标与直接指标相关性较高，可适用于衡量我国股票资产流动性。

### 1. 直接指标

基于万得股票沪深十档行情（Level-2）数据，可以计算买卖价差、订单深度这两个资产流动性直接指标。

基于价格的流动性衡量方法是从流动性的宽度属性演变而来的，其中最基础的指标是买卖价差。买卖价差衡量市场宽度，是当前市场上最佳（低）卖价与最佳（高）买价之间的差额，体现潜在的订单执行成本。买卖价差越小，潜在的订单执行成本越小，流动性越好。衡量买卖价差有两种方法：一是绝对买卖价差，即买卖价差的绝对值；二是相对买卖价差，即以绝对买卖价差除以最佳买卖价格的平均值，得到百分比买卖价差。

假设 $P_{Sit}$ 为股票 $i$ 在 $t$ 时刻的最佳卖出价格，$P_{Bit}$ 为股票 $i$ 在 $t$ 时刻的最佳买入价格，$P_{Mit}$ 为股票 $i$ 在 $t$ 时刻的最佳买价和最佳卖价的中点，即 $P_{Mit}=(P_{Sit}+P_{Bit})/2$，则股票 $i$ 在 $t$ 时刻的买卖价差为

$$绝对买卖价差\ S_{it}=P_{Sit}-P_{Bit}$$

$$相对买卖价差\ RS_{it}=(P_{Sit}-P_{Bit})/P_{Mit}$$

股票 $i$ 在 $d$ 日的时间加权买卖价差为

$$绝对买卖价差\,S_{id}=\sum_{t=1}^{n}(P_{Sit}-P_{Bit})\cdot W_{it}$$

$$相对买卖价差\,RS_{id}=\sum_{t=1}^{n}(P_{Sit}-P_{Bit})/P_{Mit}\cdot W_{it}$$

式中，$W_{it}$ 为股票 $i$ 在 $t$ 时刻价差延续时间占股票 $i$ 当日总交易时间的比重。

时间加权的买卖价差不仅反映价差本身，还反映价差持续的时间，可以更好地体现投资者的报价策略。同时，为避免受股价高低的影响，选用日内时间加权的相对买卖价差作为衡量市场宽度的指标。

买卖价差虽然是衡量流动性的一个最简便的指标，但也存在很多局限性，主要表现在买卖价差对于交易规模不敏感，不能反映大额市价订单可能对价格产生的影响，通常只适用于小额交易证券的情况。

除价格法外，基于交易量的资产流动性衡量方法也是较常使用的一种方法，常见的衡量指标为订单深度。订单深度也称市场深度，主要是指在各个报价档位累积买卖订单的金额。订单深度越大，流动性越好。以五档订单深度衡量市场深度，即订单簿中最高五个买价（买一到买五）上订单金额与最低五个卖价（卖一到卖五）上订单金额总和。

基于交易量的资产流动性指标的主要缺点有两个方面：一是忽略价格变化的影响，而价格变化往往是衡量资产流动性最主要的因素之一；二是交易量大小与波动性有关，而后者又将妨碍资产的流动性。

## 2. 间接指标

除订单深度外，成交金额和换手率也是常见的基于交易量的资产流动性指标。成交金额是一个事后指标，衡量一定时间内在最佳买卖价位上成交的规模。但成交金额可能会低估市场深度，因为交易规模经常会低于在特定价格上可交易的数量。换手率也称交易周转率，用于衡量证券的持有时间。换手率越大，表明证券持有时间越短，则资产流动性越好。一般采用的指标是市值换手率，即个股交易金额除以流通市值。

为克服以买卖价差和单纯交易量方法衡量资产流动性的不足，很多学者尝试将两个维度结合起来考虑流动性，其中一个较常使用的方法是Amihud 流动性比率。Amihud 流动性比率由 Yakov Amihud 在 2002年提出，是非流动性的一个直接测度，即该指标越大，流动性越小。

$$\text{ILLIQ}_{it} = |R_{it}| / \text{VOLD}_{it}$$

式中，$\text{ILLIQ}_{it}$ 为第 $i$ 只股票第 $t$ 期的非流动性；$R_{it}$ 为第 $i$ 只股票第 $t$ 期的对数收益率，即 $R_{it} = \ln P_{it} - \ln P_{i(t-1)}$，$P_{it}$ 为收盘价；$\text{VOLD}_{it}$ 为第 $i$ 只股票第 $t$ 期的成交金额。

资产流动性的另一个重要概念是交易的即时性，因此交易执行时间也是衡量资产流动性的一种重要方法。交易频率是一个常用的指标，即在特定时间内的交易笔数。交易笔数的衡量方法十分简便，但也有以下缺点：一是交易频率与市场波动性有关，二是没有考虑价格变化的影响（见表 8-2）。

表 8-2　不同流动性指标对流动性四维的反映

| 测算方法 | 流动性指标 | 宽度 | 深度 | 即时性 | 弹性 |
|---|---|---|---|---|---|
| 价格法 | 相对价差 | √ | | | |
| 交易量法 | 订单深度 | | √ | | |
| | 成交金额 | | √ | | |
| | 换手率 | | √ | | |
| 价量结合法 | Amihud 流动性比率 | √ | √ | | |
| 时间法 | 成交笔数 | | | √ | |

### 3. 间接指标与直接指标间的相关性检验

日内高频数据获取难度较大，而各间接指标的日度数据更新及时且易于获取，但应用的前提是间接指标可以反映资产流动性变化。因此，将各资产流动性指标按流通市值加权，得到流动性指标加权平均值的时间序列，并考察各间接指标与直接指标的时间序列相关系数，来反映资产流动性指标在长期的相关关系。

结果显示，成交金额、换手率和交易笔数与相对买卖价差存在明显的负相关关系，与五档订单深度存在明显的正相关关系，且统计结果在 1% 的水平下显著（见表 8-3）。这表明，成交金额、换手率和交易笔数三个间接指标可以较好地反映我国股市的流动性水平，且这三个间接指标越大，相对买卖价差越小，订单深度越大，资产流动性越好。同时，成交金额与换手率和直接指标间的相关系数基本上大于交易笔数和直接指标间的相关系数，因此在衡量我国资产流动性水平时，成交金额与换手率优于交易笔数。

表 8-3　资产流动性直接指标与间接指标间的时间序列相关系数

| 指标 | 相对买卖价差 | 五档订单深度 |
|---|---|---|
| 成交金额 | −0.502*** | 0.474*** |
| 换手率 | −0.453*** | 0.535*** |
| Amihud 流动性比率 | −0.068 | 0.163*** |
| 交易笔数 | −0.474*** | 0.396*** |

注：*** 表示在 1% 的水平上显著，下同。

数据来源：万得、笔者测算。

此外，Amihud 流动性比率在多数文献中被广泛应用，但就我国市场而言，Amihud 流动性比率与相对买卖价差和订单深度间的相关系数较小，且与相对买卖价差的相关性不显著，因此不能准确反映我国市场的资产流动性水平。

## 三、股票资产流动性水平

### 1. 直接指标

利用万得股票沪深十档行情（Level-2）数据，以深市为例，对直接指标进行测算（时间为 2014 年 1 月至 2016 年 2 月，跨越一个完整周期，以下简称测算区间）。

从价差看，在测算区间深市 A 股平均相对买卖价差为 14.6 个基点。分月来看，2015 年 7 月相对买卖价差最高，为 19.48 个基点；2015 年 4 月相对买卖价差最低，为 11.06 个基点。从订单深度看，在测算区间深市 A 股平均五档订单深度为 321.09 万元。分月来看，2015 年 4 月五档订单深度最大，为 426.21 万元；2016 年 1 月五档订单深度最小，为 202.58 万元。

总体来看，股市上行阶段股票资产流动性较好，而股市下行阶段股票资产流动性较差。图 8-2、图 8-3 分别选用测算区间深市相对买卖价差、五档订单深度与深证成指点位做出时间序列示意图，以反映深市股票资产流动性变化情况。由图可见，深市整体的相对买卖价差与深证成指表现出明显相反的变化规律，在测算区间，买卖价差随着股指上行而逐渐减小，股票资产流动性变好；随后股指快速下行，买卖价差也急速上升，股票资产流动性变差。五档订单深度在多数时段与股指走势方向相同，在股指上行阶段深度上升，在股指下行阶段则出现下降趋势。这表明市场行情会影响股票资产流动性水平。当行情上升时，财富效应促使投资者交易，股票资产流动性水平升高；当行情下降时，投资者容易面临资金约束，交易减少，股票资产流动性水平下降。

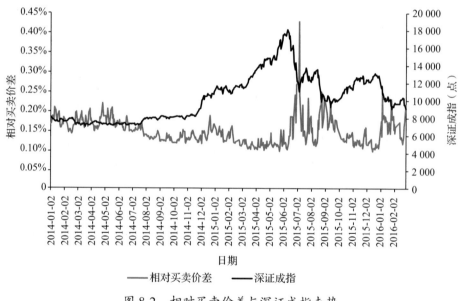

图 8-2　相对买卖价差与深证成指走势

数据来源：万得。

从资产流动性指标的日内特征来看，深市的买卖价差大致呈 L 形，而订单深度为倒 L 形。具体来看，深市股票资产流动性在上午开盘时相对较差，开盘一小时内资产流动性大幅快速增长，随后基本保持稳定。中午休市前后，股票资产流动性出现小幅短暂波动，下午开盘后开始持续缓慢增长。接近收盘时小幅下跌。

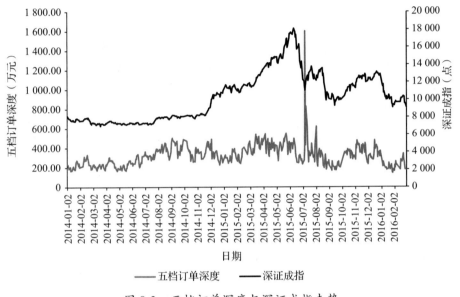

图 8-3　五档订单深度与深证成指走势

数据来源：万得。

**分板块看**，深市的主板、中小板⊖和创业板相对买卖价差分别为 15.7 个基点、13.51 个基点和 15.63 个基点，五档订单深度分别为 535.15 万元、241.33 万元和 179.35 万元（见图 8-4）。分板块的资产流动性指标并没有一致的规律，从价差看，中小板股票资产流动性最好，但从订单深度看，主板股票资产流动性最好。

**分股价看**，流动性指标也没有一致的规律：股票价格越高，该个股的相对买卖价差越小，但订单深度也越小（见图 8-5）。

---

⊖　2021 年深市的主板与中小板合并，这里分析的是 2014 年 1 月至 2016 年 2 月的数据。

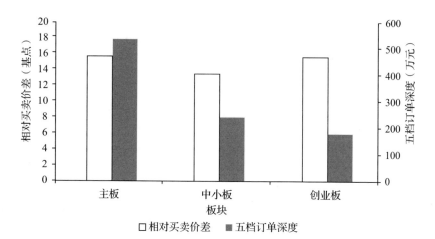

图 8-4 深市不同板块的相对买卖价差与五档订单深度

数据来源：万得。

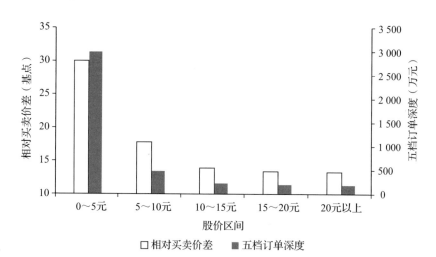

图 8-5 不同股价区间的相对买卖价差与五档订单深度

数据来源：万得。

此外，**分流通市值看**，股票流通市值越大，相对买卖价差越小，订单深度越大。这表明大盘股的资产流动性要好于小盘股。**分波动性看**，股票振幅越大，相对买卖价差越大，订单深度越小。这表明低波动股票的资产流动性好于高波动股票。**分估值水平看**，流动性指标也没有一致的规律：虽然市净率越高的股票订单深度越小，但随着市净率的升高，相对价差呈 U 形分布。

## 2. 间接指标

利用万得股票沪深十档行情（Level‑2）数据，对深市间接指标进行测算（时间为 2014 年 1 月至 2016 年 2 月，跨越一个完整周期，以下简称测算区间）。

从成交金额看，在测算区间深市 A 股日均成交金额为 3 143.7 亿元。分月来看，2015 年 11 月日均成交金额最高，为 6 092.8 亿元，而 2014 年 5 月日均成交金额最低，为 734.8 亿元。从市值换手率看，在测算区间深市 A 股日均换手率为 4.2%。分月来看，2015 年 5 月日均市值换手率最高，为 6.6%，而 2014 年 5 月日均市值换手率最低，为 1.9%。从 Amihud 流动性比率看，在测算区间深证成指日均比率为 6.0%。分月来看，2015 年 12 月日均 Amihud 流动性比率最低，为 2.1%，而 2016 年 1 月日均 Amihud 流动性比率最高，为 12.9%。

图 8-6、图 8-7 和图 8-8 分别选用测算区间深市成交金额、市值换手率及 Amihud 流动性比率与深证成指点位做出时间序列示意图，以反映深市流动性变化情况。由图可知，深市整体的成交金额与深证成指表现出明显同步的变化规律，在测算区间，成交金额随着股指上行而逐渐增加，股票资产流动性变好；随后股指快速下行，成交金额也大幅减少，股票资产流动性变差。而市值换手率在多数时段与股指走势方向相同，在股指上行阶段市值换手率上升，在股指下行阶段市值换手率则出现下降趋势。这也再次表明，市场行情会影响流动性水平，且间接指标与直接指标同样可以衡量资产的流动性。

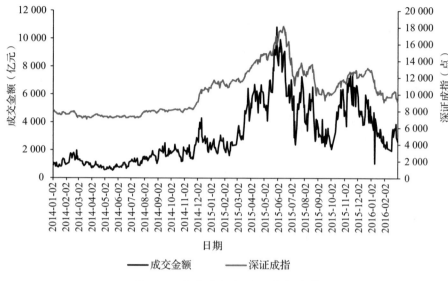

图 8-6 成交金额与深证成指走势

数据来源：万得。

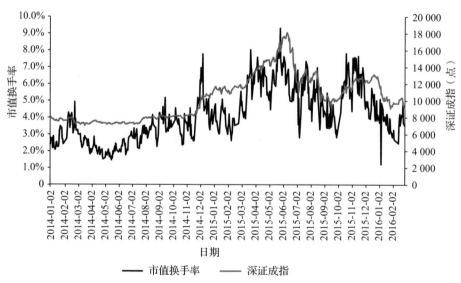

图 8-7 市值换手率与深证成指走势

数据来源：万得。

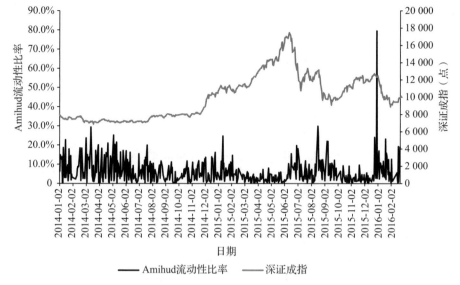

图 8-8　Amihud 流动性比率与深证成指走势

数据来源：万得。

Amihud 流动性比率与深证成指表现出一定的相反变化规律。2015年年初至 6 月，股指上行而 Amihud 流动性比率较前期大幅下降；在2016 年 1 月，受成交量大幅下降影响，Amihud 流动性比率大幅上升，且变化幅度较成交金额、相对买卖价差等指标均更明显。这表明 Amihud流动性比率在一定程度上结合了买卖价差和交易量两个维度，但也表明与成交金额、市值换手率这些间接指标相比，Amihud 流动性比率在我国市场的直观性不强，可能很难准确衡量我国股票资产流动性。

## 四、其他资产流动性水平

### 1. 债券

由于债券资产的直接流动性指标很难获得，主要从成交金额和市值换手率这两个间接指标衡量其资产流动性。

2017 年后，我国国债流动性逐年提升，特别是从 2019 年开始国债市场流动性提升明显。2020 年，国债年成交量达 46.0 万亿元，较上年增长了 35%；年成交笔数约 34 万笔，较上年增长了近 70%；平均单只国债有成交的天数为 108 天，较上年增长了 13%；年换手率达 2.4%，较上年上升了 9%（见表 8-4）。

表 8-4　2017—2020 年国债市场流动性统计

| 年份 | 年成交量<br>（万亿元） | 年成交笔数 | 平均单只国债有<br>成交的天数 | 年换手率 |
|---|---|---|---|---|
| 2017 | 12.1 | 99 052 | 71 | 1.1% |
| 2018 | 18.7 | 445 566 | 93 | 1.5% |
| 2019 | 34.2 | 201 840 | 96 | 2.2% |
| 2020 | 46.0 | 338 108 | 108 | 2.4% |

数据来源：万得。

国债流动性与债券存续规模正相关，随着存续规模的增长，成交量、成交笔数、成交天数、换手率基本呈现上升趋势，表明国债存续规模越大，国债流动性越充足。主要原因是债券存续规模越大、持有主体越多，交易也越容易，而规模小的债券，持有主体需要付出更多信息成本，要求更高流动性补偿。国债流动性还与债券存续时间总体上呈负相关，对于 1、2 年的中短期国债，在新发行 3 个月左右流动性达到最佳。此外，债券市场行情也是影响国债流动性的重要因素，国债市场收益率在高位时，投资者以配置型策略为主，以获得较高的到期收益，因而资产流动性相对较弱；收益率处于低位时，配置价值弱化，投资者多选择交易型策略，因而资产流动性相对较强。

信用债的资产流动性低于国债，2020 年信用债成交量为 23.3 万亿元，交易所市场换手率为 1.9%，从整体上看与国债换手率相差不大，但部分评级较低或发生违约的信用债在二级市场活跃度极低，每个交易日成交笔数仅为个位数，资产流动性较低。

## 2. 房地产

与股票和债券相比，房地产的订单交易频率明显偏低。从成交金额上看，2021 年商品房销售额上升至 18.2 万亿元，虽连续 8 年高速增长，但不足股票 2021 年成交金额的十分之一（见图 8-9）。

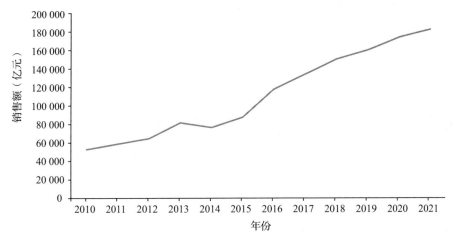

图 8-9　商品房销售额变化

数据来源：万得。

另外，房地产变现周期较长，换手率极低。在二手房交易市场中，一般用全年成交套数 / 总户数来衡量楼盘换手率。目前，北京、上海等一线城市关注度较高的一些学区房楼盘，全年换手率一般为 2% ～ 3%。房地产的资产流动性与股票和债券相比是极低的，在宏观流动性偏紧时，房地产往往由于较低的资产流动性承受更高的流动性风险。

## 第二节　资产流动性的影响因素

资产流动性的影响因素一直是学术界关注的一个领域。国际清算银行（BIS）将影响因素划分为产品设计、市场微观结构和市场参与者行为三大类，目前发现的大部分影响因素都可以归到这三类中。此外，资金是市场的血液，宏观流动性进出股市形成市场整体的资金水平即股市流动性，是股票资产流动性的基础性影响因素。

## 一、产品设计的影响

不同的资产种类（如股票、债券、房地产等）由于其风险和收益的不同而具有不同的流动性。例如，本章第一节中提到，股票的流动性要远高于房地产，国债的流动性优于信用债，等等。此外，同一资产由于其发行规模、盈利情况不同也会有不同的流动性，例如，本章第一节中提到，A股中大小盘股的流动性具有显著差异，市值规模越大、股价越低、波动性越高，个股流动性越好。

此外，BIS的研究指出，产品的可替代性也是影响资产流动性的重要因素。如果多个产品间的可替代性较强，资产流动性可能只会集中在其中的某个产品上。例如，国债的流动性一般只集中在某一两个期限品种上。

## 二、市场微观结构的影响

市场微观结构的影响主要包括交易机制、市场透明度和交易税费等内容。

### 1. 交易机制

不同交易机制的价格发现过程和流动性提供机制差别较大。交易机制可分为代理商市场和竞价市场，以及上述两种市场的混合形式。其中，代理商市场又称报价驱动型市场，而竞价市场又称委托单驱动型市场。Chung和Van Ness(1999)比较了做市商市场和限价委托交易提供流动性的差别，认为限价委托交易者提供的价差要小于做市商提供的价差。Muscarella 和 Piwowar(2001) 通过分析巴黎证券交易所上市股票从集合竞价到连续竞价的变化，发现从集合竞价转向连续竞价的股票流动性增加，而从连续竞价转向集合竞价的股票流动性下降。在场内交易与场外交易对流动性影响的比较中，Keim 和 Madhavan（1996）认为，大规模交易者考虑到在普通交易机制下进行交易会造成相关信息泄露，对其交易执行不利，因此会更倾向于利用场外交易的形式来完成交易。Seppi(1990) 指出，场外交易可以汇总交易者的潜在交易需求，降低逆向选择成本；Grossman(1992) 也认为，场外交易可以帮助交易者更加容易地寻找到交易对手。

自我国市场引入融资融券以来，众多学者对融资融券业务对股市流动性的影响做了大量研究，认为融资融券业务具有增强股票资产流动性、抑制股市波动及稳定市场的功能。廖士光等（2008）认为，台湾证券市场的融资卖空交易有效提高了台湾证券市场流动性水平，而融券卖空交易对股市流动性水平影响的作用不显著。开昌平（2010）认为，融资融券的"价格发现"功能有利于抑制股价泡沫继续生长与膨胀，通过调整市场需求与供给的内在平衡机制，发挥稳定市场的作用，进而提高市场整体流动性水平。

## 2. 市场透明度

市场透明度主要包括三个层面，即交易前信息透明、交易后信息透明和参与交易各方的身份确认。

交易前信息透明指在交易执行以前市场上买卖订单的价格与数量披露情况，如在电子限价簿上连续显示的汇总的价格和数量信息，以及做市商的买卖报价等。

交易后信息透明指交易匹配成交后交易情况的公布，包括成交的数量和价格。

参与交易各方的身份确认指买卖各方是否向交易对手或其他投资者公开其身份，以让相关投资者确知谁在进行交易和与谁进行交易。

第三个层面的信息披露通常被视为交易后透明度的一个方面。一般来说，透明度越高的市场，其流动性也越高，因为投资者可根据不断变化的信息进行价格调整，供需矛盾可随时得到调节。但在大额订单的情况下，大额订单的披露可能导致市场价格的较大变化，不利于做市商维持流动性，流动性反而可能下降。有研究表明，信息披露有利于减少信息不对称，降低交易成本和逆向选择风险，提高流动性。但另有研究表明，透明性和资产流动性的关系是非线性的，即在到达某一点的时候，透明性可以改进资产流动性，但是完全的透明性似乎是次优的。

### 3. 交易税费及其他

在交易税费对资产流动性的影响方面，大多数研究表明，交易税费的降低有利于资产流动性的提高。

在涨跌幅限制对资产流动性的影响方面，结论并不一致。在价格变动单位对资产流动性的影响方面，一方面，更小的价格变动单位会增加流动性供给方的竞争，使流动性需求方获利；另一方面，做市商作为主要的流动性供给者，更小的价格变动单位提高了他的成本，使他不愿意向市场提供流动性。

## 三、市场参与者行为的影响

市场参与者行为包含的层面较为庞杂，投资期限、风险偏好、市场情绪、持股结构以及相关的公司治理、信息披露制度等都会对资产流动性产生影响。

在报价驱动机制下，基于信息的金融市场微观结构理论依据对私有信息的占有，将市场中的其他交易者分为知情交易者和非知情交易者，做市商在与知情交易者交易时承担亏损，做市商作为市场中流动性的主要提供方，设定了买卖价差以弥补这一亏损。这样，市场中知情者的相对比例上升将会导致买卖价差扩大，做市商在买卖报价上愿意交易的规模下降，即流动性下降；而非知情交易者的相对比例上升将会降低做市商逆向选择的风险，从而买卖价差会缩小，做市商在买卖报价上愿意交易的规模上升，即流动性上升。知情交易者之间的竞争减少了不对称信息扩散的成本，给市场提供了更高的流动性。

市价指令提交者可以看作流动性需求方，而做市商和限价指令提交者可以看作流动性供给方，这样，流动性由供给方和需求方的力量对比决定：市价指令提交者比例上升将导致流动性需求上升，从而流动性下降；限价指令提交者比例上升将导致流动性供给上升，从而流动性上升。在指令驱动市场，一般内幕交易者提交市价指令，消耗流动性；非知情交易者提交限价指令，为市场提供流动性。

还有一些研究者认为除了信息不对称外，真实摩擦、不充分竞争以及外生流动性冲击等也会影响流动性。首先，向市场提供"及时性"服务有两方面的成本需要补偿：一是交易的委托单处理、撮合成交、清算与交割等方面需要支出的人工和资本成本；二是在做市过程中可能会出现额外的存货，面临存货成本（利息和存货价格变动风险）。其次，如果市场中存在交易规模很大的投资者，他们的交易量占据整个市场交易量的较大比例，其交易活动就会具有明显的价格影响能力。最后，如果部分交易规模庞大的机构投资者突然面临事前无法预期的巨大流动性冲击，而且这种流动性冲击究竟如何解决具有很大的不确定性，这些投资者就可能面临流动性风险。

投资者行为方面，机构投资者通过逆向选择和信息效率影响流动性成本。信息不对称导致的逆向选择问题会提高流动性成本，而机构投资者通过股票交易使私有信息渗透到股价之中，则会提高信息效率，减少流动性成本。因此，知情投资者的出现使做市商面临选择风险，做市商将会增大买卖价差以补偿与知情交易者进行交易而受到的损失，随着机构投资者持股的增加，买卖价差也会增大。从市场情况看，证券投资基金的投资行为具有同质性，容易做出同样的交易决策，形成"羊群效应"，在同一时段买入或卖出同一股票，这种现象会降低股票资产的流动性。

持股结构主要通过信息不对称和交易活跃度两个渠道影响资产流动性。从信息不对称的角度看，一部分股东可以通过自身优势来获取私有信息，并利用私有信息进行交易，这可能会损害非知情交易者的利益。为了补偿这种不确定性或者逆向选择带来的潜在损失，非知情交易者会要求更高的流动性溢价，即其报价会形成更大的买卖价差，进而使流动性降低。大股东和高管对公司的情况基本上了如指掌，其持股会通过这一渠道影响资产流动性。机构持股对信息环境的影响有两重性。一方面，机构通过调研或利用与公司内部人的关系会掌握一些内部消息，加剧了信息不对称。另一方面，机构通过交易使私有信息渗透到股价之中，则会提高信息效率，降低信息不对称；还有一些践行"股东积极主义"的机构会加强对公司管理层的监督，这也会降低信息不对称。从交易活跃度的角度看，不同的持股主体有着不同的交易特性，如交易频率、交易数量等。如果交易不频繁的投资者持股增加，资产流动性会有所下降。市场人士较为关注"自由流通股本"这个概念，它指的是扣除没有卖出意愿投资者所持的股份后剩余的流通股本。如果实际可交易的筹码减少，同等成交量对价格的冲击成本会加大，资产流动性也会降低。很多大股东为了保持对公司的控制权，或者对公司前景看好，减持意愿不高，这便是大股东持股影响资产流动性的另一机制。很多机构也会采取买入并持有策略，进而锁定一部分筹码，导致资产流动性下降。但不同机构行为背后的机理不尽相同：ETF等被动型基金在建仓时按权重买入成分股，此后为了最小化跟踪误差，只会对仓位进行微调；主动型基金经常出现的"抱团"现象主要源于基金经理业绩考核偏短期以及重相对排名；保险和养老金的长期持股主要出于匹配其负债长久期的需要；还有部分机构通过不断吸收筹码，达到控盘的目的，涉嫌操纵市场。

交易者对证券的持有期、风险厌恶程度、交易者对其未来预期的自信程度以及他们对市场环境的敏感程度都会对资产流动性产生重要影响。交易者风险厌恶程度的提高会降低资产流动性，交易者对未来信心的丧失同样会导致资产流动性大幅降低，而交易者对市场环境的敏感程度与资产流动性之间的作用方向并不确定。由于不同来源和身份的交易者行为特性不同，由此引出市场中交易者成分构成对资产流动性也会产生影响。另外，在整体市场出现流动性问题时，交易者会流向可能保持流动性（保持买卖报价）较强的市场，他们愿意为持有流动性好的资产支付更高的流动性溢价，从而产生"竞相追逐流动性"（Flight to Liquidity）的现象。

## 四、市场流动性的影响

除了上述资产流动性的影响因素外，市场流动性也会对资产流动性产生影响。资金是股市的"血液"，只有"血量"充足，市场才有活力。一般而言，牛市期间资金净流入股市。净流入资金的大部分用于买入股票，随后卖出股票收回资金并再度买入股票，实现资金的复用；少部分停留在投资者的资金账户上等待交易机会。这一过程表现为市场成交额放大，场内资金余额增加，股票资产流动性提升，股价普遍上涨。熊市期间的情形则与之相反，资金净流出股市，交投趋于清淡，场内资金余额减少，股票资产流动性下降，个股普跌。震荡市期间则是存量资金博弈的格局，无论是个股的价格还是资产流动性，分化都较为明显。

股市资金流动是投资者参与交易的能力和意愿的综合体现。当资金净流入股市时，一方面说明投资者"不差钱"，另一方面也意味着交易积极性的提升。在这种情况下，提交限价指令的人数增加，报单量变大（订单深度增加），大量噪声交易者的报价也使得订单簿的分布更为细密（买卖价差减小），资产流动性随之提升。反之，当资金净流出股市时，交易意愿低迷，资产流动性也会有所下降。Pepper 和 Oliver（2006）将投资者分为流动性交易者、价格交易者和信息交易者三大类，流动性交易者在有闲钱投资的时候将资金转入并买进股票，推动股价上涨；在缺钱时卖出股票并转出资金，促使股价下跌。价格交易者相信均值回归，当股价由于流动性交易者的交易而偏离均衡水平时，价格交易者会进行反向交易，促使价格回归有效水平。股市资金流动以及股票资产流动性之所以会与宏观流动性较为相关，主要就是由这两类投资者的行为决定的。信息交易者主要关注基本面、政策和消息的变化，其交易行为与宏观流动性的相关性不高。

市场流动性可以说是比宏观流动性更直接影响股票资产流动性的变量。宏观流动性引发股市资金面变动，进而影响股票资产流动性，这一过程有一定迟滞。这主要是由于央行—银行—非银行金融机构等资金传导链条较长。例如，2014 年 7 月开始，货币政策开始边际宽松，但资金大规模流入股市以及股票资产流动性的显著提升出现在 5 个月以后。又如，从货币市场利率看，2020 年流动性最宽松的时点在 4 月底，此后货币政策开始边际收紧，但资金大幅净流入股市并推动股票资产流动性上升发生在 7 月中上旬。与此同时，股市资金面实际上包含了境内资金和外资两个层面。境外宏观流动性以及汇率的变化都会对外资进出 A 股产生影响。自 2020 年 3 月起，主要经济体为应对新冠疫情冲击实行超常规的宽松政策，全球流动性泛滥，沪深股通在 7 月初加速净流入 A 股，并促使境内中小散户"跑步入场"。此外，如前所述，宏观流动性宽松并不意味着资金一定会进入股市，宏观流动性紧张也不代表资金必然流出股市，因为还要考虑投资者大类资产配置的问题，也就是说，股市在大类资产中是否有较高的性价比和吸引力<sup>⊖</sup>。

此处通过实证研究检验市场流动性及持股集中度对个股资产流动性的影响。同样使用本章第一节中所用相关数据（剔除所有者权益为负的38个观测值），并对除股市资金面变动外的变量在1%和99%分位数上进行了缩尾（Winsorize）处理，以消除异常值对实证结果的影响。所用持股结构数据及财务数据均来自万得，个股流动性指标根据万得的深市行情数据进行计算。

选用变量见表8-5。

表 8-5　变量定义与测度

| 变量 | 名称 | 频度 | 定义及说明 |
|------|------|------|-----------|
| 被解释变量 | 订单深度（五档） | 日度 | 订单簿中最高五个买价（买一到买五）上订单金额与最低五个卖价（卖一到卖五）上订单金额总和，取季末值 |
| | 绝对买卖价差 | 日度 | 市场上最佳（低）卖价与最佳（高）买价之间差额的绝对值，取季末值 |
| | 相对买卖价差 | 日度 | 以绝对买卖价差除以最佳买卖价格的平均值，取季末值 |
| 解释变量 | 市场流动性 | 月度 | 每个季度中，各月市场各项资金净流入规模加总 |
| | 第一大股东持股占比 | 季度 | 季末上市公司持股比例最大的股东持股数占总股本的比例 |
| | 前十大股东持股占比 | 季度 | 季末上市公司持股比例排名前十位股东持股合计数占公司总股本的比例 |
| | 机构持股比例 | 季度 | 机构持股合计占流通A股的百分比 |
| | 股东总数 | 季度 | 季末上市公司总股东数 |
| | 机构股东数 | 季度 | 季末持有上市公司流通A股的机构数 |
| | 自然人股东数 | 季度 | 季末上市公司总股东数减去机构股东数 |

---

⊖ 有关宏观流动性下的大类资产配置研究已在前几章节进行了详细分析，这里不再赘述。

（续）

| 变量 | 名称 | 频度 | 定义及说明 |
|---|---|---|---|
| 控制变量 | 市值规模 | 季度 | 季末上市公司总市值的自然对数 |
| | 账面市值比 | 季度 | 季末上市公司所有者权益合计与总市值之比的自然对数 |
| | 振幅 | 季度 | 季度区间日均振幅，其中每日振幅为当日最高价与最低价之差，除以前收盘价后的百分比 |
| | 换手率 | 季度 | 季度区间日均换手率，其中每日换手率为当日成交量除以当日股票流通股总股数 |
| | 股价 | 日度 | 季末上市公司前复权股票价格 |

考虑到数据的可得性，此处选用的衡量市场流动性的指标主要包括：证券交易结算资金银证转账净额、公募基金净认申购金额、融资余额变动、沪深股通净买卖金额、大股东增减持金额、股份回购金额、二级市场卖出股票"打新"金额及交易费用。其中，公募基金净认申购金额使用每季度公募基金净值规模变动近似替代，数据均来自万得。

市场流动性是全局性变量，持股结构是个体变量，因此可构建固定效应面板模型进行回归检验。在控制相关因素的基础上，分别将订单深度、相对买卖价差和绝对买卖价差作为被解释变量，将市场流动性和持股结构作为解释变量。为使结果更稳健，其中标准误差经过 White 异方差修正。

具体回归模型⊖如下：

$$Y_{i,t} = C_0 + \beta_1 \text{FUNDFLOW}_t + \beta_2 \text{SHDR\_HLD}_{i,t} + \beta_3 X_{i,t} + v_j + w_t + \varepsilon_{i,t}$$

---

⊖ 模型公式中，$j$ 和 $t$ 分别代表行业和季度；$v_j$ 和 $w_t$ 分别代表行业固定效应和时间固定效应；被解释变量为 $Y_{i,t}$，具体为五档订单深度（DEPTH_5LVL）、相对买卖价差（SPREAD_REL）和绝对买卖价差（SPREAD_ABS）；$X_{i,t}$ 代表一系列控制变量，分别是公司市值规模（SIZE）、股价（PRICE）和账面市值比（$B/M$）；FUNDFLOW 代表股市资金面变动；SHDR_HLD 为持股结构类变量，具体为第一大股东持股占比（FIRST_RATIO）、前十大股东持股占比（TOP10_RATIO）、机构持股比例（SUM_INST_RATIO）、机构股东数（INST_SHDR_NUM）以及自然人股东数（PSN_SHDR_NUM）。

回归分析结果表明，股市净流入资金规模越大，个股的订单深度越深、买卖价差越小，即股市资金面越充裕，个股流动性越好。

为检验持股结构对个股流动性的影响，在前述所用模型的基础上分别加入第一大股东持股占比、前十大股东持股占比、机构持股比例、股东总数、机构股东数以及自然人股东数等指标做进一步考察。回归结果显示：第一，持股集中度与个股流动性呈负向关系。不论是以第一大股东持股比例还是以前十大股东持股比例，抑或是以机构持股比例进行考察，实证结果都表明，持股越集中，个股订单深度反而越浅，绝对买卖价差越大，相对价差也越大。第二，股东数与个股流动性呈正向关系。不论是从股东总数还是从机构股东数进行考察，结果均显示股东总数越多，个股订单深度越深，绝对买卖价差越小，相对价差也越小。

## 第三节　资产流动性与资产价格

### 一、理论模型

经典的资本资产定价模型（CAPM）[一]对风险和收益之间的理论关系提供了一个简单的架构，但在实证研究中发现了越来越多的异常现象。例如，$\beta$ 系数与其他变量（如公司规模）发生系统性的关联，或 CAPM 的设定错误，$\beta$ 并不是解释股票收益的唯一因素。

ROSS 基于 CAPM 的缺陷，提出了套利定价理论（APT）。APT 认为，证券收益为 $K$ 个因素（风险溢价）的线性函数，这些因素为描述经济体系变量的基本因子，但 APT 并未指出因素的具体数目和内容。

---

[一] $E(R_i) = R_f + \beta_i [E(R_m) - R_f]$。式中，$E(R_i)$ 为组合的预期收益率；$R_f$ 代表无风险利率；$E(R_m)$ 为市场组合的预期收益率；$\beta_i$ 代表组合收益率变动对市场收益率变动的敏感程度，可用来衡量股票系统风险的大小。

Fama 和 French（1992）利用横截面回归分析检验几个财务变量与 $\beta$ 系数对股票收益率的联合解释，结果发现，只有公司规模和账面权益/市值是股票收益率的重要解释因素，并且包含了财务杠杆与市盈率对收益的解释能力，而 $\beta$ 系数本身并不能解释股票收益率。根据实证结果，Fama 和 French（1993）进一步构建与公司规模及账面权益/市值相关的共同风险因子，结果显示：市场投资组合、公司规模相关因子以及账面权益/市值相关因子构成的三因子模型对股票收益率的解释能力较强，但很难从经济学上解释模型中变量的含义。

上述模型之所以有很多不确定和模棱两可的结果，很重要的一个原因是它们都假定市场是完美的、无摩擦的，投资者的交易行为不会对资产价格产生影响。但现实中的市场并不是完美的，存在包括流动性成本在内的各种交易成本，投资者之间也存在非对称信息。

因此，越来越多的学者开始考察市场微观结构和价格形成过程对资产价格的影响。其中，较有代表性的两个理论模型是 Amihud 和 Mendelson 提出的 Amihud-Mendelson 模型（以下简称 A-M 模型）以及 Jacoby、Fowler 和 Gottesman 提出的 LCAPM 模型。

A-M 模型认为，流动性成本是投资者进行投资决策所考虑的主要问题之一，实际投资决策人组建的证券组合必须符合投资者投资期限和流动性要求的约束。具体而言：一是横截面上流动性不同的股票具有不同的预期收益率；二是时间序列上股票流动性状况的变动会影响其预期收益率，如果股票流动性降低，则预期收益率上升，股票价格下降，如果股票流动性上升，则预期收益率下降，股票价格上升。A-M 模型的局限性在于，模型没有考虑边际流动性与总流动性的差异，以及流动性不确定性与持有期不确定性之间的关系。

LCAPM 模型则证明，当市场均衡时，考虑价差成本后的净期望收益率等于无风险资产收益率加上资产的系统风险度量乘以按价差调整后的市场风险溢价。同时，未考虑价差的资产期望收益率是关于下期价差是单调递增的凸函数。这个结果与 A-M 模型结论相反，这主要是因为 LCAPM 模型为单期模型，在这个模型中，无论是流动性好的证券还是流动性差的证券，所有的证券都持有一个时期，不允许流动性好的证券在一个时期内可以有多次交易，从而消除了 A-M 模型中的配置效应和凹性，这也是 LCAPM 模型的缺陷。

## 二、实证分析

### 1. 直接指标与股价的关系

为分析流动性指标与股价的相关关系，同步使用本章第一节中所用相关数据，以个股流通市值为权重分别计算出统计区间内深市每日相对价差、订单深度和股价的加权平均值，进而考察流动性直接指标与股价的时间序列的相关性。

结果表明，各流动性指标与股价间均存在明显的相关关系；相对买卖价差与股价间存在负相关关系，相对买卖价差越小，股价越高，且二者同时变动；订单深度与股价间存在正相关关系，订单深度越大，股价越高，且订单深度的变化领先于股价走势。

为进一步探究资产流动性直接指标与股价波动性的关系，以个股流通市值为权重计算振幅的加权平均值，分析其与流动性指标的时间序列间的相关关系。结果显示，振幅与相对买卖价差的时间序列相关系数仅为 0.2，与订单深度的时间序列相关系数仅为 0.08，且统计结果不显著。因此，可认为股票资产流动性与波动性水平之间不存在明显的相关关系。

### 2. 间接指标与股价的关系

本章第一节明确了成交金额、换手率、交易笔数这三个间接指标与流动性直接指标有较高的相关性，接下来关心的问题是，这三个指标与股价的关系是否类似于直接指标和股价的关系。为此，同样以个股流通市值为权重分别计算出统计区间内深市每日成交金额、换手率和股价的加权平均值，进而考察流动性直接指标与股价的时间序列间的相关性。

结果表明，间接指标与股价的相关性大于直接指标，但变化略滞后于股价走势。三类间接指标与股价间均存在正相关关系，即成交金额、换手率和交易笔数越大，股价越高。其中，成交金额与股价的相关性最强。上述结果也同 A-M 模型的结论一致，即在时间序列上股票流动性状况的变动会影响股票价格，当流动性上升时，股票价格上升；当流动性下降时，股票价格下降。

此外，为考察流动性替代指标与股票预期收益的关系，选取成交金额和交易笔数作为考察变量，并据此构造经典的 Fama-French 投资组合。从研究结果看，无论是使用成交金额还是使用成交笔数进行考察，组合收益率随其单调递减，并且高低两组的收益率具有显著的统计性差异（$T$ 值在 1% 的显著性水平上显著）。这表明成交金额或者成交笔数越低，股票预期收益越高，即流动性越差，投资者要求的风险补偿越高。该结果与上述关于股价的统计结果一致。

## 三、资产流动性风险

### 1. 资产价格的脆弱性

如果股票因缺乏流动性而导致交易难以完成，股市正常运行也就面临很大的风险。因此，提高股票资产流动性，不仅能够保证股市的正常运转，还有利于促进资源有效配置，提升投资者信心。一个典型的例子是新三板市场。2018—2020 年，新三板的流动性不断萎缩，导致股价持续下跌，融资功能也受到很大影响。A 股市场也曾出现类似的问题。2015 年股市异常波动后，投机炒作之风得到有效遏制，但客观上也使股票资产流动性有所下降。2018 年 10 月 30 日，证监会发表声明，表示将减少交易阻力，增强股票资产流动性。随后，《关于完善上市公司股票停复牌制度的指导意见》出台，严格控制随意停牌和长时间停牌；沪深交易所也通过优化交易监管来保障投资者公平交易的机会。

A 股市场上股价"闪崩"现象时有发生，其中很多案例都是由于持股集中度过高导致个股流动性下降。尤其是当机构的持股集中度过高时，会引发机构"高度控盘"，市场上流通"筹码"较少，在市场震荡、交投低迷的情形下，一笔较大卖单的抛压就有可能使其股价"闪崩"甚至跌停。相反，当上市公司存在多个大股东时，股权结构更分散，其股价的崩盘风险更低。此外，股价崩盘风险还可能源于上市公司管理层对坏消息的掩饰。

本节的实证结论也提供了十分有益的补充，即股权集中导致个股流动性更低，意味着股价信息含量更低，信息更加不透明，会增强管理层掩饰坏消息的动力，导致这类股票出现崩盘风险。

## 2. 流动性替代效应引发风险传导

当股票资产流动性恶化乃至枯竭时，便容易出现由个股的资产流动性风险向市场整体的流动性风险蔓延，并往往与市场风险、信用风险、操作风险等相互交织，甚至可能引发系统性风险和金融危机。例如，2015 年股市异常波动期间曾出现"千股跌停、千股停牌"的极端情形，股票资产流动性基本丧失，投资者恐慌情绪迅速蔓延，如果政府不及时采取措施救市，后果将不堪设想。又如，2017 年后个股的流动性分化较为明显，小盘股、绩差股的流动性下降，"闪崩"频现。境外的金融危机，

如 1987 年美国股灾、1997 年亚洲金融危机、1998 年长期资本管理公司
倒闭事件等，也都出现流动性骤降甚至完全丧失的情形。

---

**专栏 8-1**

## 利用算法交易降低交易成本

对于投资者来说，冲击成本是不可忽视的损失。尤其是国内的公募基金、券商资管、保险资金，目前主要还是以人工交易员的方式进行下单；在大资金需要交易的时候，人工往往来不及做出足够的反应，从而造成对市场的明显影响以至于冲击成本大大增加，降低了投资的收益率。在国外，利用算法交易进行程序下单的交易量已经超过了 70%，国内在这方面的发展正在兴起。

### 一、为什么要做算法交易？

算法交易又称自动交易、黑盒交易或者机器交易，指的是通过使用计算机程序来发出交易指令的方法。在交易中，程序可以决定的范围包括交易时间的选择、交易的价格，甚至最后需要成交的证券数量。

算法交易诞生之初，是为了将大单拆分成大量较小的交易，以减少对市场的冲击，降低机会成本和风险。随着相关技术的发展和完善，算法交易因其优势开始被应用在更多方面，如对冲投资组合使用它来在电子新闻信息到达时实现迅速交易，而其他交易员甚至还不知道该信息的存在。

在中国期货市场，很多炒手每天在市场中进行几百次来回交易，采用人工下单的方法对交易员的体力和精力是一个巨大的考验。另外，人工下单可能会由于操作失误带来意外的损失。可以想象，在中国这样以传统手动交易为主的市场，采用计算机实现自动下单将会有多么大的优

势，这使得算法交易正成为未来交易领域一个主流的发展方向。

## 二、算法交易分类

根据各个算法交易中算法的主动程度不同，可以把算法交易分为被动型算法交易、主动型算法交易、综合型算法交易三大类。

### 1. 被动型算法交易

被动型算法交易又称结构型算法交易或者时间表型算法交易。这类交易算法除利用历史数据估计交易模型的关键参数外，不会根据市场的状况主动选择交易的时机与交易的数量，而是按照一个既定的交易方针进行交易。该策略的核心是减少滑价（目标价与实际成交均价的差）。

例如，某个策略需要购买 A 股票 1 000 万股，被动型算法交易软件将根据当前的交易量情况，分析在未来一段时间交易量的分布，从而在流动性好的时候挂出较大的委托单，在流动性差的时候挂出较小的委托单，这样使得冲击成本尽可能低。

### 2. 主动型算法交易

主动型算法交易又称机会型算法交易。这类交易算法根据市场的状况做出实时决策，判断是否交易、交易的数量、交易的价格等。由于很多交易指令是根据市场的即时状况下达的，因此有可能无法完成交易员希望的全部交易。

主动型算法交易除了努力减少滑价以外，把关注的重点逐渐转向价格趋势预测上。例如，判断市场价格在向不利于交易员的方向运动时，就推迟交易的进行，反之加快交易的速度；当市场价格存在较强的均值回归现象时，必须迅速抓住每一次有利于自己的偏移。

此外，当算法交易被广泛应用时，证券的市场价格运行就会表现出一定的规律。这样就出现了一类特殊的算法交易，如瑞士信贷的 Sniper 算法，它们的目标是发现市场上与自己交易方向相反的大型交易对手，通过合适的交易安排，与该对手完成交易，避免市场受到冲击。

主动型算法交易的成功取决于对市场的判断，这主要分为趋势判断、反向判断两大类。如果某个算法交易判断 A 股票未来会有一波趋势行情，则该交易程序将主动发起攻击，追踪该趋势的价格进行主动买入的交易行为。趋势分为多头趋势和空头趋势两种。反向判断则认为 A 股票的价格在未来一段时间会出现反向运行，例如，涨了一段时间后进行做空操作，跌了一段时间后进行做多操作，这是一种试图获得优于成交均价的交易行为。

### 3. 综合型算法交易

综合型算法交易是前两者的结合，不仅包含既定的交易目标，在具体实施交易的过程中还会对是否交易进行一定的判断。

这类算法常见的方式是先把交易指令拆开，将其分布到若干个时间段内，每个时间段内具体如何交易由主动型算法交易进行判断。两者结合可以达到单独一种算法所无法达到的效果。

例如，主动型算法交易判断出在未来 30 分钟内 A 股票将出现一波趋势行情，趋势的方向是向上，则具体交易时，可以在卖一价附近挂委托单，等待趋势中的回调作为被动成交的买点。如果判断出在未来 30 分钟内 A 股票可能是震荡行情，则可以在震荡的高点挂卖单，在震荡的低点挂买单。利用对行情的主动判断寻找最佳的交易点，从而更好地降低算法交易对市场的影响，甚至获得额外的阿尔法收益。

### 三、市场的主流——被动型算法交易

从国际的发展现状来看，目前主流的是被动型算法交易，主动型算法交易只是作为被动型算法交易的一个参考和补充，根本原因在于：主动判断的准确率不够高，从而使得采用主动型算法交易有可能会造成较大的市场风险。例如，本来判断某只股票会有上涨的趋势行情，实际上是下跌行情，那么采用追涨型算法的交易会买在较高的价格上，不但没有降低冲击成本，反而带来了市场损失。

被动型算法交易策略假设市场是有效的。在这一假设下，无须关心市场均衡价格如何形成，也不需要尝试判断交易者的行为或试图主动影响市场，使得算法交易的设计与评价过程被大大简化了。

算法交易的核心问题是在冲击成本与等待风险之间进行平衡。算法交易对于大机构降低交易成本、降低对市场的影响、提高交易效率有着非常重要的价值。随着国内各种金融产品的推进，未来采用算法交易进行操作的投资者将会越来越多，也会有更多适合中国市场的算法交易策略问世。

| 第九章 |

# 融资流动性

融资流动性（Funding Liquidity）是站在企业或金融机构等角度提出的流动性概念，是指金融机构、实体企业、政府部门、个人等微观主体履行偿付义务的能力，依赖于企业或机构通过各种融资途径（内部或外部）获取资金的难易程度。可见，融资流动性是微观层面抽象意义的流动性，不仅反映偿付能力，同时与变现能力密切相关。对金融机构而言，国际清算银行将融资流动性定义为及时清偿债务的能力，国际货币基金组织则将其定义为需要偿付的机构同意及时支付的能力。对实体企业、政府或个人而言，融资流动性是所持有或获得的资金和资产能够满足其支付需要的能力。考虑到融资流动性对于各类主体的本质相似，且本书聚焦股票市场和金融市场，因此本章对融资流动性的研究论述将主要针对金融机构，部分通用的分析方法也可运用到企业融资流动性的分析上。

研究分析融资流动性，首先需要对融资流动性进行准确描述，找到能准确表征融资流动性状况的指标或变量，进而开展融资流动性测度、融资流动性风险评估和风险的控制管理。

# 第一节　融资流动性的表征

## 一、不同金融机构的融资流动性

直观地说，要描述和分析金融机构的融资流动性，首先需要准确把握金融机构应当履行的偿付义务，即资金支付流，这主要由金融机构的负债端决定。如何满足资金支付流，则取决于主要的资产类别。

表 9-1 列示了主要金融机构的负债端、资产类别和资金支付流。由于不同类型金融机构的负债端在内容、形式和结构上存在差异，资金支付流的形式也各有不同，用于满足资金支付的资产类别也不尽相同。例如，商业银行主要的负债端是存款，存款的利息支出和到期本金是商业银行的资金支付流，商业银行满足利息支出和到期本金的主要资产类别则是贷款。寿险公司主要的负债端是保费收入，因而其资金支付流包括支付保险金、退保金以及保单抵押贷款等，寿险公司则主要通过投资固定收益证券来满足资金支付需要。公募基金的主要负债端是投资者申购产品的资金，需要满足的资金支付流则是赎回份额，其投资的有价证券是满足资金支付的主要资产类别。

表 9-1　主要金融机构的融资流动性表现

| 金融机构 | 主要资金来源（负债端） | 主要资产类别 | 资金支付流 |
|---|---|---|---|
| 商业银行 | 存款 | 贷款 | 利息支出、到期本金 |
| 寿险公司 | 保费收入 | 固定收益证券 | 支付保险金、退保金、保单抵押贷款 |
| 财险公司 | 保费收入 | 有价证券 | 保险赔款 |
| 养老基金 | 养老金缴付 | 长期证券投资 | 年金支付 |
| 证券经纪 | 货币市场融资 | 有价证券 | 债务 |
| 投资银行 | 货币市场融资 | 有价证券 | 债务 |
| 公募基金 | 投资者投入资金 | 有价证券 | 赎回份额 |
| 对冲基金 | 有限合伙人、债权人 | 有价证券 | 债务、利润分成 |
| 私募股权 | 有限合伙人 | 长期投资 | 优先回报、利润分享 |

## 二、静态测度法

静态测度法是采用财务比率来测度融资流动性及其风险的方法，通常根据企业或金融机构的资产负债表等财务报表的有关财务数据，计算出能够清晰反映融资流动性的财务比率。由于这些财务比率反映的是截至某一时点资金流动性的事后状态，因此是静态测度。

在此主要介绍能综合反映融资流动性的指标，即考察资产和负债在流动性上匹配关系的财务指标，主要包括流动比率、速动比率，以及主要针对商业银行的流动资产与易变负债比率、易变负债与总资产比率和核心存款比率。

### 1. 流动比率

流动比率是流动资产对流动负债的比率。流动资产是指企业可以在一年或者超过一年的一个营业周期内变现或者运用的资产，主要包括货币资金、短期投资、应收票据、应收账款和存货等。流动负债又称短期负债，是指将在一年或者超过一年的一个营业周期内偿还的债务，包括短期借款、应付票据、应付账款、预收账款、应付股利、应交税金、其他暂收应付款项、预提费用和一年内到期的长期借款等。一般认为，企业的流动比率应在 200% 以上。

对商业银行而言，流动资产包括现金资产、一个月内到期的同业往来款项轧差后资产方净额、一个月内到期的应收利息及其他应收款、一个月内到期的合规贷款、一个月内到期的债券投资、在国内外二级市场上可随时变现的债券投资、其他一个月内到期的可变现资产。流动负债则包括活期存款（不含政策性存款）、一个月内到期的定期存款（不含财政性存款）、一个月内到期的同业往来款项轧差后负债方净额、一个月内到期的已发行债券、一个月内到期的应付利息及各种应付款、一个月内到期的中央银行借款、其他一个月内到期的债务。根据规定，我国商业银行的流动比率不应低于 25%。

## 2. 速动比率

速动比率是企业速动资产与流动负债的比率，表示企业用易于变现的流动资产来偿还流动负债的能力，是衡量企业融资流动性的主要指标之一。其中，速动资产是企业的流动资产减去存货和预付费用后的余额，主要包括现金、短期投资、应收票据、应收账款等项目。速动比率一般应保持在 100% 以上。

## 3. 流动资产与易变负债比率

流动资产与易变负债比率主要用于商业银行的融资流动性分析。其中，易变负债是受利率等经济因素影响的负债，包括大额定期存单、国外存款、回购协议下卖出的债券、经纪人存款、可转让定期存单及各类借入的短期资金等。商业银行难以控制这类负债的成本、规模，这类负债是商业银行最不稳定的资金来源。流动资产与易变负债比率和流动比率的功能相近，通常用于测度商业银行用流动资产来清偿易变负债的能力。

## 4. 易变负债与总资产比率

易变负债与总资产比率也主要针对商业银行而言，能够测度商业银行对易变负债的依存度。

## 5. 核心存款比率

商业银行融资流动性分析中，还使用核心存款比率指标。这一指标有两种形式：一是核心存款与总资产的比率，二是核心存款与贷款总额的比率。其中，核心存款是客户关系稳定的存款，是存款中成本低、长期稳定的部分，包括定期存款和稳定的活期存款，银行可以在一定时期内使用这些资金。核心存款比率反映商业银行稳定的资金来源对资产或贷款的支撑能力。

## 三、动态测度法

动态测度法基于事前性，通过对未来资金流动性的需求和供给的计量，来测度融资流动性及风险。动态测度法主要针对基金管理公司、商业银行等金融机构，主要包括缺口分析、现金流量分析和期限结构分析。

### 1. 缺口分析

缺口分析主要包括流动性缺口分析和融资缺口分析。

流动性缺口分析是将金融机构在未来短期内到期的表内外资产与表内外负债之间建立起对应关系，来测算融资流动性差额的分析方法，经历了从传统的计量方法到改进的计量方法的发展。

传统的流动性缺口定义为短期内到期的表内外资产减去短期内到期的表内外负债的差额。该指标在大多数情况下用于商业银行融资流动性及其风险的衡量，通常采用未来短期内（如 90 天），由到期资产所获得的现金流能否足够偿付到期负债。如果流动性缺口为正，说明商业银行在短期内的资金供给大于同期的资金需求，银行有足够的能力去偿付期限届满的债务，存在流动性盈余，不构成融资流动性风险；反之，则说明存在流动性缺口，难以满足资金需求，构成融资流动性风险。

传统的流动性缺口的计量不能直接给出商业银行需要通过市场融资途径来弥补流动性缺口的数额，有时会夸大流动性风险的程度。为弥补这些不足，在《巴塞尔协议 Ⅲ》提出"优质流动性资产"的概念后，出现了改进后的流动性缺口计量，即用传统的流动性缺口加上优质流动性资产，称为净流动性缺口。如果流动性缺口为负，但加上优质流动性资产后的净流动性缺口为正，说明商业银行无须通过外部融资来补充流动性，自身的优质流动性资产就足以缓解流动性缺口压力；而如果净流动性缺口仍为负，则说明商业银行的优质流动性资产不足，需要通过外部融资来满足流动性需求。

融资缺口在广义上是指利率敏感资产与利率敏感负债的差额，被用于比较同类机构的融资流动性情况，或判断一家金融机构内部流动性情况的变动趋势。商业银行是该指标最主要的使用者。商业银行在计量融资缺口时，通常需要计算核心资产业务与核心负债业务的差额，即平均贷款额减去平均核心存款额的差额。如果融资缺口为正，表明商业银行就需要动用现金与流动资产，或在金融市场融资来弥补缺口，以实现资产负债的平衡。据此，有

$$融资缺口 = -\ 流动性资产 + 借入资金$$

$$融资缺口 + 流动性资产 = 借入资金（融资需求）$$

$$（平均贷款额 - 平均核心存款额） + 流动性资产 = 借入资金（融资需求）$$

由此可见，商业银行在未来特定时间段内需要借入的资金规模，即融资流动性需求，是由核心存款额、发放贷款额和可以变现的流动资产额决定的。融资缺口的扩大可能是因为存款流失、贷款增加，此时意味着商业银行的融资流动性压力加大，需要持有的流动资产变多。通常，商业银行需要在货币市场借入资金来获取融资流动性，而由于依赖货币市场融资，面临的融资流动性风险也相应增加。

## 2. 现金流量分析

融资流动性的本质在于金融机构的现金流需要平衡，如果现金流入

量不能抵补现金流出量，就会出现融资流动性风险。现金流量分析通过计量、监测金融机构在未来不同时段内的现金流量及其期限匹配情况，从而预判流动性是否充足，并发现不充足的差距所在。

开展现金流量分析，首先要进行现金流量测算。金融机构的现金流量测算应涵盖表内外的各项业务，要区分正常情景和压力情景，并考虑资产负债业务和表外业务的未来增长，分别测算未来不同时间段的现金流入和现金流出。然后，金融机构可根据现金流量测算所掌握的数据，计算未来各个时间段的现金流缺口。未来各个时间段的现金流缺口是该时段的现金流入与现金流出的差额，用公式表示为

$$CFG_t = CFI_t - CFO_t, t = 1, 2, \cdots, N$$
$$CFG = \sum_{t=1}^{N} CFI_t - \sum_{t=1}^{N} CFO_t$$

式中，$CFG_t$ 为第 $t$ 时段的现金流缺口；$CFI_t$ 为第 $t$ 时段的现金流入量；$CFO_t$ 为第 $t$ 时段的现金流出量；$CFG$ 为所有时段的累计现金流缺口。

### 3. 期限结构分析

资产与负债的期限错配也是需要对融资流动性进行分析的一个重要原因。期限结构分析就是对金融机构资产的期限与负债的期限进行测度，分析是否存在期限错配。理论上，如果负债的期限与资产的期限相匹配，按时回收资产本息的现金流就可以抵补负债本息的现金流，不会构成融资流动性风险。但在现实中，资金来源短期化、资金运用长期化，或称为"短借长贷"，是金融机构典型的资金运用特征，如果这种错配过度，则极有可能引发融资流动性风险。

期限结构分析主要包括久期分析和到期日结构分析。久期分析主要用于测度利率风险，但也可以将其作为一种测度融资流动性风险的方法。

久期缺口是生息资产的久期与付息负债的久期和资产负债率乘积之间的差额，即久期缺口 = 资产加权平均久期 − 负债加权平均久期 × 资产负债率。如果久期缺口小于或等于 0，则表明付息负债的久期与生息资产的久期相匹配，或付息负债的久期长于生息资产的久期，此时，金融机构的资金流动性状况良好，没有融资流动性风险。如果久期缺口大于 0，则表明付息负债的久期短于生息资产的久期，付息负债的久期不能匹配生息资产的久期，金融机构的资金流动性短缺，面临融资流动性风险。

到期日结构分析分别计算未来不同时段到期的资产和负债的金额，然后相减计算出不同时段到期的资产和负债的资金结构性缺口，从而测度融资流动性风险。如果某一时段的资金结构性缺口为 0 或正值，表明这一时段到期的资产足以抵补负债，资金流动性良好，没有融资流动性风险；如果资金结构性缺口为负值，则表明这一时段到期的资产不足以抵补负债，存在资金短缺，面临融资流动性风险。

## 第二节　融资流动性的影响因素

影响各类市场主体融资流动性的主要因素可分为共性因素与个性因素。其中，共性因素大多是宏观因素、外生因素，而个性因素大多是微观因素、内生因素。

### 一、共性因素

#### 1. 宏观经济周期

如前所述，宏观经济运行不仅是影响市场流动性的基础性因素，其周期性变动也会对各类市场主体融资流动性产生重要影响。

当经济处于上升阶段时,企业经营状况和业绩向好,能带来更多的现金流入,通常资金充裕,具备较充足的负债偿还能力,不易出现融资流动性风险。商业银行在经济向好时,资产端的贷款能够按期回收本息,而负债端储蓄提取的需求也相对较弱,资产端的资金供给能够满足负债端的需求,流动性充裕,融资流动性风险很小。此外,对于保险公司、证券公司、基金公司等其他金融机构而言,经济上升时资产端的收益率也趋于向上,负债端压力减轻,融资流动性亦相对较好。

相反,当经济处于下行阶段时,企业经营状况和业绩趋于下行,往往会大幅削减现金流入,而负债端保持刚性,企业的现金流入难以覆盖负债端本息支出,融资流动性风险上升。商业银行在经济下行时,资产端的贷款质量下降,更容易出现贷款逾期、不良贷款增多的情况,而负债端储蓄提取等资金需求增加,资产端的资金供给可能难以完全满足负债端的需求,现金流收紧,容易出现融资流动性风险。此外,保险公司、证券公司、基金公司等其他金融机构在经济下行时资产收益率也趋于下降,负债端压力增加,融资流动性亦趋于恶化。

## 2. 宏观流动性

宏观流动性是影响市场主体融资流动性的重要因素之一。中央银行掌握宏观流动性的总闸门。通常,由中央银行通过货币政策给出信号,包括政策利率、存款准备金率、再贴现和公开市场操作等变化,并在市场机制的作用下,最终从量和价两个方面表征宏观流动性的变化。

宏观流动性宽松背景下,市场利率下行,货币供给充裕。对企业来说,更有能力获得资金来满足当期负债端资金支付的需要;同时,因为资金成本较低,也在一定程度上降低了未来阶段负债端支出的资金规模,因而融资流动性向好,不易出现融资流动性风险。对商业银行来说,宏观流动性宽松时,一方面,资金供给充裕,银行可向外借贷的资金较多,贷款需求旺盛，存款供给充足，不易出现融资流动性风险；另一方面，由于利率处于下降通道，当期存款会增加而贷款减少，当期挤兑产生的可能性减小，利率下降过程中，低成本贷款的增加和存款的减少则相应减少了未来的融资流动性风险。对其他金融机构而言，宏观流动性宽松环境下，无风险利率下行带动风险收益率的下降，资产的价格也更易于抬升，负债端的成本相对减轻，资产能够及时变现以满足负债支付需求，也不容易出现融资流动性风险。

相反，当宏观流动性紧缩时，市场利率趋于上行，货币供给偏紧。对企业来说，获得资金的难度上升，较难满足负债端刚性的资金支出需要；同时，资金成本升高也在一定程度上增加了未来负债端支出的资金规模，因而资金链紧绷，容易出现融资流动性风险。对商业银行来说，宏观流动性收紧时，一方面，货币供需总体呈现紧张趋势，当负债端出现挤兑时，资产端难以有效抵补，容易出现融资流动性风险；另一方面，由于利率处于上升通道，负债端存款成本增加，资产端能够回收的贷款本息对于负债的抵补相对减弱，加之贷款回收难度加大，容易出现现金流不足和断裂的情况，出现融资流动性风险。对其他金融机构而言，宏观流动性收紧背景下，由于无风险利率和风险收益率升高，资产的价格倾向于下降，但负债端通常保持刚性，甚至流出压力可能升高，资产难以及时变现以满足负债支付需求，容易出现融资流动性风险。

## 3. 市场流动性

市场流动性也是融资流动性的重要影响因素之一。市场流动性表征在市场中的资金规模。当市场流动性充裕时，企业、金融机构能够通过快速变现资产或主动负债来筹集资金，以满足偿还债务的需要，不易出现融资流动性风险；反之，市场流动性紧缺时，企业、金融机构难以通过快速变现资产或主动负债来筹集资金，就容易出现资金紧张，产生融资流动性风险。

以商业银行为例，银行的资产主要包括贷款、短期证券投资、票据等，这些是保证商业银行融资流动性的重要工具。当商业银行需要融资流动性但现有准备不足时，就需要通过变现或融资来获取资金。如果市场流动性充足，商业银行就能够快速地以合理的价格在证券市场抛售证券、在票据市场卖出票据来获取资金，并减少交易的成本及损失，从而满足融资流动性的需求。反之，如果市场流动性不足，商业银行就很难实现外部融资，进而容易引发融资流动性风险。

## 二、个性因素

除共性因素外，市场主体的个体行为也可能影响自身的融资流动性状况。

### 1. 负债情况

负债情况是市场主体自身融资流动性的重要影响因素之一。这种影响至少有三个方面：一是负债规模的大小决定资产端需要具备的资金规模；二是负债类别、期限结构决定企业和金融机构满足融资流动性的应有的时间和节奏；三是负债规模的增速决定融资流动性边际变化的快慢。

如果某个市场主体的负债规模较小，负债类别和期限结构合理，且保持合理的债务增长速度，就能够较为从容地安排偿还资金，不易出现融资流动性风险。但如果过度举债，快速加杠杆，负债类别或期限结构不合理，就会使得企业的资金链承受很大压力，产生流动性风险。

### 2. 经营状况

市场主体的经营状况会影响其自身资产质量，而资产质量决定资产创造现金流的能力，进而影响企业和金融机构的融资流动性好坏。

企业或金融机构经营良好，能够带来充足的利润和现金流，从而可以满足偿还负债的资金需要；同时，由于经营状况向好，资产质量相对更高，当需要通过变现或外部融资来筹集资金时，资产也能提供更强的保障，能更好地满足流动性需求，不易出现融资流动性风险。相反，如果企业或金融机构的经营状况不佳，不仅利润和现金流可能下滑，在变现资产和获取外部融资的时候也相对缺乏竞争力，就容易出现资金不足的状况，从而引发融资流动性风险。

### 3. 行业政策

行业政策往往会对某一特定行业中市场主体的融资流动性产生明显影响。当政策鼓励某一行业发展或限制较少时，行业中市场主体的经营情况和融资能力通常都会相对较好，能更容易地满足负债端流动性需要。当政策对某一行业做出限制时，特别是针对融资活动做出限制时，行业中市场主体的经营情况和融资能力通常都会趋于下降，容易出现资金链紧张的情况，产生融资流动性风险。例如，2020年年底针对房地产行业融资端的"三道红线"和贷款集中度相关政策出台后，房企融资供需两端持续收紧，融资规模一再下降，叠加2021年负债端大量企业债、美元债的到期，房企的融资流动性持续紧张，融资流动性风险明显升高。

## 第三节 融资流动性风险及典型案例

### 一、融资流动性风险及其可能引发的其他风险

如前所述，融资流动性风险一般是指市场主体在不遭受意外损失的情况下就无法筹资来偿还债务的风险。换句话说，如果市场主体所掌握的各类资产以合理价格变现所获得的资金，或以合理成本所筹集的资金

不能满足即时支付的需要，从而可能遭受经济损失，就存在融资流动性风险。可以说，融资流动性是实体企业特别是金融机构的生命线，一旦出现融资流动性风险，现金流断裂，可能导致破产，并把快速风险传染至整个行业。

通常来说，流动性风险可能是由操作风险、信用风险、市场风险等其他风险造成的。操作风险导致日常业务流程的中断，将影响现金流量，造成融资流动性的损失。信用风险也可能引发流动性问题，如交易对手方不能履行已签订合同的交易，则会造成现金流入减少，产生流动性方面的问题。市场风险也可能会导致融资流动性风险出现，例如，对于商业银行来说，如果利率出现巨大变动，可能导致银行的资产出现巨大损失，造成现金短缺，加之筹资成本上升，进而引发融资流动性风险。

融资流动性风险的出现也可能引发市场风险、信用风险、资产流动性风险等其他风险，引发次生损失。在某些情况下，当企业或金融机构出现融资流动性风险时，为了存活下去或者满足监管的硬性要求，在不能快速、低价获取外部流动性支持时，企业或金融机构将不得不变现资产进行融资。当变卖资产的数量较大时，可能会造成资产的市场价格剧烈下挫，导致市场风险。而市场价格的剧烈下行还会引发市场上其他参与者同时做出卖出行为，买方急剧减少，造成"流动性黑洞"，一旦市场流动性骤然缩减，就可能带来资产流动性风险。紧接着，被抛售的资产价格急速下跌与卖盘持续增加同时存在，交互影响，使得流动性状况进一步恶化；本来试图保障融资流动性的行为，结果造成融资流动性的进一步丧失，这将使得融资流动性风险升级为偿付危机。此外，当企业或金融机构出现融资流动性风险时，资金链断裂，将使得其难以履行作为债务人或交易对手应承担的合同规定义务，进而给其他债权人或金融产品造成经济损失，导致信用风险。

## 二、融资流动性风险典型案例

### 1. 英国北岩银行遭遇流动性危机

2007 年 9 月 14 日爆发的北岩银行挤兑危机，是英国 1866 年以来的首次银行挤兑风波。自 2007 年 9 月 14 日之后的短短几个交易日中，北岩银行股价下跌了近 70%，而严重的客户挤兑则导致 30 多亿英镑、占其存款总量 1/8 的资金流出。受此影响，北岩银行不得不抛售其抵押贷款债权缓解流动性压力，并积极寻求"白衣骑士"⊖的收购。

北岩银行的前身是成立于 1865 年的岩石住房协会。1965 年，岩石住房协会吸收北部郡永久住房协会，成立北岩住房协会。1997 年 10 月，北岩住房协会申请改制为银行，成为在伦敦股票交易所公开上市的有限责任公司。北岩银行的资产规模并不算大，约占英国银行总资产的 3%，但其在 1997 年成立了北岩银行基金会扶持当地慈善事业，从而具有较大的影响。同时，根据英国金融监管局的监管分类，北岩银行属于具有重要影响的金融机构。从 1997 年上市到其遭遇危机的十年间，北岩银行飞速发展，资产规模增长了 7 倍，年均增长 21.34%，使其一跃成为英国第五大抵押贷款人。

正所谓"成也萧何，败也萧何"。北岩银行的快速发展得益于证券化融资支撑起来的住房抵押贷款业务，但这一模式也为其日后出现危机埋下了种子。北岩银行追求高速增长，将每年资产增长 20%±5% 作为战略目标之一，将住房抵押贷款作为推动规模扩张的核心业务，住房抵押贷款占其总贷款规模的 90% 以上。要实现如此快速的扩张，支撑起巨大的住房抵押贷款的需求，资金来源必不可少，但由于主要面向英国本土，客户存款增长有限，于是该行采取了产品创新战略：一方面，推动资金

⊖ 当公司成为其他企业的并购目标后，公司的管理层为阻碍恶意接管的发生，去寻找一家"友好"公司进行合并，而这家"友好"公司被称为"白衣骑士"。

来源多元化，既有国内渠道，也有国外渠道；另一方面，将外国批发资金市场和证券化融资作为主要的资金来源。

然而，2007 年美国次贷危机的爆发将北岩银行这种业务模式的潜在弊端暴露了出来，最终将北岩银行推向危机。尽管北岩银行资产质量确实好于同行，但它的资金来源链条并不稳固，也不保险。美国次贷危机爆发后，全球金融市场流动性趋紧，2007 年 8 月主要发达国家的中央银行联手向市场注入大量流动性，但依然没有遏制住金融危机的蔓延。于是，包括北岩银行在内的金融机构融资流动性日益趋紧。2007 年 9 月，北岩银行的主要融资渠道同时对其关闭。外国批发金融市场方面，由于金融机构自身难保，不愿再向北岩银行提供资金；证券化方面，由于结构化金融产品定价机制复杂以及投资者的逃离，证券化融资难以再按照原计划执行。融资链条的中断最终导致北岩银行头寸不足，迅速爆发了融资流动性危机，陷入困境。

其实，北岩银行的流动性危机在 2007 年 8 月的全球金融风暴中就已经出现端倪，英国金融监管局也开始与其密切接触、商讨对策。最终，为了确保英国的金融稳定，以及纳税人和北岩银行存款人的利益，英国政府决定授权英格兰银行向北岩银行提供紧急资金援助，注入流动性，并定于 2007 年 9 月 14 日对外宣布。令人猝不及防的是，2007 年 9 月 13 日傍晚，英国 BBC 电台在一则新闻中称英国一家大银行出现了资金困难，正在向英格兰银行申请紧急援助。这一报道最终引发了北岩银行的挤兑危机。9 月 14 日早上 7 点，尽管英格兰银行公布了其对北岩银行的资金援助计划，但这并没有给北岩银行的存款人带来信心，银行的客户争先恐后地到银行提取自己的存款。北岩银行的挤兑总共持续了 4 天，其中，9 月 15 日就有 20 亿英镑被取走。9 月 17 日下午，英国财政大臣对外公告称政府将担保北岩银行的所有债务，挤兑才最终结束。

北岩银行的危机也一度引发英国股市中以抵押贷款为主要业务的金

融机构股价巨震，北岩银行的股价在 9 月 14 日当天的跌幅达到了 30%，其他抵押贷款机构如**英**国联合莱斯特银行（Alliance & Leicester）、英国帕拉冈银行（Paragon Banking Group PLC）等股价都出现了 20% 左右的下跌。

虽然北岩银行的挤兑危机得到缓解，但流动性风险正在向英国的整个金融市场蔓延。为确保金融稳定，英国政府决定通过特别银行立法，实施对北岩银行临时国有化的政策。2008 年 2 月 22 日，英国议会批准特别银行立法，财政部开始对北岩银行实施国有化。根据计划，北岩银行将放弃其危机前所采取的业务模式，回归稳健的发展道路。

## 2. 恒大集团融资流动性风险

恒大集团遭遇流动性风险同样是源于其过于激进的扩展模式，而当房地产市场发展趋势转向、行业融资政策收紧后，恒大集团既难以通过经营获取现金流，也难以获得外部融资，导致整个集团面临巨大的债务偿还压力，最终爆发融资流动性危机。

2016 年，中国的人口长周期增长曲线已经显现出见顶迹象，房地产市场在理论上也进入了长周期的顶部区间。与此同时，由于房价持续上涨，已经对居民生活产生巨大压力，且房价泡沫化可能带来严重的经济金融危机，2016 年 12 月中央经济工作会议首次旗帜鲜明地提出"房子是用来住的，不是用来炒的"；此后相关部门陆续出台与之相配套的政策，涉及房企融资、购房者信贷等诸多方面。在人口规律和"房住不炒"的基本政策取向下，可以说，我国房地产市场已经从过去几十年的高歌猛进开始逐步转向，销售增速和房价都进入缓慢下行周期。

在当时，房地产行业内不少企业仍然认为，中国房地产的黄金时代虽然结束，但理应还有白银时代，能继续享受房地产市场的红利。恒大集团便是其中之一。恒大集团早在 2006 年就开始了加杠杆扩张之路，其基本思路是通过加杠杆高价拿地，再以更高价格卖房实现资金快速回笼，进而实现规模赶超。2013 年之后，永续债成了房企较为理性的加杠杆渠道，这也使得恒大集团的扩张模式变得更加激进。2019 年 7 月发布的《财富》世界 500 强榜单中，恒大集团以 704.8 亿美元的营业收入位列 138 名，较上一年大幅上升 92 位，在中国 500 强榜单中排名 16 位。值得注意的是，恒大集团的净负债率自 2014 年开始持续大幅上扬，2017 年达到顶峰时的 240%。到 2019 年，也就是恒大集团危机爆发的前一年，尽管其净负债率较高峰时已有回落，但仍较 2018 年上升 5 个百分点，位列房企债务规模第一（见图 9-1）。

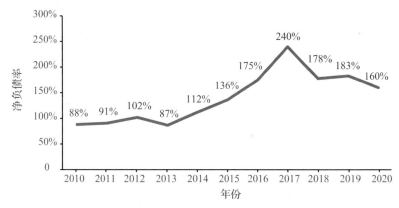

图 9-1　2010—2020 年恒大集团净负债率走势

数据来源：恒大集团财报。

恒大集团的高层并非没有意识到快速扩张带来的负债问题，2020 年开始恒大集团就把"降负债"放到核心战略地位。在 2020 年 3 月举办的业绩发布会上，恒大正式宣布："恒大从 2020 年开始转变发展方式，全面实施'高增长、控规模、降负债'的发展战略，要用最大的决心、最大的力度，一定要把负债降下来。"但即便如此，过去激进扩张的模式已埋下危机的种子。

从 2020 年下半年开始，对房地产行业融资端的限制政策接踵而至。2020 年 8 月 20 日，住建部、央行约谈了 12 家房企，提出重点房地产企业资金监测和融资管理规则（即房企融资的"三条红线"）：剔除预收款后的资产负债率大于 70%；净负债率大于 100%；现金短债比小于 1 倍。恒大集团"三条红线"全部踩中，按规定不得新增有息负债。2020 年年底，中国人民银行、银保监会发布《中国人民银行　中国银行保险监督管理委员会关于建立银行业金融机构房地产贷款集中度管理制度的通知》，根据银行业金融机构的资产规模、机构类型等因素，分档设定房地产贷款集中度管理要求。这些政策的出台有力推动房地产行业降杠杆、化解房地产领域的债务风险，但也几乎将恒大集团的融资端完全掐断，恒大集团只能依靠销售端加快周转回款来维持现金流。

房地产市场的下行早在 2016 年之后就已经开始，不少地方小型房企陆续出现现金流紧张的情况。恒大集团尽管也采取了打折售房等方式加快销售周转，但在融资收紧和销售降温的双重冲击下，立刻出现了融资流动性危机。从 2020 年 6 月起，媒体就不时曝出恒大商票、私募债未能如期兑付，战略投资者 1 300 亿元本金和 137 亿元分红难以支付等新闻。2021 年 6 月和 7 月末，惠誉、标普分别宣布下调恒大集团及其附属公司评级，展望"负面"。恒大集团的股价也从危机爆发前 28 港元的高点一路下跌，截至 2021 年年末仅为 1.59 港元，跌幅高达 94%。

据统计，恒大集团有高达 2 万亿元的债务。为了自救，恒大集团成立风险化解委员会，采取变卖资产偿还债务、积极推进"保交楼"、引入战略投资者等多方面的方法。监管机构也在不断督促和帮助恒大集团解决债务问题。2021 年 7 月，国务院金融稳定与发展委员会敦促恒大集团尽快解决债务问题，方案包括引入战略投资者避免违约等。央行、银保监会约谈恒大集团，要求其努力保持经营稳定，积极化解债务风险。截至 2022 年年末，恒大集团因融资流动性风险加剧出现的债务危机仍未完全化解。

## 第四节　融资流动性风险管理

### 一、融资流动性风险管理的一般方法

通常来说，融资流动性风险管理方法包括资产流动性管理、负债流动性管理和资产负债流动性综合管理。

#### 1. 资产流动性管理

资产流动性管理的核心是保持资产的流动性，主要通过管理资产、调整资产结构、匹配资产与负债的期限以满足融资流动性需求。以商业银行为例，保持资产流动性的通常做法是建立充足的三级准备：一是现金准备，即商业银行的库存现金；二是超额准备，即商业银行在中央银行的存款；三是优质资产准备，即商业银行优质的、无变现障碍的流动性资产。

在实践中，提高资产流动性的做法主要有两种：一是实施资产证券化。将所持有的期限长、流动性差但未来现金收入流较为稳定的资产（如商业银行的抵押贷款）进行分类和评估，将可以证券化的资产筛选出来组成资产池，由专门从事资产证券化的独立实体以现金购入，经过担保或增信后再以证券的形式出售给投资者，投资者获得的本金和收益由资产池产生。通过资产证券化，可以将非标准化、期限长、流动性差的长期资产转化为标准化、流动性强、可以随时变现的证券，从而达到提高资产流动性的目的。二是出售资产再回租。企业和金融机构自己投资拥有的固定资产主要是办公楼或经营场所等，往往会占用大量的资本金，且不能从中盈利。通常可以通过出售这些固定资产后再租回来，实现固定资产的变现，从而释放出资本金，再将其投向可以获利的项目，达到提升融资流动性的目的。

## 2. 负债流动性管理

负债流动性管理的核心即保持和提升负债的流动性。常见的方法包括以下三种：

1）合理设置融资集中度。适当设定融资集中度限制，避免单一融资品种、融资渠道和融资市场占比过高，从而通过多元化的融资来降低负债流动性风险。

2）加强融资渠道管理。维护好与主要融资方的关系，可以通过保持长期联系、开展更多的合作、建立战略关系等方式来稳定融资渠道。

3）提高融资的稳定程度。通过对融资来源的详细分类和评估，借用科学合理的方法来识别稳定融资和非稳定融资，在此基础上积极扩大稳定融资。

## 3. 资产负债流动性综合管理

资产负债流动性综合管理是将资产和负债作为一个统一对立的整体，企业和金融机构根据自己的经营需要全方位、多层次地协调好资产与负债的配置，实现二者的最优动态管理和平衡。资产负债流动性综合管理依赖于本章第一节中融资流动性衡量指标的准确计量和评估，通常有以下四种思路和方法：

1）现金流缺口限额管理。金融机构根据流动性的风险偏好、业务规模和结构、业务发展目标、业务复杂程度和市场发展环境等情况，对融资流动性风险实施现金流缺口限额管理。通过分析现金流缺口，判断金融机构在未来不同区间的流动性是否充足，从而确保机构能将融资流动性风险控制在自己的风险偏好和风险承受能力之内。

2）融资缺口管理。金融机构可以在核心资产业务与核心负债业务之间建立对应关系，在此基础上计量融资缺口，并通过市场化的融资手段来建立融资缺口管理的模式和方法，例如商业银行的贷款业务和存款业务。进行融资缺口管理时，当出现缺口或缺口变大，就需要加强可以变现的流动性资产的管理和融资管理，确保两条途径的可靠通畅。为实现这种管理模式，金融机构需要定期评估流动资产的变现能力，持续监测和计量相关金融市场中资产交易情况的变动。

3）流动性缺口管理。金融机构可以在未来短期内到期的表内外资产和表内外负债建立对应关系，据此计量和管理融资流动性缺口。这种管理方法的基本策略是，如果出现流动性缺口，金融机构就需要变现优质资产来弥补缺口；如果变现优质资产后仍然存在缺口，就需要通过外部融资来满足流动性需求。

4）资产负债期限结构管理。期限结构错配严重是产生流动性缺口、造成融资流动性风险的重要原因，会使金融机构面临利率风险。在进行资产负债期限结构管理时，金融机构需要定期测算所有表内外项目在不同区间的期限错配情况，例如，可以设定隔夜、7 天、14 天、1 个月、2 个月、3 个月、1 年等多个时间区间，然后通过计量每个阶段上的流动性缺口来把握资产负债的错配程度。要实现资产与负债期限的基本匹配，关键在于坚持将长期负债用于长期资产。

## 二、我国商业银行融资流动性管理的演进与监管要求

### 1. 我国商业银行融资流动性管理的演进

回顾流动性管理的发展历程，我国商业银行应用过三种流动性管理模式：一是 2005 年之前的剩余资金管理模式，即分级管理模式。商业银行的分行先自行保持融资流动性平衡，不能平衡的通过与总行的拆借来解决。二是 2006 年之后的集中管理模式，即实行内部资金转移定价，总

行承担全行的流动性管理职责，分行仅承担业务和营销职责，不再负责流动性的平衡和管理。三是从 2010 年开始的集中管理与分市场管理相结合模式，在总行继续承担内部资金转移定价的流动性管理职责不变的基础上，部分管理职责向分行延伸。

## 2. 我国商业银行融资流动性的监管要求

我国监管机构在不断学习借鉴国际先进的融资流动性管理经验。根据《巴塞尔协议Ⅲ》的要求，结合我国实际，银监会于 2014 年 2 月颁布《商业银行流动性风险管理办法（试行）》，随后于 2015 年修订，2018 年 5 月银保监会正式发布《商业银行流动性风险管理办法》（以下简称《办法》），建立了对商业银行定量与定性相结合的流动性综合监管体系。

定量方面，《办法》提出了 5 项监管指标和 9 项加测指标。5 项监管指标分别是流动性覆盖率、净稳定资金比例、流动性比例、流动性匹配率、优质流动性资产充足率。9 项加测指标分别是流动性缺口、流动性缺口率、核心负债比例、同业融入比例、最大十户存款比例、最大十家同业融入比例、超额备付金率、重要币种的流动性覆盖率、存贷比。其中，流动性覆盖率和净稳定资金比例是《巴塞尔协议Ⅲ》首次提出的监管指标，我国也将其积极引入国内的流动性监管体系中。流动性覆盖率指标旨在监测商业银行在设定的严重流动性压力情景下，能够保持充足的、无变现障碍的优质流动性资产，并通过变现这些资产来满足未来 30 天的流动性需求。流动性覆盖率的计算公式是：流动性覆盖率 = 优质流动性资产储备 / 未来 30 天的资金净流出量。根据监管要求，商业银行的流动性覆盖率不得低于 100%。净稳定资金比例指标旨在监测商业银行具有充足的稳定资金来源，以满足各类资产和表外风险敞口对稳定资金的需求。净稳定资金比例的计算公式为：净稳定资金比例 = 可用的稳定资金 / 所需的稳定资金。净稳定资金比例的最低监管标准为不低于 100%。

定性方面,《办法》提出：一是建立有效的流动性风险管理治理架构；二是建立完整的流动性风险管理政策和程序，包括流动性风险计量、限额管理、日间流动性风险管理、压力测试、应急计划、优质流动性资产管理、管理信息系统支持等。

### 3. 商业银行压力测试

风险管理的目标是应对非预期损失，因此，金融机构应重视那些现金流突然被切断的压力情景。开展压力测试是评估压力情景下商业银行流动性风险状况，分析商业银行能否度过流动性危机的有效办法。《办法》明确提出，商业银行应当建立流动性风险压力测试制度，分析承受短期和中长期压力情景的流动性风险控制能力。

在此简要介绍商业银行开展压力测试的主要步骤及内容：首先，设计压力情景。商业银行应合理审慎设定并定期审核压力情景，包括影响商业银行自身的特定冲击、影响整个市场的系统性冲击，以及两者相结合的情景，同时应区别轻度、中度、重度等不同的压力程度。《商业银行流动性风险管理指引》对压力情景的假设有明确描述，包括流动性资产价值的侵蚀、零售存款的大量流失、批发性融资来源的可获得性下降、融资期限缩短和融资成本提高等总共14种情景。其次，建立压力测试模型。针对特定的流动性风险情形，量化出不同压力情景下的资金流出和流动性状况，识别把握流动性缺口。最后，根据压力测试结论优化流动性风险管理工作。将压力测试的结果运用到商业银行的日常管理中，结合压力测试和工作实际，识别出主要的薄弱环节，检查资产负债配置和设定的风险限额，评估不同风险类别的交叉影响，最终达到优化商业银行融资流动性的目的。

## 三、其他金融机构的流动性风险监管要求

### 1. 保险公司

目前，对保险公司融资流动性的监管要求主要见于《保险公司偿付能力监管规则第 13 号：流动性风险》，这是《保险公司偿付能力监管规则（Ⅱ）》（即"偿二代"）中的重要内容之一。该规则对保险公司流动性风险管理的治理结构，流动性风险的管理策略和方式，流动性风险的识别、计量、监测和控制，流动性风险监管指标等均做出明确规定。

在监管要求上，对保险公司流动性的监管指标借鉴商业银行的经验，包括流动性风险监管指标和监测指标。流动性风险监管指标包括流动性覆盖率、经营活动净现金流回溯不利偏差率、净现金流。其中，流动性覆盖率旨在评估保险公司基本情景和压力情景下未来一年内不同期限的流动性水平。经营活动净现金流回溯不利偏差率指保险公司基本情景下经营活动净现金流预测结果和实际结果之间的不利偏差的比率。净现金流指标则主要反映保险公司过去两年整体净现金流状况。

此外，规则还针对财险公司、寿险公司和再保险公司三种不同类型给出不同的监测指标，包括负债端、资产端等方面的多个指标，主要用于帮助保险公司识别和预警流动性风险，通过及时发现公司流动性风险隐患，提高流动性风险管理水平。

### 2. 证券公司

监管机构对于证券公司融资流动性风险的监管要求最初是作为行业自律规则出现的。2014 年 2 月 25 日，中国证券业协会发布《证券公司流动性风险管理指引》，对证券公司的流动性管理方法做出自律规定。2016 年 6 月 16 日，证监会发布《关于修改〈证券公司风险控制指标管理办法〉的决定》，优化流动性监控指标，强化资产负债的期限匹配，并

将流动性风险监管指标由行业自律规则层面上升到证监会部门规章层面。

从监管要求上讲，对证券公司融资流动性的监管指标借鉴商业银行的经验，主要包括流动性覆盖率和净稳定资金率两项指标。

流动性覆盖率指压力情景下证券公司持有的优质流动性资产与未来30天的现金净流出量之比。未来30天现金净流出量是指未来30天的预期现金流出总量与预期现金流入总量的差额。流动性覆盖率的监管要求为不得低于100%。这一要求能够确保证券公司具有充足的优质流动性资产，在规定的流动性压力情景下，通过变现优质资产，能够满足未来至少30天的流动性需求。

净稳定资金率指可用稳定资金与所需稳定资金之比。可用稳定资金是指在持续压力情景下，能确保在1年内都可作为稳定资金来源的权益类和负债类资金。所需稳定资金等于证券公司各类资产或表外风险暴露项目与相应的稳定资金需求系数乘积之和，稳定资金需求系数是指各类资产或表外风险暴露项目需要由稳定资金支持的价值占比。监管要求，证券公司的净稳定资金率应不低于100%，以确保证券公司减少资金运用与资金来源的期限错配，增加长期稳定资金来源，满足各类表内外业务对稳定资金的需求。

### 3. 公募基金

公募基金流动性风险的监管规则，是针对如何保持公募基金作为资产应有的产品流动性而言的，也可以从融资流动性的角度去理解。如果将公募基金视为主体，其资产端为配置的股票、债券、货币等资产，负债端为投资者的资金，投资者赎回产生的资金支付流就是公募基金融资流动性的表现，即风险观察窗口。2017年8月，证监会发布的《公开募集开放式证券投资基金流动性风险管理规定》提出，加强公募基金流动性风险的管控，进一步规范开放式基金的投资运作活动，完善基金管理人的内部控制，保护投资者的合法权益。对公募基金监管的要求主要集中在以下七个方面。

一是加强新设基金的投资者集中度管理。例如，基金管理人拟新设单一投资者占比达到或超过基金资产净值50%的基金，需要满足公司自有资金、股东资金认购产品不少于1 000万元的条件。二是完善公募基金持股集中度比例限制。规定同一基金管理人管理的全部开放式基金持有一家上市公司发行的股票，不得超过该上市公司可流通股票的15%；同一基金管理人管理的全部投资组合持有一家上市公司发行的股票，不得超过该上市公司可流通股票的30%。三是明确开放式基金持有的流动性受限资产比例上限。规定单只开放式基金主动投资于流动性受限资产的市值合计不得超过该基金资产净值的15%。四是从保护存量持有人利益出发，审慎管理基金申购与赎回。五是要求积极管理人细化备足应急工具，细化极端情形下的应急管理流程。要丰富完善公募基金的流动性风险管理工具，如果遇到巨额赎回等极端情形，应在确保投资者得到公平对待的前提下，综合运用巨额赎回延期支付、暂停赎回、暂停估值等工具维护公募基金的流动性。六是对货币基金做出专门规定，以加强货币基金的流动性风险管理。七是要求基金管理人履行主体责任，通过加强内部管控来提升公募基金流动性风险的管理能力。

---

**专栏9-1**

## 公募基金融资流动性风险的防范策略

投资者集中对公募基金赎回，会导致公募基金负债端的资金支付压力在短期内急剧攀升，产生潜在的融资流动性风险。面对负债端的资金压力，基金经理不得不做出在二级市场被动卖出股票的操作，通过变

---

现资产来应对赎回。当基金短时间内抛售股票规模较大时，又会引发市场继续向下调整，继而进一步影响净值，继续引发更大的赎回压力，加大融资流动性风险，形成恶性循环。近年来，A股市场的几次波动都曾引发公募基金短期赎回压力加大、出现融资流动性风险隐忧的情况，如2015年股市异常波动期间、2018年的熊市、2021年2—3月市场的快速下跌等。

在监管层对公募基金流动性风险管理的要求下，基金公司如何在实际运作中有效防范融资流动性风险呢？至少有三个方面可以发力。

**第一，提升资产配置能力**。投资者对于公募基金的赎回大多数时候具有一定"刚性"，特别是在面对大量个人投资者的情况下，负债端很难减缓资金流出压力。因此，更关键的发力点在于资产端。一般来说，为防范融资流动性风险，尤其是个体因素导致的风险，在资产端应注重两个方面：一是根据市况变化动态调整并留足现金资产。通常，公募基金都会留有一定比例（5%～10%）的现金资产来应对赎回，但在赎回压力加大时，这部分现金很难满足赎回。而赎回在多数情况下发生于市场剧烈下跌的过程中，要及时充分变现资产存在一定难度。因此，做好投资组合的择时，做好组合仓位的动态管理，对于满足赎回需求十分必要。二是提升组合的分散度。高比例集中持有某一板块、行业股票，甚至"抱团"持股，在应对赎回时极易助推"赎回—集中卖出—净值下跌—赎回"的恶性循环。因此，提升组合的分散度，基于价值投资理念和产品本身的定位、投资策略，做好基金组合的资产配置，避免追逐市场热点和风格偏移，也能有效提升资产端的变现能力，更好地应对赎回压力。

**第二，强化产品设计**。目前，国内公募基金产品同质化的现象较为突出，无论是在产品主题、风格、策略还是在标的选择上都较为相似。

这导致投资者实际可以选择的产品类型较少，不仅没有满足不同投资者的投资需求，而且在市场变化时，投资者的应对行为也是相似的，当市场剧烈下跌时，一定程度上加大了公募基金的赎回压力。因此，基金公司应注重提升产品设计能力，根据投资者的各种需求，设计满足不同投资需要的多层次的公募基金产品及其费率结构，分散同类产品负债端的规模，将会有效降低各种市况下整体的资金流出压力，减轻融资流动性风险。

第三，加强营销治理和引导。相对于发达国家来说，我国很多投资者的投资理念仍然偏短期化，投机性较强，呈现追涨杀跌、快进快出的行为特征。这种投资理念和行为特征，一定程度上造成市场一旦大幅波动，公募基金产品的赎回压力就容易在短期内加大。因此，基金公司应在营销过程中，加强投资者教育，向投资者清晰阐述基金的投资理念、运作模式，让投资者认同产品的投资策略和理念，帮助投资者树立长期投资理念，促使高流动性需求的投资者向低流动性需求的投资者转化，促使投资者在购买和赎回时慎重抉择，达到减轻基金赎回压力、防范融资流动性风险的目的。

# 参 考 文 献

[ 1 ]  刘晓星.流动性与金融系统稳定：传导机制及其监控研究 [M].北京：科学出版社，2017.

[ 2 ]  何砚.内外失衡视角下中国货币的流动性冲击 [M].北京：社会科学文献出版社，2020.

[ 3 ]  马亚明.资产价格波动与金融脆弱性互动机制研究 [M].北京：中国金融出版社，2015.

[ 4 ]  张南.资金循环分析的理论与实践：中国资金循环的统计观察 [M].北京：北京大学出版社，2014.

[ 5 ]  李宝伟，张云，刘通午，等.货币、金融信用与宏观流动性 [M].北京：中国金融出版社，2015.

[ 6 ]  明明.流动性理论与市场实践 [M].北京：中国金融出版社，2021.

[ 7 ]  陆剑清.行为金融学 [M].北京：清华大学出版社，2013.

[ 8 ]  蒋先玲.货币金融学 [M].3 版.北京：机械工业出版社，2021.

[ 9 ]  李建军.金融统计分析实验教程 [M].北京：清华大学出版社，2011.

[10]  李德水.建设和完善中国特色社会主义宏观调控体系 [M].北京：中国言实出版社，2018.

[11]  宁吉喆.中国国民经济核算体系培训教材：2016[M].北京：中国统计出版社，2018.

[12]  张超林.宏观经济波动、融资约束与公司流动性价值：基于 GARCH 模型的实证分析 [J].金融与经济，2017（12）：35-42.

[13]  邓秉德.宏观审慎视角下银行系统流动性风险实证研究 [D].长春：吉林大学，

2019.

[14] 温信祥，苏乃芳.大资管、影子银行与货币政策传导 [J].金融研究,2018（10）：38-54.

[15] 徐忠.中国稳健货币政策的实践经验与货币政策理论的国际前沿 [J].金融研究，2017（1）：1-21.

[16] 吴念鲁，杨海平.流动性内涵及其对风险传染的作用机理分析 [J].北方金融，2016（3）：3-8.

[17] 苏辛，周勇.流动性、流动性风险与基金业绩：基于我国开放式基金的实证研究 [J].中国管理科学，2015（7）：1-9.

[18] 李波.构建货币政策和宏观审慎政策双支柱调控框架 [M].北京：中国金融出版社，2018.

[19] 易纲，吴有昌.货币银行学 [M].上海：格致出版社，2014.

[20] 王绍辉，马遥.变局中开新局：全球视野下的机遇与经济高质量发展 [M].北京：当代中国出版社，2021.

[21] 彭兴韵.金融学原理 [M].5 版.上海：格致出版社，2013.

[22] 兰小欢.置身事内：中国政府与经济发展 [M].上海：上海人民出版社，2021.

[23] 米什金.货币金融学 [M].刘新智，史雷，译.2 版.北京：清华大学出版社，2015.

[24] 周小川.金融政策对金融危机的响应：宏观审慎政策框架的形成背景、内在逻辑和主要内容 [J].金融研究，2011（1）：1-14.

[25] 孙国峰，李文喆.货币政策、汇率和资本流动：从"等边三角形"到"不等边三角形" [R/OL].（2017-03-10）[2022-06-15].http：//www.pbc.gov.cn/yanjiuju/124427/133100/3253123/3282515/index.html.

[26] 易纲，汤弦.汇率制度"角点解假设"的一个理论基础 [J].金融研究,2001（8）：5-17.

[27] 王剑.财政货币平衡分析精要 [R/OL].（2019-08-06）[2022-05-07].http：//www.imi.ruc.edu.cn/cbw/yjbg/81b5d3fee00a4c5392735a2ec1721b1d.htm.

[28] 姚东旻，朱泳奕.发挥国债市场在财政政策和货币政策协调中的关键性作用 [J].债券，2021（6）：23-26.

[29] 李扬.货币政策和财政政策协调配合：一个研究提纲[J].金融评论，2021，13（2）：1-11；123.

[30] 易纲.建设现代中央银行制度[J].时代金融，2021（1）：4-5.

[31] 易纲.坚守币值稳定目标实施稳健货币政策[J].中国金融家，2019（12）：25-28.

[32] 易纲.中国的利率体系与利率市场化改革[J].金融研究，2021（9）：1-11.

[33] 董德志.投资交易笔记：2002—2010年中国债券市场研究回眸[M].北京：经济科学出版社，2011.

[34] 周小川.新世纪以来中国货币政策的主要特点[J].中国金融，2013（2）：9-14.

[35] 符碧蓉.宏观货币供给与资金价格对股票市场的影响研究[D].上海：上海交通大学，2014.

[36] 王劲松，武毓涵.股票价格对货币需求的影响：基于中国M1数据的实证研究[J].经济问题，2014（8）：65-70.

[37] 邵飞.货币流动性对股票收益率的影响：基于真实货币缺口视角的分析[D].上海：复旦大学，2014.

[38] 聂凤云.股票市场与货币需求研究综述[J].经济研究导刊，2012（29）：129-130.

[39] 刘文魁.我国股票市场发展对货币需求影响的实证研究[D].北京：首都经济贸易大学，2011.

[40] 张春生，梁涛.股票市场与货币需求关系的澄清：从商业银行会计核算的角度[J].经济体制改革，2013（1）：142-146.

[41] 赵留彦，赵岩，陈瑛.金融交易与货币流通速度的波动[J].国际金融研究，2013（4）：30-40.

[42] 赵文生，刘树林.货币理论重塑：分解与统一分析框架[J].财经研究，2017（9）：4-20.

[43] 黄沛帆.中国货币政策对股市流动性的影响：基于MS-VAR模型的实证检验[D].上海：上海财经大学，2020.

[44] 江涵.我国货币政策和股票价格的相互影响研究[D].上海：上海社会科学院，2019.

[45] 武雅楠.货币供应量与利率对我国股市流动性影响研究：基于投资者情绪视角[D].天津：天津大学，2019.

[46] 余文建，黎桂林.宏观流动性的测度、波动及其对资产价格的影响 [J].区域金融研究，2010（2）：4-10.

[47] 赵建，李奇霖，冯素玲.货币供给、流动性波动与系统性金融风险：微观行为、宏观结构与传导机理 [J].金融评论，2019，11（6）：15-35；120-121.

[48] 张学鹏，万晶晶.中国城乡居民储蓄存款影响因素实证研究 [J].上海商学院学报，2016，17（5）：91-99.

[49] 薛米江，石磊.降息对债券收益率影响的实证分析 [J].债券，2013（8）：35-38.

[50] 张莹.货币流动性政策影响房地产价格波动的实证研究 [J].统计与决策，2015（12）：121-123.

[51] 白鹭.中国流动性过剩对房地产价格影响的研究 [D].沈阳：辽宁大学，2012.

[52] 修梓峰.美林投资时钟的有效性分析：基于中国的数据检验 [J].北方经贸，2019（6）：30-31.

[53] 周亮.基于美林投资时钟的我国大类资产配置探讨 [J].上海经济，2018（1）：105-117.

[54] 帕博，奥利弗.资产价格流动性理论 [M].王晓芳，等译.北京：机械工业出版社，2011.

[55] 萨缪尔森，诺德豪斯.经济学 [M].萧琛，译.北京：人民邮电出版社，2008.

[56] BISSELL C. Historical perspectives：the moniac a hydromechanical analog computer of the 1950s [J]. IEEE Control systems, 2007, (27):69-74.

[57] 证券从业人员资格考试研究中心.金融市场基础知识 [M].北京：中国发展出版社，2019.

[58] NEWLYN W T. The Phillips/Newlyn hydraulic model[J]. Bulletin of economic research, 2010 (2): 111-128.

[59] 李晓乐.IPO对股票二级市场的影响 [D].广州：暨南大学，2016.

[60] 孙会霞，苏峻，何佳.股票供给控制、需求曲线与股价的反应：基于创业板的经验数据 [J].系统工程理论与实践，2013（1）：1-11.

[61] GOYAL A. Demographics, stock market flows, and stock returns [J]. Journal of financial and quantitative analysis, 2004 (3): 115-142.

[62] 钱烨雯 . IPO 规模和速度对股市波动性影响的研究：基于新股发行预缴款制度取消前后的对比 [D]. 成都：西南财经大学，2019.

[63] 王国臣，傅斌，曹伟，等 . 投资者情绪、新股申购资金冻结与股价波动 [J]. 中央财经大学学报，2017（11）：38-49.

[64] 顾海峰，吴狄 . 中国上市公司定向增发公告的股价效应研究：基于事件研究法的实证分析 [J]. 武汉金融，2014（9）：38-41.

[65] 罗党论，郭蒙 . 大股东减持与股价崩盘风险 [J]. 财会月刊，2019（16）：7-14.

[66] 章晟，景辛辛，苏姣 . 规范大股东减持能有效抑制股价波动吗？基于《减持新规》[9 号文 ] 的自然实验 [J]. 证券市场导报，2019（3）：13-23.

[67] 黄顺武，刘进 . 供给冲击的股价效应：来自创业板限售股解禁的证据 [J]. 金融经济学研究，2013（5）：97-108.

[68] 韩复龄，王碧澄 . 融资融券对中国 A 股流动性、波动性影响的实证研究：基于 2015 年股市异常波动的研究报告 [J]. 公司金融研究，2016（Z1）：68-101.

[69] 黄运成，漆琴 . 中国股市波动中的杠杆作用 [J]. 中国金融，2017（1）：55-57.

[70] 刘柯 . 中国 A 股市场 2015 年股灾成因及对策研究 [D]. 郑州：郑州大学，2016.

[71] 清华大学国家金融研究院课题组，吴晓灵，李剑阁，等 . 完善制度设计 提升市场信心 建设长期健康稳定发展的资本市场 [J]. 清华金融评论，2015（12）：14-23.

[72] 王健俊，殷林森，叶文靖 . 投资者情绪、杠杆资金与股票价格：兼论 2015 ～ 2016 年股灾成因 [J]. 金融经济学研究，2017（1）：85-98.

[73] SEC. & EXCH. COMM'N. Staff report on equity and options market structure conditions in early 2021[R].Washington：SEC,2021.

[74] JOSHUA M, BATTALIO R H, BROGAARD J, CAIN M D,et al. A report by the Ad Hoc Academic Committee on equity and options market structure conditions in early 2021[R].Washington：SEC,2022.

[75] 陈致远，唐振鹏 . 中国股灾回顾、证监会政策评价及启示：基于 2015 年中国股票市场案例分析 [J]. 亚太经济，2020（3）：31-35.

[76] HARRIS L E. Liquidity, trading rules, and electronic trading systems[R].New York：NYU Salomon Center ,1990.

[77] AGARWAL P. Institutional ownership and stock liquidity[D]. Ithaca：

Cornell University, 2007.

[78] AMIHUD Y, MENDELSON H. Asset pricing and the bid-ask spread[J]. Journal of financial economics, 1986 (17): 223 - 249.

[79] AMIHUD Y, MENDELSON H. Liquidity, volatility, and exchange automation[J]. Journal of accounting, auditing and finance, 1988 (3): 369–395.

[80] AMIHUD Y. Illiquidity and stock returns: cross-section and time-series effects[J]. Journal of financial markets, 2002 (5): 31–56.

[81] BIS. Market liquidity:research findings and selected policy implications CGFS papers 1999[R].Basel: BIS,1999.

[82] CHUNG K H, VAN NESS B F, VAN NESS R A. Limit orders and bid-ask spread[J]. Journal of financial economics, 1999 (53): 255–257.

[83] CHORIDA T, ROLL R, SUBRAHMANYAM A. Market liquidity and trading activity[J]. Journal of finance, 2001 (56): 501–530.

[84] KEIM D B, MADHAVAN A. The upstairs market for large-block transactions: analysis and measurement of price effects[J]. Review of financial studies, 1996 (9): 1–36.

[85] MUSCARELLA C J,PIWOWAR M S. Market microstructure and securities values: evidence from the Paris Bourse[J]. Journal of financial markets, 2001 (4): 209–229.

[86] SEPPI D. Equilibrium block trading and asymmetric information[J]. Journal of finance, 1990 (45): 73–94.

[87] GROSSMAN S. The information role of upstairs and downstairs markets[J]. Journal of business, 1992 (65): 509–529.

[88] 廖士光，杨朝军．卖空交易机制对股价的影响：来自台湾股市的经验证据 [J]. 金融研究，2005（10）：131-140.

[89] 开昌平．融资融券业务对我国证券市场的影响 [J]. 中国金融，2010（4）：56-58.

[90] GORDON P, OLIVER M J. The liquidity theory of asset prices[M]. New York: John Wiley & Sons, 2006.

[ 91 ]　FAMA E F, FRENCH K R. The cross-section of expected stock returns[J]. Journal of finance, 1992 (47): 427-465.

[ 92 ]　FAMA E F, FRENCH K R. Common risk factors in the returns on stocks and bonds[J]. Journal of financial economics, 1993 (33): 3-56.

[ 93 ]　杨之曙，吴宁玫 . 证券市场流动性研究 [J]. 证券市场导报，2000（1）：25-33.

[ 94 ]　张峥，李怡宗，张玉龙，等 . 中国股市流动性间接指标的检验：基于买卖价差的实证分析 [J]. 经济学，2013（10）：233-262.

[ 95 ]　李少昆，朱晶晶，蒋涛 . 融资流动性、融资流动性风险与公司债信用价差 [J]. 证券市场导报，2017（6）：50-54；77.

[ 96 ]　李学彦，李泽文 . 我国上市商业银行流动性风险外部影响因素的实证分析 [J]. 经济学家，2019（12）：89-99.

[ 97 ]　潘哲琪 . 我国商业银行流动性风险衡量与影响因素研究 [D]. 杭州：浙江大学，2013.

[ 98 ]　孙治国 . 国有商业银行流动性风险影响因素分析 [D]. 北京：中国农业大学，2004.

[ 99 ]　邢天才，袁野 . 美国金融机构融资流动性风险变化的影响因素：基于金融机构面板数据的实证分析 [J]. 社会科学战线，2012（9）：39-42.

[100]　刘亚 . 金融风险管理学 [M]. 北京：中国金融出版社，2017.

[101]　王勇，隋鹏达，关晶奇 . 金融风险管理 [M]. 北京：机械工业出版社，2014.